“全民普法手册”系列

全民爱国主义教育普法手册

QUANMIN AIGUO ZHUYI JIAOYU
PUFA SHOUCE

法律出版社法规中心 编

法律出版社
LAW PRESS·CHINA
北京

图书在版编目(CIP)数据

全民爱国主义教育普法手册 / 法律出版社法规中心编. -- 北京 : 法律出版社, 2023
ISBN 978 -7 -5197 -7277 -2

Ⅰ. ①全… Ⅱ. ①法… Ⅲ. ①爱国主义教育法-中国-手册 Ⅳ. ①D922.16 -62

中国国家版本馆 CIP 数据核字(2023)第 194185 号

全民爱国主义教育普法手册
QUANMIN AIGUO ZHUYI JIAOYU PUFA SHOUCE

法律出版社法规中心 编

责任编辑 张红蕊
装帧设计 李 瞻

出版发行 法律出版社
编辑统筹 法规出版分社
责任校对 翁潇潇
责任印制 耿润瑜
经　　销 新华书店

开本 A5
印张 9.625　**字数** 257 千
版本 2023 年 10 月第 1 版
印次 2023 年 10 月第 1 次印刷
印刷 涿州市星河印刷有限公司

地址:北京市丰台区莲花池西里 7 号(100073)
网址:www. lawpress. com. cn
投稿邮箱:info@ lawpress. com. cn
举报盗版邮箱:jbwq@ lawpress. com. cn
销售电话:010 - 83938349
客服电话:010 - 83938350
咨询电话:010 - 63939796

书号:ISBN 978 -7 -5197 -7277 -2　**定价**:42.00 元
凡购买本社图书,如有印装错误,我社负责退换。电话:010 - 83938349

目　录

一、综　合

二、国家安全教育

三、国防教育

四、文化教育

五、网络信息安全教育

附 录

中华人民共和国爱国主义教育法

1. 2023年10月24日第十四届全国人民代表大会常务委员会第六次会议通过
2. 2023年10月24日中华人民共和国主席令第十三号公布
3. 自2024年1月1日起施行

目　　录

第一章　总　　则

第一条　【立法目的】为了加强新时代爱国主义教育，传承和弘扬爱国主义精神，凝聚全面建设社会主义现代化国家、全面推进中华民族伟大复兴的磅礴力量，根据宪法，制定本法。

第二条　【内涵目标】中国是世界上历史最悠久的国家之一，中国各族人民共同创造了光辉灿烂的文化、共同缔造了统一的多民族国家。国家在全体人民中开展爱国主义教育，培育和增进对中华民族和伟大祖国的情感，传承民族精神、增强国家观念，壮大和团结一切爱国力量，使爱国主义成为全体人民的坚定信念、精神力量和自觉行动。

第三条　【指导思想和总体要求】爱国主义教育应当高举中国特色社会主义伟大旗帜，坚持以马克思列宁主义、毛泽东思想、邓小平理论、“三个代表”重要思想、科学发展观、习近平新时代中国特色社会主义思想为指导，坚持爱国和爱党、爱社会主义相统一，以维护国家统一和民族团结为着力点，把全面建成社会主义现代化强国、实现中华民族伟大复兴作为鲜明主题。

第四条 【领导体制】爱国主义教育坚持中国共产党的领导，健全统一领导、齐抓共管、各方参与、共同推进的工作格局。

第五条 【工作原则】爱国主义教育应当坚持思想引领、文化涵育，教育引导、实践养成，主题鲜明、融入日常，因地制宜、注重实效。

第六条 【主要内容】爱国主义教育的主要内容是：

（一）马克思列宁主义、毛泽东思想、邓小平理论、"三个代表"重要思想、科学发展观、习近平新时代中国特色社会主义思想；

（二）中国共产党史、新中国史、改革开放史、社会主义发展史、中华民族发展史；

（三）中国特色社会主义制度，中国共产党带领人民团结奋斗的重大成就、历史经验和生动实践；

（四）中华优秀传统文化、革命文化、社会主义先进文化；

（五）国旗、国歌、国徽等国家象征和标志；

（六）祖国的壮美河山和历史文化遗产；

（七）宪法和法律，国家统一和民族团结、国家安全和国防等方面的意识和观念；

（八）英雄烈士和先进模范人物的事迹及体现的民族精神、时代精神；

（九）其他富有爱国主义精神的内容。

第七条 【铸牢中华民族共同体意识】国家开展铸牢中华民族共同体意识教育，促进各民族交往交流交融，增进对伟大祖国、中华民族、中华文化、中国共产党、中国特色社会主义的认同，构筑中华民族共有精神家园。

第八条 【建设中华民族现代文明】爱国主义教育应当坚持传承和发展中华优秀传统文化，弘扬社会主义核心价值观，推进中国特色社会主义文化建设，坚定文化自信，建设中华民族现代文明。

第九条 【弘扬爱国主义精神与扩大对外开放】爱国主义教育应当把弘扬爱国主义精神与扩大对外开放结合起来，坚持理性、包容、开放，尊重各国历史特点和文化传统，借鉴吸收人类一切优秀文明成果。

第十条　【集中开展爱国主义教育】在每年10月1日中华人民共和国国庆日，国家和社会各方面举行多种形式的庆祝活动，集中开展爱国主义教育。

第二章　职责任务

第十一条　【中央爱国主义教育主管部门的职责】中央爱国主义教育主管部门负责全国爱国主义教育工作的指导、监督和统筹协调。

中央和国家机关各部门在各自职责范围内，组织开展爱国主义教育工作。

第十二条　【地方爱国主义教育主管部门的职责】地方爱国主义教育主管部门负责本地区爱国主义教育工作的指导、监督和统筹协调。

县级以上地方人民政府教育行政部门应当加强对学校爱国主义教育的组织、协调、指导和监督。县级以上地方文化和旅游、新闻出版、广播电视、电影、网信、文物等部门和其他有关部门应当在各自职责范围内，开展爱国主义教育工作。

中国人民解放军、中国人民武装警察部队依照本法和中央军事委员会的有关规定开展爱国主义教育工作，并充分利用自身资源面向社会开展爱国主义教育。

第十三条　【群团组织的爱国主义教育】工会、共产主义青年团、妇女联合会、工商业联合会、文学艺术界联合会、作家协会、科学技术协会、归国华侨联合会、台湾同胞联谊会、残疾人联合会、青年联合会和其他群团组织，应当发挥各自优势，面向所联系的领域和群体开展爱国主义教育。

第十四条　【全民爱国主义教育】国家采取多种形式开展法治宣传教育、国家安全和国防教育，增强公民的法治意识、国家安全和国防观念，引导公民自觉履行维护国家统一和民族团结，维护国家安全、荣誉和利益的义务。

第十五条　【学校爱国主义教育】国家将爱国主义教育纳入国民教育

体系。各级各类学校应当将爱国主义教育贯穿学校教育全过程，办好、讲好思想政治理论课，并将爱国主义教育内容融入各类学科和教材中。

各级各类学校和其他教育机构应当按照国家规定建立爱国主义教育相关课程联动机制，针对各年龄段学生特点，确定爱国主义教育的重点内容，采取丰富适宜的教学方式，增强爱国主义教育的针对性、系统性和亲和力、感染力。

第十六条　【爱国主义教育与课外实践结合】各级各类学校应当将课堂教学与课外实践和体验相结合，把爱国主义教育内容融入校园文化建设和学校各类主题活动，组织学生参观爱国主义教育基地等场馆设施，参加爱国主义教育校外实践活动。

第十七条　【家庭教育】未成年人的父母或者其他监护人应当把热爱祖国融入家庭教育，支持、配合学校开展爱国主义教育教学活动，引导、鼓励未成年人参加爱国主义教育社会活动。

第十八条　【公职人员爱国主义教育】国家机关应当加强对公职人员的爱国主义教育，发挥公职人员在忠于国家、为国奉献，维护国家统一、促进民族团结，维护国家安全、荣誉和利益方面的模范带头作用。

第十九条　【企事业单位的爱国主义教育】企业事业单位应当将爱国主义教育列入本单位教育计划，大力弘扬劳模精神、劳动精神、工匠精神，结合经营管理、业务培训、文化体育等活动，开展爱国主义教育。

教育、科技、文化、卫生、体育等事业单位应当大力弘扬科学家精神和专业精神，宣传和培育知识分子、专业技术人员、运动员等胸怀祖国、服务人民、为国争光的爱国情感和爱国行为。

第二十条　【基层组织的爱国主义教育】基层人民政府和基层群众性自治组织应当把爱国主义教育融入社会主义精神文明建设活动，在市民公约、村规民约中体现爱国主义精神，鼓励和支持开展以爱国主义为主题的群众性文化、体育等活动。

第二十一条　【社会团体的爱国主义教育】行业协会商会等社会团体

应当把爱国主义精神体现在团体章程、行业规范中，根据本团体本行业特点开展爱国主义教育，培育会员的爱国热情和社会担当，发挥会员中公众人物和有社会影响力人士的示范作用。

第二十二条　【宗教团体等爱国主义教育】国家鼓励和支持宗教团体、宗教院校、宗教活动场所开展爱国主义教育，增强宗教教职人员和信教群众的国家意识、公民意识、法治意识和爱国情感，引导宗教与社会主义社会相适应。

第二十三条　【维护国家统一】国家采取措施开展历史文化教育和“一国两制”实践教育，增强香港特别行政区同胞、澳门特别行政区同胞的爱国精神，自觉维护国家主权、统一和领土完整。

国家加强对推进祖国统一方针政策的宣传教育，增强包括台湾同胞在内的全中国人民对完成祖国统一大业神圣职责的认识，依法保护台湾同胞的权利和利益，坚决反对“台独”分裂行径，维护中华民族的根本利益。

国家加强与海外侨胞的交流，做好权益保障和服务工作，增进海外侨胞爱国情怀，弘扬爱国传统。

第三章　实施措施

第二十四条　【中央和省级爱国主义教育主管部门的实施措施】中央和省级爱国主义教育主管部门应当加强对爱国主义教育工作的统筹，指导推动有关部门和单位创新爱国主义教育方式，充分利用各类爱国主义教育资源和平台载体，推进爱国主义教育有效实施。

第二十五条　【县级以上人民政府的实施措施】县级以上人民政府应当加强对红色资源的保护、管理和利用，发掘具有历史价值、纪念意义的红色资源，推动红色旅游融合发展示范区建设，发挥红色资源教育功能，传承爱国主义精神。

县级以上人民政府文化和旅游、住房城乡建设、文物等部门应当加强对文物古迹、传统村落、传统技艺等历史文化遗产的保护和利用，发掘所蕴含的爱国主义精神，推进文化和旅游深度融合发展，引导公民在游览观光中领略壮美河山，感受悠久历史和灿烂文化，激发爱国热情。

第二十六条　【爱国主义教育基地的实施措施】爱国主义教育基地应当加强内容建设，丰富展览展示方式，打造精品陈列，为国家机关、企业事业单位、社会组织、公民开展爱国主义教育活动和参观学习提供便利服务，发挥爱国主义教育功能。

各类博物馆、纪念馆、图书馆、科技馆、文化馆、美术馆、新时代文明实践中心等，应当充分利用自身资源和优势，通过宣传展示、体验实践等方式，开展爱国主义教育活动。

第二十七条　【功勋荣誉表彰】国家通过功勋荣誉表彰制度，褒奖在强国建设、民族复兴中做出突出贡献的人士，弘扬以爱国主义为核心的民族精神和以改革创新为核心的时代精神。

第二十八条　【重要纪念日开展纪念活动】在中国人民抗日战争胜利纪念日、烈士纪念日、南京大屠杀死难者国家公祭日和其他重要纪念日，县级以上人民政府应当组织开展纪念活动，举行敬献花篮、瞻仰纪念设施、祭扫烈士墓、公祭等纪念仪式。

第二十九条　【重要节日开展纪念活动】在春节、元宵节、清明节、端午节、中秋节和元旦、国际妇女节、国际劳动节、青年节、国际儿童节、中国农民丰收节及其他重要节日，组织开展各具特色的民俗文化活动、纪念庆祝活动，增进家国情怀。

第三十条　【重大活动举行仪式礼仪】组织举办重大庆祝、纪念活动和大型文化体育活动、展览会，应当依法举行庄严、隆重的升挂国旗、奏唱国歌仪式。

依法公开举行宪法宣誓、军人和预备役人员服役宣誓等仪式时，应当在宣誓场所悬挂国旗、奏唱国歌，誓词应当体现爱国主义精神。

第三十一条　【新闻媒体宣传报道】广播电台、电视台、报刊出版单位等应当创新宣传报道方式，通过制作、播放、刊登爱国主义题材的优秀作品，开设专题专栏，加强新闻报道，发布公益广告等方式，生动讲好爱国故事，弘扬爱国主义精神。

第三十二条　【网上爱国主义教育】网络信息服务提供者应当加强网

络爱国主义教育内容建设,制作、传播体现爱国主义精神的网络信息和作品,开发、运用新平台新技术新产品,生动开展网上爱国主义教育活动。

第四章　支 持 保 障

第三十三条　【国家鼓励和支持】国家鼓励和支持企业事业单位、社会组织和公民依法开展爱国主义教育活动。

国家支持开展爱国主义教育理论研究,加强多层次专业人才的教育和培训。

对在爱国主义教育工作中做出突出贡献的单位和个人,按照国家有关规定给予表彰和奖励。

第三十四条　【爱国主义教育基地】中央爱国主义教育主管部门建立健全爱国主义教育基地的认定、保护、管理制度,制定爱国主义教育基地保护利用规划,加强对爱国主义教育基地保护、管理、利用的指导和监督。

各级人民政府应当加强对爱国主义教育基地的规划、建设和管理,完善免费开放制度和保障机制。

第三十五条　【支持爱国主义题材的文艺作品】国家鼓励和支持创作爱国主义题材的文学、影视、音乐、舞蹈、戏剧、美术、书法等文艺作品,在优秀文艺作品评选、表彰、展览、展演时突出爱国主义导向。

第三十六条　【支持爱国主义教育出版物】国家鼓励和支持出版体现爱国主义精神的优秀课外读物,鼓励和支持开发体现爱国主义精神的面向青少年和儿童的动漫、音视频产品等。

第三十七条　【禁止行为】任何公民和组织都应当弘扬爱国主义精神,自觉维护国家安全、荣誉和利益,不得有下列行为:

(一)侮辱国旗、国歌、国徽或者其他有损国旗、国歌、国徽尊严的行为;

(二)歪曲、丑化、亵渎、否定英雄烈士事迹和精神;

(三)宣扬、美化、否认侵略战争、侵略行为和屠杀惨案;

(四)侵占、破坏、污损爱国主义教育设施;

（五）法律、行政法规禁止的其他行为。

第三十八条　【法律责任】教育、文化和旅游、退役军人事务、新闻出版、广播电视、电影、网信、文物等部门应当按照法定职责，对违反本法第三十七条规定的行为及时予以制止，造成不良社会影响的，应当责令及时消除影响，并依照有关法律、行政法规的规定予以处罚。构成违反治安管理行为的，依法给予治安管理处罚；构成犯罪的，依法追究刑事责任。

第三十九条　【不依法履行爱国主义教育职责的处罚】负有爱国主义教育职责的部门、单位不依法履行爱国主义教育职责的，对负有责任的领导人员和直接责任人员，依法给予处分。

第五章　附　　则

第四十条　【施行日期】本法自 2024 年 1 月 1 日起施行。

一、综　合

中华人民共和国宪法（节录）

1. 1982年12月4日第五届全国人民代表大会第五次会议通过
2. 1982年12月4日全国人民代表大会公告公布施行
3. 根据1988年4月12日第七届全国人民代表大会第一次会议通过的《中华人民共和国宪法修正案》、1993年3月29日第八届全国人民代表大会第一次会议通过的《中华人民共和国宪法修正案》、1999年3月15日第九届全国人民代表大会第二次会议通过的《中华人民共和国宪法修正案》、2004年3月14日第十届全国人民代表大会第二次会议通过的《中华人民共和国宪法修正案》和2018年3月11日第十三届全国人民代表大会第一次会议通过的《中华人民共和国宪法修正案》修正

第二十四条　【精神文明建设】国家通过普及理想教育、道德教育、文化教育、纪律和法制教育，通过在城乡不同范围的群众中制定和执行各种守则、公约，加强社会主义精神文明的建设。

国家倡导社会主义核心价值观，提倡爱祖国、爱人民、爱劳动、爱科学、爱社会主义的公德，在人民中进行爱国主义、集体主义和国际主义、共产主义的教育，进行辩证唯物主义和历史唯物主义的教育，反对资本主义的、封建主义的和其他的腐朽思想。

第四章　国旗、国歌、国徽、首都

第一百四十一条　【国旗、国歌】中华人民共和国国旗是五星红旗。

中华人民共和国国歌是《义勇军进行曲》。

第一百四十二条　【国徽】中华人民共和国国徽，中间是五星照耀下

的天安门,周围是谷穗和齿轮。

第一百四十三条 【首都】中华人民共和国首都是北京。

中华人民共和国国旗法

1. 1990年6月28日第七届全国人民代表大会常务委员会第十四次会议通过
2. 根据2009年8月27日第十一届全国人民代表大会常务委员会第十次会议《关于修改部分法律的决定》第一次修正
3. 根据2020年10月17日第十三届全国人民代表大会常务委员会第二十二次会议《关于修改〈中华人民共和国国旗法〉的决定》第二次修正

第一条 【立法目的】为了维护国旗的尊严,规范国旗的使用,增强公民的国家观念,弘扬爱国主义精神,培育和践行社会主义核心价值观,根据宪法,制定本法。

第二条 【国旗及其制法】中华人民共和国国旗是五星红旗。

中华人民共和国国旗按照中国人民政治协商会议第一届全体会议主席团公布的国旗制法说明制作。

第三条 【国旗的尺度】国旗的通用尺度为国旗制法说明中所列明的五种尺度。特殊情况使用其他尺度的国旗,应当按照通用尺度成比例适当放大或者缩小。

国旗、旗杆的尺度比例应当适当,并与使用目的、周围建筑、周边环境相适应。

第四条 【国旗的地位】中华人民共和国国旗是中华人民共和国的象征和标志。

每个公民和组织,都应当尊重和爱护国旗。

第五条 【应当每日升挂国旗的场所和机构】下列场所或者机构所在地,应当每日升挂国旗:

(一)北京天安门广场、新华门;

(二)中国共产党中央委员会,全国人民代表大会常务委员会,国务院，中央军事委员会，中国共产党中央纪律检查委员会、国家监察委员会，最高人民法院，最高人民检察院；

中国人民政治协商会议全国委员会；

（三）外交部；

（四）出境入境的机场、港口、火车站和其他边境口岸，边防海防哨所。

第六条　【应当在工作日升挂国旗的机构和设施】下列机构所在地应当在工作日升挂国旗：

（一）中国共产党中央各部门和地方各级委员会；

（二）国务院各部门；

（三）地方各级人民代表大会常务委员会；

（四）地方各级人民政府；

（五）中国共产党地方各级纪律检查委员会、地方各级监察委员会；

（六）地方各级人民法院和专门人民法院；

（七）地方各级人民检察院和专门人民检察院；

（八）中国人民政治协商会议地方各级委员会；

（九）各民主党派、各人民团体；

（十）中央人民政府驻香港特别行政区有关机构、中央人民政府驻澳门特别行政区有关机构。

学校除寒假、暑假和休息日外，应当每日升挂国旗。有条件的幼儿园参照学校的规定升挂国旗。

图书馆、博物馆、文化馆、美术馆、科技馆、纪念馆、展览馆、体育馆、青少年宫等公共文化体育设施应当在开放日升挂、悬挂国旗。

第七条　【节假日升挂国旗规定】国庆节、国际劳动节、元旦、春节和国家宪法日等重要节日、纪念日，各级国家机关、各人民团体以及大型广场、公园等公共活动场所应当升挂国旗；企业事业组织，村民委员会、居民委员会，居民院（楼、小区）有条件的应当升挂国旗。

民族自治地方在民族自治地方成立纪念日和主要传统民族节

日应当升挂国旗。

举行宪法宣誓仪式时,应当在宣誓场所悬挂国旗。

第八条 【重大庆典及其他重要活动可以升挂国旗】举行重大庆祝、纪念活动,大型文化、体育活动,大型展览会,可以升挂国旗。

第九条 【国旗使用要求及国旗标准版本】国家倡导公民和组织在适宜的场合使用国旗及其图案,表达爱国情感。

公民和组织在网络中使用国旗图案,应当遵守相关网络管理规定,不得损害国旗尊严。

网络使用的国旗图案标准版本在中国人大网和中国政府网上发布。

第十条 【外交活动和外交机构升挂国旗规定】外交活动以及国家驻外使馆领馆和其他外交代表机构升挂、使用国旗的办法,由外交部规定。

第十一条 【军队升挂、使用国旗规定】中国人民解放军和中国人民武装警察部队升挂、使用国旗的办法,由中央军事委员会规定。

第十二条 【非军用船舶升挂国旗规定】民用船舶和进入中国领水的外国船舶升挂国旗的办法,由国务院交通主管部门规定。

执行出入境边防检查、边境管理、治安任务的船舶升挂国旗的办法,由国务院公安部门规定。

国家综合性消防救援队伍的船舶升挂国旗的办法,由国务院应急管理部门规定。

第十三条 【国旗早升晚降及例外规定】依照本法第五条、第六条、第七条的规定升挂国旗的,应当早晨升起,傍晚降下。

依照本法规定应当升挂国旗的,遇有恶劣天气,可以不升挂。

第十四条 【升旗仪式】升挂国旗时,可以举行升旗仪式。

举行升旗仪式时,应当奏唱国歌。在国旗升起的过程中,在场人员应当面向国旗肃立,行注目礼或者按照规定要求敬礼,不得有损害国旗尊严的行为。

北京天安门广场每日举行升旗仪式。

学校除假期外,每周举行一次升旗仪式。

第十五条　【下半旗志哀规定】下列人士逝世，下半旗志哀：

（一）中华人民共和国主席、全国人民代表大会常务委员会委员长、国务院总理、中央军事委员会主席；

（二）中国人民政治协商会议全国委员会主席；

（三）对中华人民共和国作出杰出贡献的人；

（四）对世界和平或者人类进步事业作出杰出贡献的人。

举行国家公祭仪式或者发生严重自然灾害、突发公共卫生事件以及其他不幸事件造成特别重大伤亡的，可以在全国范围内下半旗志哀，也可以在部分地区或者特定场所下半旗志哀。

依照本条第一款第三项、第四项和第二款的规定下半旗，由国务院有关部门或者省、自治区、直辖市人民政府报国务院决定。

依照本条规定下半旗的日期和场所，由国家成立的治丧机构或者国务院决定。

第十六条　【哀悼仪式覆盖国旗规定】下列人士逝世，举行哀悼仪式时，其遗体、灵柩或者骨灰盒可以覆盖国旗：

（一）本法第十五条第一款第一项至第三项规定的人士；

（二）烈士；

（三）国家规定的其他人士。

覆盖国旗时，国旗不得触及地面，仪式结束后应当将国旗收回保存。

第十七条　【国旗升挂的位置】升挂国旗，应当将国旗置于显著的位置。

列队举持国旗和其他旗帜行进时，国旗应当在其他旗帜之前。

国旗与其他旗帜同时升挂时，应当将国旗置于中心、较高或者突出的位置。

在外事活动中同时升挂两个以上国家的国旗时，应当按照外交部的规定或者国际惯例升挂。

第十八条　【升降国旗的操作规则】在直立的旗杆上升降国旗，应当徐徐升降。升起时，必须将国旗升至杆顶；降下时，不得使国旗落地。

下半旗时，应当先将国旗升至杆顶，然后降至旗顶与杆顶之间的距离为旗杆全长的三分之一处；降下时，应当先将国旗升至杆顶，然后再降下。

第十九条　【不得以有损国旗尊严的方式升挂、使用国旗及不得随意丢弃国旗】不得升挂或者使用破损、污损、褪色或者不合规格的国旗，不得倒挂、倒插或者以其他有损国旗尊严的方式升挂、使用国旗。

不得随意丢弃国旗。破损、污损、褪色或者不合规格的国旗应当按照国家有关规定收回、处置。大型群众性活动结束后，活动主办方应当收回或者妥善处置活动现场使用的国旗。

第二十条　【不得滥用国旗及图案】国旗及其图案不得用作商标、授予专利权的外观设计和商业广告，不得用于私人丧事活动等不适宜的情形。

第二十一条　【国旗作为爱国主义教育的重要内容】国旗应当作为爱国主义教育的重要内容。

中小学应当教育学生了解国旗的历史和精神内涵、遵守国旗升挂使用规范和升旗仪式礼仪。

新闻媒体应当积极宣传国旗知识，引导公民和组织正确使用国旗及其图案。

第二十二条　【监督管理部门】国务院办公厅统筹协调全国范围内国旗管理有关工作。地方各级人民政府统筹协调本行政区域内国旗管理有关工作。

各级人民政府市场监督管理部门对国旗的制作和销售实施监督管理。

县级人民政府确定的部门对本行政区域内国旗的升挂、使用和收回实施监督管理。

外交部、国务院交通主管部门、中央军事委员会有关部门对各自管辖范围内国旗的升挂、使用和收回实施监督管理。

第二十三条　【对侮辱国旗的处理】在公共场合故意以焚烧、毁损、涂划、玷污、践踏等方式侮辱中华人民共和国国旗的，依法追究刑事责任；情节较轻的，由公安机关处以十五日以下拘留。

第二十四条　【施行日期】本法自1990年10月1日起施行。

附：

国旗制法说明

（1949年9月28日中国人民政治协商会议
第一届全体会议主席团公布）

国旗的形状、颜色两面相同，旗上五星两面相对。为便利计，本件仅以旗杆在左之一面为说明之标准。对于旗杆在右之一面，凡本件所称左均应改右，所称右均应改左。

（一）旗面为红色，长方形，其长与高为三与二之比，旗面左上方缀黄色五角星五颗。一星较大，其外接圆直径为旗高十分之三，居左；四星较小，其外接圆直径为旗高十分之一，环拱于大星之右。旗杆套为白色。

（二）五星之位置与画法如下：

甲、为便于确定五星之位置，先将旗面对分为四个相等的长方形，将左上方之长方形上下划为十等分，左右划为十五等分。

乙、大五角星的中心点，在该长方形上五下五、左五右十之处。其画法为：以此点为圆心，以三等分为半径作一圆。在此圆周上，定出五个等距离的点，其一点须位于圆之正上方。然后将此五点中各相隔的两点相联，使各成一直线。此五直线所构成之外轮廓线，即为所需之大五角星。五角星之一个角尖正向上方。

丙、四颗小五角星的中心点，第一点在该长方形上二下八、左十右五之处，第二点在上四下六、左十二右三之处，第三点在上七下三、左十二右三之处，第四点在上九下一、左十右五之处。其画法为：以以上四点为圆心，各以一等分为半径，分别作四个圆。在每个圆上各定出五个等距离的点，其中均须各有一点位于大五角星中心点与以上四个圆心的各联结线上。然后用构成大五角星的同样方法，构成小五角星。此四颗小五角星均各有一个角尖正对大五角星的中心点。

（三）国旗之通用尺度定为如下五种，各界酌情选用：

甲、长 288 公分，高 192 公分。

乙、长 240 公分，高 160 公分。

丙、长 192 公分，高 128 公分。

丁、长 144 公分，高 96 公分。

戊、长 96 公分，高 64 公分。

国旗制法图案（略）

中华人民共和国国歌法

1. 2017 年 9 月 1 日第十二届全国人民代表大会常务委员会第二十九次会议通过
2. 2017 年 9 月 1 日中华人民共和国主席令第 75 号公布
3. 自 2017 年 10 月 1 日起施行

第一条 【立法目的】为了维护国歌的尊严，规范国歌的奏唱、播放和使用，增强公民的国家观念，弘扬爱国主义精神，培育和践行社会主义核心价值观，根据宪法，制定本法。

第二条 【国歌的名称】中华人民共和国国歌是《义勇军进行曲》。

第三条 【国歌的性质和地位】中华人民共和国国歌是中华人民共和国的象征和标志。

一切公民和组织都应当尊重国歌，维护国歌的尊严。

第四条 【应当奏唱国歌的场合】在下列场合，应当奏唱国歌：

（一）全国人民代表大会会议和地方各级人民代表大会会议的开幕、闭幕；

中国人民政治协商会议全国委员会会议和地方各级委员会会

议的开幕、闭幕；

（二）各政党、各人民团体的各级代表大会等；

（三）宪法宣誓仪式；

（四）升国旗仪式；

（五）各级机关举行或者组织的重大庆典、表彰、纪念仪式等；

（六）国家公祭仪式；

（七）重大外交活动；

（八）重大体育赛事；

（九）其他应当奏唱国歌的场合。

第五条　【倡导奏唱国歌】国家倡导公民和组织在适宜的场合奏唱国歌，表达爱国情感。

第六条　【奏唱形式】奏唱国歌，应当按照本法附件所载国歌的歌词和曲谱，不得采取有损国歌尊严的奏唱形式。

第七条　【奏唱礼仪】奏唱国歌时，在场人员应当肃立，举止庄重，不得有不尊重国歌的行为。

第八条　【不得使用国歌的情形】国歌不得用于或者变相用于商标、商业广告，不得在私人丧事活动等不适宜的场合使用，不得作为公共场所的背景音乐等。

第九条　【外交和军队奏唱国歌特别规定】外交活动中奏唱国歌的场合和礼仪，由外交部规定。

军队奏唱国歌的场合和礼仪，由中央军事委员会规定。

第十条　【标准演奏曲谱和官方录音版本】在本法第四条规定的场合奏唱国歌，应当使用国歌标准演奏曲谱或者国歌官方录音版本。

外交部及驻外外交机构应当向有关国家外交部门和有关国际组织提供国歌标准演奏曲谱和国歌官方录音版本，供外交活动中使用。

国务院体育行政部门应当向有关国际体育组织和赛会主办方提供国歌标准演奏曲谱和国歌官方录音版本，供国际体育赛会使用。

国歌标准演奏曲谱、国歌官方录音版本由国务院确定的部门组织审定、录制，并在中国人大网和中国政府网上发布。

第十一条 【国歌学校教育】国歌纳入中小学教育。

中小学应当将国歌作为爱国主义教育的重要内容，组织学生学唱国歌，教育学生了解国歌的历史和精神内涵、遵守国歌奏唱礼仪。

第十二条 【国歌媒体宣传】新闻媒体应当积极开展对国歌的宣传，普及国歌奏唱礼仪知识。

第十三条 【节日播放国歌】国庆节、国际劳动节等重要的国家法定节日、纪念日，中央和省、自治区、直辖市的广播电台、电视台应当按照国务院广播电视主管部门规定的时点播放国歌。

第十四条 【监督管理】县级以上各级人民政府及其有关部门在各自职责范围内，对国歌的奏唱、播放和使用进行监督管理。

第十五条 【法律责任】在公共场合，故意篡改国歌歌词、曲谱，以歪曲、贬损方式奏唱国歌，或者以其他方式侮辱国歌的，由公安机关处以警告或者十五日以下拘留；构成犯罪的，依法追究刑事责任。

第十六条 【实施日期】本法自 2017 年 10 月 1 日起施行。

附件：中华人民共和国国歌（五线谱版、简谱版）（略）

中华人民共和国国徽法

1. 1991 年 3 月 2 日第七届全国人民代表大会常务委员会第十八次会议通过
2. 根据 2009 年 8 月 27 日第十一届全国人民代表大会常务委员会第十次会议《关于修改部分法律的决定》第一次修正
3. 根据 2020 年 10 月 17 日第十三届全国人民代表大会常务委员会第二十二次会议《关于修改〈中华人民共和国国徽法〉的决定》第二次修正

第一条 【立法目的】为了维护国徽的尊严，正确使用国徽，增强公民的国家观念，弘扬爱国主义精神，培育和践行社会主义核心价值观，根据宪法，制定本法。

第二条　【国徽组成及其制法】中华人民共和国国徽,中间是五星照耀下的天安门,周围是谷穗和齿轮。

中华人民共和国国徽按照1950年中央人民政府委员会通过的《中华人民共和国国徽图案》和中央人民政府委员会办公厅公布的《中华人民共和国国徽图案制作说明》制作。

第三条　【国徽的性质和地位】中华人民共和国国徽是中华人民共和国的象征和标志。

一切组织和公民,都应当尊重和爱护国徽。

第四条　【悬挂国徽的机构及悬挂方位】下列机构应当悬挂国徽:

(一)各级人民代表大会常务委员会;

(二)各级人民政府;

(三)中央军事委员会;

(四)各级监察委员会;

(五)各级人民法院和专门人民法院;

(六)各级人民检察院和专门人民检察院;

(七)外交部;

(八)国家驻外使馆、领馆和其他外交代表机构;

(九)中央人民政府驻香港特别行政区有关机构、中央人民政府驻澳门特别行政区有关机构。

国徽应当悬挂在机关正门上方正中处。

第五条　【应当悬挂国徽的场所】下列场所应当悬挂国徽:

(一)北京天安门城楼、人民大会堂;

(二)县级以上各级人民代表大会及其常务委员会会议厅,乡、民族乡、镇的人民代表大会会场;

(三)各级人民法院和专门人民法院的审判庭;

(四)宪法宣誓场所;

(五)出境入境口岸的适当场所。

第六条　【印章应当刻有国徽图案的机构】下列机构的印章应当刻有国徽图案:

(一)全国人民代表大会常务委员会,国务院,中央军事委员会，国家监察委员会，最高人民法院，最高人民检察院；

（二）全国人民代表大会各专门委员会和全国人民代表大会常务委员会办公厅、工作委员会，国务院各部、各委员会、各直属机构、国务院办公厅以及国务院规定应当使用刻有国徽图案印章的办事机构，中央军事委员会办公厅以及中央军事委员会规定应当使用刻有国徽图案印章的其他机构；

（三）县级以上地方各级人民代表大会常务委员会、人民政府、监察委员会、人民法院、人民检察院，专门人民法院，专门人民检察院；

（四）国家驻外使馆、领馆和其他外交代表机构。

第七条　【应当使用国徽图案的网站】本法第六条规定的机构应当在其网站首页显著位置使用国徽图案。

网站使用的国徽图案标准版本在中国人大网和中国政府网上发布。

第八条　【应当印有国徽图案的文书、出版物】下列文书、出版物等应当印有国徽图案：

（一）全国人民代表大会常务委员会、中华人民共和国主席和国务院颁发的荣誉证书、任命书、外交文书；

（二）中华人民共和国主席、副主席，全国人民代表大会常务委员会委员长、副委员长，国务院总理、副总理、国务委员，中央军事委员会主席、副主席，国家监察委员会主任，最高人民法院院长和最高人民检察院检察长以职务名义对外使用的信封、信笺、请柬等；

（三）全国人民代表大会常务委员会公报、国务院公报、最高人民法院公报和最高人民检察院公报的封面；

（四）国家出版的法律、法规正式版本的封面。

第九条　【可以使用国徽图案的界桩、界碑、标志碑、标志物及货币】标示国界线的界桩、界碑和标示领海基点方位的标志碑以及其他用于显示国家主权的标志物可以使用国徽图案。

中国人民银行发行的法定货币可以使用国徽图案。

第十条　【可以使用国徽图案的证件、证照】下列证件、证照可以使用国徽图案：

（一）国家机关工作人员的工作证件、执法证件等；

（二）国家机关颁发的营业执照、许可证书、批准证书、资格证书、权利证书等；

（三）居民身份证，中华人民共和国护照等法定出入境证件。

国家机关和武装力量的徽章可以将国徽图案作为核心图案。

公民在庄重的场合可以佩戴国徽徽章，表达爱国情感。

第十一条　【外事活动及外交代表机构使用国徽图案的规定】外事活动和国家驻外使馆、领馆以及其他外交代表机构对外使用国徽图案的办法，由外交部规定，报国务院批准后施行。

第十二条　【其他需要悬挂国徽或使用国徽图案的规定】在本法规定的范围以外需要悬挂国徽或者使用国徽图案的，由全国人民代表大会常务委员会办公厅或者国务院办公厅会同有关主管部门规定。

第十三条　【不得使用国徽及其图案的场合】国徽及其图案不得用于：

（一）商标、授予专利权的外观设计、商业广告；

（二）日常用品、日常生活的陈设布置；

（三）私人庆吊活动；

（四）国务院办公厅规定不得使用国徽及其图案的其他场合。

第十四条　【不得悬挂的国徽】不得悬挂破损、污损或者不合规格的国徽。

第十五条　【国徽的教育意义及宣传】国徽应当作为爱国主义教育的重要内容。

中小学应当教育学生了解国徽的历史和精神内涵。

新闻媒体应当积极宣传国徽知识，引导公民和组织正确使用国徽及其图案。

第十六条　【国徽的制作企业及制作标准】悬挂的国徽由国家指定的企业统一制作，其直径的通用尺度为下列三种：

（一）一百厘米；

（二）八十厘米；

（三）六十厘米。

需要悬挂非通用尺度国徽的，应当按照通用尺度成比例适当放大或者缩小，并与使用目的、所在建筑物、周边环境相适应。

第十七条 【国徽管理】国务院办公厅统筹协调全国范围内国徽管理有关工作。地方各级人民政府统筹协调本行政区域内国徽管理有关工作。

各级人民政府市场监督管理部门对国徽的制作和销售实施监督管理。

县级人民政府确定的部门对本行政区域内国徽的悬挂、使用和收回实施监督管理。

第十八条 【对侮辱国徽的处罚】在公共场合故意以焚烧、毁损、涂划、玷污、践踏等方式侮辱中华人民共和国国徽的，依法追究刑事责任；情节较轻的，由公安机关处以十五日以下拘留。

第十九条 【施行日期】本法自 1991 年 10 月 1 日起施行。

附件：

中华人民共和国国徽图案（略）

说明：国徽的内容为国旗、天安门、齿轮和麦稻穗，象征中国人民自“五四”运动以来的新民主主义革命斗争和工人阶级领导的以工农联盟为基础的人民民主专政的新中国的诞生。

中华人民共和国国徽图案制作说明

（1950 年 9 月 20 日中央人民政府
委员会办公厅公布）

一、两把麦稻组成正圆形的环。齿轮安在下方麦稻杆的交叉点上。

齿轮的中心交结着红绶。红绶向左右绾住麦稻而下垂,把齿轮分成上下两部。

二、从图案正中垂直画一直线,其左右两部分,完全对称。

三、图案各部分之地位、尺寸,可根据方格墨线图之比例,放大或缩小。

四、如制作浮雕,其各部位之高低,可根据断面图之比例放大或缩小。

五、国徽之涂色为金红二色:麦稻、五星、天安门、齿轮为金色,圆环内之底子及垂绶为红色;红为正红(同于国旗),金为大赤金(淡色而有光泽之金)。

中华人民共和国国徽方格墨线图(略)

中华人民共和国国徽纵断面图(略)

中华人民共和国英雄烈士保护法

1. 2018年4月27日第十三届全国人民代表大会常务委员会第二次会议通过
2. 2018年4月27日中华人民共和国主席令第5号公布
3. 自2018年5月1日起施行

第一条　【立法目的和根据】为了加强对英雄烈士的保护,维护社会公共利益,传承和弘扬英雄烈士精神、爱国主义精神,培育和践行社会主义核心价值观,激发实现中华民族伟大复兴中国梦的强大精神力量,根据宪法,制定本法。

第二条　【英雄烈士的范围】国家和人民永远尊崇、铭记英雄烈士为国家、人民和民族作出的牺牲和贡献。

近代以来,为了争取民族独立和人民解放,实现国家富强和人民幸福,促进世界和平和人类进步而毕生奋斗、英勇献身的英雄烈士,功勋彪炳史册,精神永垂不朽。

第三条　【英雄烈士事迹和精神的宣传教育】英雄烈士事迹和精神是

中华民族的共同历史记忆和社会主义核心价值观的重要体现。

国家保护英雄烈士，对英雄烈士予以褒扬、纪念，加强对英雄烈士事迹和精神的宣传、教育，维护英雄烈士尊严和合法权益。

全社会都应当崇尚、学习、捍卫英雄烈士。

第四条　【英雄烈士的保护】各级人民政府应当加强对英雄烈士的保护，将宣传、弘扬英雄烈士事迹和精神作为社会主义精神文明建设的重要内容。

县级以上人民政府负责英雄烈士保护工作的部门和其他有关部门应当依法履行职责，做好英雄烈士保护工作。

军队有关部门按照国务院、中央军事委员会的规定，做好英雄烈士保护工作。

县级以上人民政府应当将英雄烈士保护工作经费列入本级预算。

第五条　【烈士纪念日】每年9月30日为烈士纪念日，国家在首都北京天安门广场人民英雄纪念碑前举行纪念仪式，缅怀英雄烈士。

县级以上地方人民政府、军队有关部门应当在烈士纪念日举行纪念活动。

举行英雄烈士纪念活动，邀请英雄烈士遗属代表参加。

第六条　【组织纪念活动】在清明节和重要纪念日，机关、团体、乡村、社区、学校、企业事业单位和军队有关单位根据实际情况，组织开展英雄烈士纪念活动。

第七条　【人民英雄纪念碑】国家建立并保护英雄烈士纪念设施，纪念、缅怀英雄烈士。

矗立在首都北京天安门广场的人民英雄纪念碑，是近代以来中国人民和中华民族争取民族独立解放、人民自由幸福和国家繁荣富强精神的象征，是国家和人民纪念、缅怀英雄烈士的永久性纪念设施。

人民英雄纪念碑及其名称、碑题、碑文、浮雕、图形、标志等受法律保护。

第八条　【纪念设施的保护管理】县级以上人民政府应当将英雄烈士

纪念设施建设和保护纳入国民经济和社会发展规划、城乡规划，加强对英雄烈士纪念设施的保护和管理；对具有重要纪念意义、教育意义的英雄烈士纪念设施依照《中华人民共和国文物保护法》的规定，核定公布为文物保护单位。

中央财政对革命老区、民族地区、边疆地区、贫困地区英雄烈士纪念设施的修缮保护，应当按照国家规定予以补助。

第九条　【纪念设施向社会开放】英雄烈士纪念设施应当免费向社会开放，供公众瞻仰、悼念英雄烈士，开展纪念教育活动，告慰先烈英灵。

前款规定的纪念设施由军队有关单位管理的，按照军队有关规定实行开放。

第十条　【纪念设施的环境和氛围】英雄烈士纪念设施保护单位应当健全服务和管理工作规范，方便瞻仰、悼念英雄烈士，保持英雄烈士纪念设施庄严、肃穆、清净的环境和氛围。

任何组织和个人不得在英雄烈士纪念设施保护范围内从事有损纪念英雄烈士环境和氛围的活动，不得侵占英雄烈士纪念设施保护范围内的土地和设施，不得破坏、污损英雄烈士纪念设施。

第十一条　【送迎、安葬仪式】安葬英雄烈士时，县级以上人民政府、军队有关部门应当举行庄严、肃穆、文明、节俭的送迎、安葬仪式。

第十二条　【祭扫制度和礼仪规范】国家建立健全英雄烈士祭扫制度和礼仪规范，引导公民庄严有序地开展祭扫活动。

县级以上人民政府有关部门应当为英雄烈士遗属祭扫提供便利。

第十三条　【纪念形式】县级以上人民政府有关部门应当引导公民通过瞻仰英雄烈士纪念设施、集体宣誓、网上祭奠等形式，铭记英雄烈士的事迹，传承和弘扬英雄烈士的精神。

第十四条　【位于国外的英雄烈士纪念】英雄烈士在国外安葬的，中华人民共和国驻该国外交、领事代表机构应当结合驻在国实际情况组织开展祭扫活动。

国家通过与有关国家的合作，查找、收集英雄烈士遗骸、遗物和史料,加强对位于国外的英雄烈士纪念设施的修缮保护工作。

第十五条 【对烈士事迹和精神的研究】国家鼓励和支持开展对英雄烈士事迹和精神的研究,以辩证唯物主义和历史唯物主义为指导认识和记述历史。

第十六条 【对烈士史料的研究和宣传】各级人民政府、军队有关部门应当加强对英雄烈士遗物、史料的收集、保护和陈列展示工作,组织开展英雄烈士史料的研究、编纂和宣传工作。

国家鼓励和支持革命老区发挥当地资源优势,开展英雄烈士事迹和精神的研究、宣传和教育工作。

第十七条 【纳入国民教育体系】教育行政部门应当以青少年学生为重点,将英雄烈士事迹和精神的宣传教育纳入国民教育体系。

教育行政部门、各级各类学校应当将英雄烈士事迹和精神纳入教育内容,组织开展纪念教育活动,加强对学生的爱国主义、集体主义、社会主义教育。

第十八条 【文化产品宣传】文化、新闻出版、广播电视、电影、网信等部门应当鼓励和支持以英雄烈士事迹为题材、弘扬英雄烈士精神的优秀文学艺术作品、广播电视节目以及出版物的创作生产和宣传推广。

第十九条 【媒体宣传形式】广播电台、电视台、报刊出版单位、互联网信息服务提供者,应当通过播放或者刊登英雄烈士题材作品、发布公益广告、开设专栏等方式,广泛宣传英雄烈士事迹和精神。

第二十条 【公益活动】国家鼓励和支持自然人、法人和非法人组织以捐赠财产、义务宣讲英雄烈士事迹和精神、帮扶英雄烈士遗属等公益活动的方式,参与英雄烈士保护工作。

自然人、法人和非法人组织捐赠财产用于英雄烈士保护的,依法享受税收优惠。

第二十一条 【抚恤优待制度】国家实行英雄烈士抚恤优待制度。英雄烈士遗属按照国家规定享受教育、就业、养老、住房、医疗等方面的优待。抚恤优待水平应当与国民经济和社会发展相适应并逐步提高。

国务院有关部门、军队有关部门和地方人民政府应当关心英雄烈士遗属的生活情况，每年定期走访慰问英雄烈士遗属。

第二十二条　**【名誉权保护】**禁止歪曲、丑化、亵渎、否定英雄烈士事迹和精神。

英雄烈士的姓名、肖像、名誉、荣誉受法律保护。任何组织和个人不得在公共场所、互联网或者利用广播电视、电影、出版物等，以侮辱、诽谤或者其他方式侵害英雄烈士的姓名、肖像、名誉、荣誉。任何组织和个人不得将英雄烈士的姓名、肖像用于或者变相用于商标、商业广告，损害英雄烈士的名誉、荣誉。

公安、文化、新闻出版、广播电视、电影、网信、市场监督管理、负责英雄烈士保护工作的部门发现前款规定行为的，应当依法及时处理。

第二十三条　**【网络监管职责】**网信和电信、公安等有关部门在对网络信息进行依法监督管理工作中，发现发布或者传输以侮辱、诽谤或者其他方式侵害英雄烈士的姓名、肖像、名誉、荣誉的信息的，应当要求网络运营者停止传输，采取消除等处置措施和其他必要措施；对来源于中华人民共和国境外的上述信息，应当通知有关机构采取技术措施和其他必要措施阻断传播。

网络运营者发现其用户发布前款规定的信息的，应当立即停止传输该信息，采取消除等处置措施，防止信息扩散，保存有关记录，并向有关主管部门报告。网络运营者未采取停止传输、消除等处置措施的，依照《中华人民共和国网络安全法》的规定处罚。

第二十四条　**【举报】**任何组织和个人有权对侵害英雄烈士合法权益和其他违反本法规定的行为，向负责英雄烈士保护工作的部门、网信、公安等有关部门举报，接到举报的部门应当依法及时处理。

第二十五条　**【提起诉讼】**对侵害英雄烈士的姓名、肖像、名誉、荣誉的行为，英雄烈士的近亲属可以依法向人民法院提起诉讼。

英雄烈士没有近亲属或者近亲属不提起诉讼的，检察机关依法对侵害英雄烈士的姓名、肖像、名誉、荣誉，损害社会公共利益的行为向人民法院提起诉讼。

负责英雄烈士保护工作的部门和其他有关部门在履行职责过程中发现第一款规定的行为，需要检察机关提起诉讼的，应当向检察机关报告。

英雄烈士近亲属依照第一款规定提起诉讼的，法律援助机构应当依法提供法律援助服务。

第二十六条　【侵害烈士名誉权的法律责任】以侮辱、诽谤或者其他方式侵害英雄烈士的姓名、肖像、名誉、荣誉，损害社会公共利益的，依法承担民事责任；构成违反治安管理行为的，由公安机关依法给予治安管理处罚；构成犯罪的，依法追究刑事责任。

第二十七条　【从事有损纪念英雄烈士环境和氛围活动的法律责任】在英雄烈士纪念设施保护范围内从事有损纪念英雄烈士环境和氛围的活动的，纪念设施保护单位应当及时劝阻；不听劝阻的，由县级以上地方人民政府负责英雄烈士保护工作的部门、文物主管部门按照职责规定给予批评教育，责令改正；构成违反治安管理行为的，由公安机关依法给予治安管理处罚。

亵渎、否定英雄烈士事迹和精神，宣扬、美化侵略战争和侵略行为，寻衅滋事，扰乱公共秩序，构成违反治安管理行为的，由公安机关依法给予治安管理处罚；构成犯罪的，依法追究刑事责任。

第二十八条　【损害纪念设施的法律责任】侵占、破坏、污损英雄烈士纪念设施的，由县级以上人民政府负责英雄烈士保护工作的部门责令改正；造成损失的，依法承担民事责任；被侵占、破坏、污损的纪念设施属于文物保护单位的，依照《中华人民共和国文物保护法》的规定处罚；构成违反治安管理行为的，由公安机关依法给予治安管理处罚；构成犯罪的，依法追究刑事责任。

第二十九条　【渎职】县级以上人民政府有关部门及其工作人员在英雄烈士保护工作中滥用职权、玩忽职守、徇私舞弊的，对直接负责的主管人员和其他直接责任人员，依法给予处分；构成犯罪的，依法追究刑事责任。

第三十条　【施行日期】本法自 2018 年 5 月 1 日起施行。

中华人民共和国国家勋章和国家荣誉称号法

1. 2015年12月27日第十二届全国人民代表大会常务委员会第十八次会议通过
2. 2015年12月27日中华人民共和国主席令第38号公布
3. 自2016年1月1日起施行

第一条　【立法目的和根据】为了褒奖在中国特色社会主义建设中作出突出贡献的杰出人士，弘扬民族精神和时代精神，激发全国各族人民建设富强、民主、文明、和谐的社会主义现代化国家的积极性，实现中华民族伟大复兴，根据宪法，制定本法。

第二条　【国家最高荣誉和适用范围】国家勋章和国家荣誉称号为国家最高荣誉。

国家勋章和国家荣誉称号的设立和授予，适用本法。

第三条　【共和国勋章和友谊勋章】国家设立“共和国勋章”，授予在中国特色社会主义建设和保卫国家中作出巨大贡献、建立卓越功勋的杰出人士。

国家设立“友谊勋章”，授予在我国社会主义现代化建设和促进中外交流合作、维护世界和平中作出杰出贡献的外国人。

第四条　【国家荣誉称号】国家设立国家荣誉称号，授予在经济、社会、国防、外交、教育、科技、文化、卫生、体育等各领域各行业作出重大贡献、享有崇高声誉的杰出人士。

国家荣誉称号的名称冠以“人民”，也可以使用其他名称。国家荣誉称号的具体名称由全国人民代表大会常务委员会在决定授予时确定。

第五条　【议案提出主体】全国人民代表大会常务委员会委员长会议根据各方面的建议，向全国人民代表大会常务委员会提出授予国家勋章、国家荣誉称号的议案。

国务院、中央军事委员会可以向全国人民代表大会常务委员会提出授予国家勋章、国家荣誉称号的议案。

第六条 【决定主体】全国人民代表大会常务委员会决定授予国家勋章和国家荣誉称号。

第七条 【授予主体】中华人民共和国主席根据全国人民代表大会常务委员会的决定，向国家勋章和国家荣誉称号获得者授予国家勋章、国家荣誉称号奖章，签发证书。

第八条 【友谊勋章的直接授予】中华人民共和国主席进行国事活动，可以直接授予外国政要、国际友人等人士“友谊勋章”。

第九条 【授予仪式】国家在国庆日或者其他重大节日、纪念日，举行颁授国家勋章、国家荣誉称号的仪式；必要时，也可以在其他时间举行颁授国家勋章、国家荣誉称号的仪式。

第十条 【国家功勋簿】国家设立国家功勋簿，记载国家勋章和国家荣誉称号获得者及其功绩。

第十一条 【获得者的待遇】国家勋章和国家荣誉称号获得者应当受到国家和社会的尊重，享有受邀参加国家庆典和其他重大活动等崇高礼遇和国家规定的待遇。

第十二条 【宣传获得者的功绩和事迹】国家和社会通过多种形式，宣传国家勋章和国家荣誉称号获得者的卓越功绩和杰出事迹。

第十三条 【终身享有】国家勋章和国家荣誉称号为其获得者终身享有，但依照本法规定被撤销的除外。

第十四条 【佩带和保管】国家勋章和国家荣誉称号获得者应当按照规定佩带国家勋章、国家荣誉称号奖章，妥善保管勋章、奖章及证书。

第十五条 【获得者去世后勋章、奖章及证书的处理】国家勋章和国家荣誉称号获得者去世的，其获得的勋章、奖章及证书由其继承人或者指定的人保存；没有继承人或者被指定人的，可以由国家收存。

国家勋章、国家荣誉称号奖章及证书不得出售、出租或者用于从事其他营利性活动。

第十六条 【国家勋章、国家荣誉称号的追授】生前作出突出贡献符合本法规定授予国家勋章、国家荣誉称号条件的人士，本法施行后去世的，可以向其追授国家勋章、国家荣誉称号。

第十七条　【获得者的义务】国家勋章和国家荣誉称号获得者，应当珍视并保持国家给予的荣誉，模范地遵守宪法和法律，努力为人民服务，自觉维护国家勋章和国家荣誉称号的声誉。

第十八条　【国家勋章、国家荣誉称号的撤销】国家勋章和国家荣誉称号获得者因犯罪被依法判处刑罚或者有其他严重违法、违纪等行为，继续享有国家勋章、国家荣誉称号将会严重损害国家最高荣誉的声誉的，由全国人民代表大会常务委员会决定撤销其国家勋章、国家荣誉称号并予以公告。

第十九条　【办理机构】国家勋章和国家荣誉称号的有关具体事项，由国家功勋荣誉表彰有关工作机构办理。

第二十条　【国务院、中央军委在职权范围内开展工作】国务院、中央军事委员会可以在各自的职权范围内开展功勋荣誉表彰奖励工作。

第二十一条　【施行日期】本法自 2016 年 1 月 1 日起施行。

新时代爱国主义教育实施纲要

2019 年 11 月中共中央、国务院印发

爱国主义是中华民族的民族心、民族魂，是中华民族最重要的精神财富，是中国人民和中华民族维护民族独立和民族尊严的强大精神动力。爱国主义精神深深植根于中华民族心中，维系着中华大地上各个民族的团结统一，激励着一代又一代中华儿女为祖国发展繁荣而自强不息、不懈奋斗。中国共产党是爱国主义精神最坚定的弘扬者和实践者，90 多年来，中国共产党团结带领全国各族人民进行的革命、建设、改革实践是爱国主义的伟大实践，写下了中华民族爱国主义精神的辉煌篇章。党的十八大以来，以习近平

同志为核心的党中央高度重视爱国主义教育，固本培元、凝心铸魂，作出一系列重要部署，推动爱国主义教育取得显著成效。当前，中国特色社会主义进入新时代，中华民族伟大复兴正处于关键时期。新时代加强爱国主义教育，对于振奋民族精神、凝聚全民族力量，决胜全面建成小康社会，夺取新时代中国特色社会主义伟大胜利，实现中华民族伟大复兴的中国梦，具有重大而深远的意义。

一、总体要求

1. 指导思想。坚持以马克思列宁主义、毛泽东思想、邓小平理论、“三个代表”重要思想、科学发展观、习近平新时代中国特色社会主义思想为指导，增强“四个意识”，坚定“四个自信”，做到“两个维护”，着眼培养担当民族复兴大任的时代新人，始终高扬爱国主义旗帜，着力培养爱国之情、砥砺强国之志、实践报国之行，使爱国主义成为全体中国人民的坚定信念、精神力量和自觉行动。

2. 坚持把实现中华民族伟大复兴的中国梦作为鲜明主题。伟大事业需要伟大精神，伟大精神铸就伟大梦想。要把国家富强、民族振兴、人民幸福作为不懈追求，着力扎紧全国各族人民团结奋斗的精神纽带，厚植家国情怀，培育精神家园，引导人们坚持中国道路、弘扬中国精神、凝聚中国力量，为实现中华民族伟大复兴的中国梦提供强大精神动力。

3. 坚持爱党爱国爱社会主义相统一。新中国是中国共产党领导的社会主义国家，祖国的命运与党的命运、社会主义的命运密不可分。当代中国，爱国主义的本质就是坚持爱国和爱党、爱社会主义高度统一。要区分层次、区别对象，引导人们深刻认识党的领导是中国特色社会主义最本质特征和最大制度优势，坚持党的领导、坚持走中国特色社会主义道路是实现国家富强的根本保障和必由之路，以坚定的信念、真挚的情感把新时代中国特色社会主义一以贯之进行下去。

4. 坚持以维护祖国统一和民族团结为着力点。国家统一和民族团结是中华民族根本利益所在。要始终不渝坚持民族团结是各族人民的生命线，巩固和发展平等团结互助和谐的社会主义民族关系，引导全国各族人民像爱护自己的眼睛一样珍惜民族团结，维护全国各族人民大团结的政治局面，巩固和发展最广泛的爱国统一战线，不断增强对伟大祖国、中华民族、中华文化、中国共产党、中国特色社会主义的认同，坚决维护国家主权、安全、发展利益，旗帜鲜明反对分裂国家图谋、破坏民族团结的言行，筑牢国家统一、民族团结、社会稳定的铜墙铁壁。

5. 坚持以立为本、重在建设。爱国主义是中华儿女最自然、最朴素的情感。要坚持从娃娃抓起，着眼固本培元、凝心铸魂，突出思想内涵，强化思想引领，做到润物无声，把基本要求和具体实际结合起来，把全面覆盖和突出重点结合起来，遵循规律、创新发展，注重落细落小落实、日常经常平常，强化教育引导、实践养成、制度保障，推动爱国主义教育融入贯穿国民教育和精神文明建设全过程。

6. 坚持立足中国又面向世界。一个国家、一个民族，只有开放兼容，才能富强兴盛。要把弘扬爱国主义精神与扩大对外开放结合起来，尊重各国历史特点、文化传统，尊重各国人民选择的发展道路，善于从不同文明中寻求智慧、汲取营养，促进人类和平与发展的崇高事业，共同推动人类文明发展进步。

二、基本内容

7. 坚持用习近平新时代中国特色社会主义思想武装全党、教育人民。习近平新时代中国特色社会主义思想是马克思主义中国化最新成果，是党和人民实践经验和集体智慧的结晶，是中国特色社会主义理论体系的重要组成部分，是全党全国人民为实现中华民族伟大复兴而奋斗的行动指南，必须长期坚持并不断发展。要深刻理解习近平新时代中国特色社会主义思想的核心要义、精神实质、丰富内涵、实践要求，不断增强干部群众的政治意识、大局意识、核心意识、看齐意识，坚决维护习近平总书记党中央的核心、全党的核心地位，坚决维护党中央权威和集中统一领导。要紧密结合人们生产生活实际，推动习近平新时代中国特色社会主义思想进企业、进农村、进机关、进校园、进社区、进军营、进网络，真正使党的创新理论落地生根、开花结果。要在知行合一、学以致用上下功夫，引导干部群众坚持以习近平新时代中国特色社会主义思想为指导，展现新气象、激发新作为，把学习教育成果转化为爱国报国的实际行动。

8. 深入开展中国特色社会主义和中国梦教育。中国特色社会主义集中体现着国家、民族、人民根本利益。要高举中国特色社会主义伟大旗帜，广泛开展理想信念教育，用党领导人民进行伟大社会革命的成果说话，用改革开放以来社会主义现代化建设的伟大成就说话，用新时代坚持和发展中国特色社会主义的生动实践说话，用中国特色社会主义制度的优势说话，在历史与现实、国际与国内的对比中，引导人们深刻认识中国共产党为什么"能"、马克思主义为什么"行"、中国特色社会主义为什么"好"，牢记红色政权是从哪里来的、新中国是怎么建立起来的，倍加珍惜我们党开创的中国特色社会主义，不断增强道路自信、理论自信、制度自信、文化自信。要深入开展中国梦教育，引导人们深刻认识中国梦是国家的梦、民族的梦，也是每个中国人的梦，深刻认识中华民族伟大复兴绝不是轻轻松松、敲锣打鼓就能实现的，要付出更为艰巨、更为艰苦的努力，争做新时代的奋斗者、追梦人。

9. 深入开展国情教育和形势政策教育。要深入开展国情教育，帮助人们了解我国发展新的历史方位、社会主要矛盾的变化，引导人们深刻认识到，我国仍处于并将长期处于社会主义初级阶段的基本国情没有变，我国是世界上最大发展中国家的国际地位没有变，始终准确把握基本国情，既不落后于时代，也不脱离实际、超越阶段。要深入开展形势政策教育，帮助人们树立正确的历史观、大局观、角色观，了解世界正经历百年未有之大变局，我国仍处于发展的重要战略机遇期，引导人们清醒认识国际国内形势发展变化，做好我们自己的事情。要发扬斗争精神，增强斗争本领，引导人们充分认识伟大斗争的长期性、复杂性、艰巨性，敢于直面风险挑战，以坚忍不拔的意志和无私无畏的勇气战胜前进道路上的一切艰难险阻，在进行伟大斗争中更好弘扬爱国主义精神。

10. 大力弘扬民族精神和时代精神。以爱国主义为核心的民族精神和以改革创新为核心的时代精神，是凝心聚力的兴国之魂、强国之魂。要聚焦培养担当民族复兴大任的时代新人，培育和践行社会主义核心价值观，广泛开展爱国主义、集体主义、社会主义教育，提高人们的思想觉悟、道德水准和文明素养。要唱响人民赞歌、展现人民风貌，大力弘扬中国人民在长期奋斗中形成的伟大创造精神、伟大奋斗精神、伟大团结精神、伟大梦想精神，生动展示人民群众在新时代的新实践、新业绩、新作为。

11. 广泛开展党史、国史、改革开放史教育。历史是最好的教科书，也是最好的清醒剂。要结合中华民族从站起来、富起来到强起来的伟大飞跃，引导人们深刻认识历史和人民选择中国共产党、选择马克思主义、选择社会主义道路、选择改革开放的历史必然性，深刻认识我们国家和民族从哪里来、到哪里去，坚决反对历史虚无主义。要继承革命传统，弘扬革命精神，传承红色基因，结合新的时代特点赋予新的内涵，使之转化为激励人民群众进行伟大斗争的强大动力。要加强改革开放教育，引导人们深刻认识改革开放是党和人民大踏步赶上时代的重要法宝，是坚持和发展中国特色社会主义的必由之路，是决定当代中国命运的关键一招，也是决定实现“两个一百年”奋斗目标、实现中华民族伟大复兴的关键一招，凝聚起将改革开放进行到底的强大力量。

12. 传承和弘扬中华优秀传统文化。对祖国悠久历史、深厚文化的理解和接受，是爱国主义情感培育和发展的重要条件。要引导人们了解中华民族的悠久历史和灿烂文化，从历史中汲取营养和智慧，自觉延续文化基因，增强民族自尊心、自信心和自豪感。要坚持古为今用、推陈出新，不忘本来、辩证取舍，深入实施中华优秀传统文化传承发展工程，推动中华文化创造性转化、创新性发展。要坚守正道、弘扬大道，反对文化虚无主义，引导人们树立和坚持正确的历史观、民族观、国家观、文化观，不断增强中华民族的归属感、认同感、尊严感、荣誉感。

13. 强化祖国统一和民族团结进步教育。实现祖国统一、维护民族团结，是中华民族的不懈追求。要加强祖国统一教育，深刻揭示维护国家主权和领土完整、实现祖国完全统一是大势所趋、大义所在、民心所向，增进广大同胞心灵契合、互信认同，与分裂祖国的言行开展坚决斗争，引导全体中华儿女为实现民族伟大复兴、推进祖国和平统一而共同奋斗。深化民族团结进步教育，铸牢中华民族共同体意识，加强各民族交往交流交融，引导各族群众牢固树立“三个离不开”思想，不断增强“五个认同”，使各民族同呼吸、共命运、心连心的光荣传统代代相传。

14. 加强国家安全教育和国防教育。国家安全是安邦定国的重要基石。要加强国家安全教育，深入学习宣传总体国家安全观，增强全党全国人民国家安全意识，自觉维护政治安全、国土安全、经济安全、社会安全、网络安全和外部安全。要加强国防教育，增强全民国防观念，使关心国防、热爱国防、建设国防、保卫国防成为全社会的思想共识和自觉行动。要深入开展增强忧患意识、防范化解重大风险的宣传教育，引导广大干部群众强化风险意识，科学辨识风险、有效应对风险，做到居安思危、防患未然。

三、新时代爱国主义教育要面向全体人民、聚焦青少年

15. 充分发挥课堂教学的主渠道作用。培养社会主义建设者和接班人，首先要培养学生的爱国情怀。要把青少年作为爱国主义教育的重中之重，将爱国主义精神贯穿于学校教育全过程，推动爱国主义教育进课堂、进教材、进头脑。在普通中小学、中职学校，将爱国主义教育内容融入语文、道德与法治、历史等学科教材编写和教育教学中，在普通高校将爱国主义教育与哲学社会科学相关专业课程有机结合，加大爱国主义教育内容的比重。创新爱国主义教育的形式，丰富和优化课程资源，支持和鼓励多种形式开发微课、微视频等教育资源和在线课程，开发体现爱国主义教育要求的音乐、美术、书法、舞蹈、戏剧作品等，进一步增强吸引力感染力。

16. 办好学校思想政治理论课。思想政治理论课是爱国主义教育的主阵地。要紧紧抓住青少年阶段的“拔节孕穗期”，理直气壮开好思想政治理论课，引导学生把爱国情、强国志、报国行自觉融入坚持和发展中国特色社会主义事业、建设社会主义现代化强国、实现中华民族伟大复兴的奋斗之中。按照政治强、情怀深、思维新、视野广、自律严、人格正的要求,加强思想政治理论课教师队伍建设,让有信仰的人讲信仰,让有爱国情怀的人讲爱国。推动思想政治理论课改革创新,发挥学生主体作用,采取互动式、启发式、交流式教学,增强思想性理论性和亲和力针对性,在教育灌输和潜移默化中,引导学生树立国家意识、增进爱国情感。

17. 组织推出爱国主义精品出版物。针对不同年龄、不同成长阶段,坚持精品标准,加大创作力度,推出反映爱国主义内容的高质量儿童读物、教辅读物,让广大青少年自觉接受爱国主义熏陶。积极推荐爱国主义主题出版物,大力开展爱国主义教育读书活动。结合青少年兴趣点和接受习惯,大力开发并积极推介体现中华文化精髓、富有爱国主义气息的网络文学、动漫、有声读物、网络游戏、手机游戏、短视频等。

18. 广泛组织开展实践活动。大中小学的党组织、共青团、少先队、学生会、学生社团等,要把爱国主义内容融入党日团日、主题班会、班队会以及各类主题教育活动之中。广泛开展文明校园创建,强化校训校歌校史的爱国主义教育功能,组织开展丰富多彩的校园文化活动。组织大中小学生参观纪念馆、展览馆、博物馆、烈士纪念设施,参加军事训练、冬令营夏令营、文化科技卫生"三下乡"、学雷锋志愿服务、创新创业、公益活动等,更好地了解国情民情,强化责任担当。密切与城市社区、农村、企业、部队、社会机构等的联系,丰富拓展爱国主义教育校外实践领域。

19. 在广大知识分子中弘扬爱国奋斗精神。我国知识分子历来有浓厚的家国情怀和强烈的社会责任感。深入开展"弘扬爱国奋斗精神、建功立业新时代"活动,弘扬"两弹一星"精神、载人航天精神等,大力组织优秀知识分子学习宣传,引导新时代知识分子把自己的理想同祖国的前途、把自己的人生同民族的命运紧密联系在一起,立足本职、拼搏奋斗、创新创造,在新时代作出应有的贡献。广泛动员和组织知识分子深入改革开放前沿、经济发展一线和革命老区、民族地区、边疆地区、贫困地区，开展调研考察和咨询服务，深入了解国情，坚定爱国追求。

20. 激发社会各界人士的爱国热情。社会各界的代表性人士具有较强示范效应。要坚持信任尊重团结引导，增进和凝聚政治共识，夯实共同思想政治基础，不断扩大团结面，充分调动社会各界人士的爱国热情和社会担当。通过开展职业精神职业道德教育、建立健全相关制度规范、发挥行业和舆论监督作用等，引导社会各界人士增强道德自律、履行社会责任。坚持我国宗教的中国化方向，加强宗教界人士和信教群众的爱国主义教育，引导他们热爱祖国、拥护社会主义制度、拥护中国共产党的领导，遵守国家法律法规和方针政策。加强“一国两制”实践教育，引导人们包括香港特别行政区同胞、澳门特别行政区同胞、台湾同胞和海外侨胞增强对国家的认同，自觉维护国家统一和民族团结。

四、丰富新时代爱国主义教育的实践载体

21. 建好用好爱国主义教育基地和国防教育基地。各级各类爱国主义教育基地，是激发爱国热情、凝聚人民力量、培育民族精神的重要场所。要加强内容建设，改进展陈方式，着力打造主题突出、导向鲜明、内涵丰富的精品陈列，强化爱国主义教育和红色教育功能，为社会各界群众参观学习提供更好服务。健全全国爱国主义教育示范基地动态管理机制，进一步完善落实免费开放政策和保障机制，根据实际情况，对爱国主义教育基地免费开放财政补助进行重新核定。依托军地资源，优化结构布局，提升质量水平，建设一批国防特色鲜明、功能设施配套、作用发挥明显的国防教育基地。

22. 注重运用仪式礼仪。认真贯彻执行国旗法、国徽法、国歌法，学习宣传基本知识和国旗升挂、国徽使用、国歌奏唱礼仪。在全社会广泛开展“同升国旗、同唱国歌”活动，让人们充分表达爱国情感。各级广播电台、电视台每天定时在主频率、主频道播放国歌。国庆期间，各级党政机关、人民团体、大型企事业单位、全国城乡社区和爱国主义教育基地等，要组织升国旗仪式并悬挂国旗。

鼓励居民家庭在家门前适当位置悬挂国旗。认真组织宪法宣誓仪式、入党入团入队仪式等,通过公开宣誓、重温誓词等形式,强化国家意识和集体观念。

23. 组织重大纪念活动。充分挖掘重大纪念日、重大历史事件蕴含的爱国主义教育资源,组织开展系列庆祝或纪念活动和群众性主题教育。抓住国庆节这一重要时间节点,广泛开展"我和我的祖国"系列主题活动,通过主题宣讲、大合唱、共和国故事汇、快闪、灯光秀、游园活动等形式,引导人们歌唱祖国、致敬祖国、祝福祖国,使国庆黄金周成为爱国活动周。充分运用"七一"党的生日、"八一"建军节等时间节点,广泛深入组织各种纪念活动,唱响共产党好、人民军队好的主旋律。在中国人民抗日战争胜利纪念日、烈士纪念日、南京大屠杀死难者国家公祭日期间,精心组织公祭、瞻仰纪念碑、祭扫烈士墓等,引导人们牢记历史、不忘过去,缅怀先烈、面向未来,激发爱国热情、凝聚奋进力量。

24. 发挥传统和现代节日的涵育功能。大力实施中国传统节日振兴工程,深化"我们的节日"主题活动,利用春节、元宵、清明、端午、七夕、中秋、重阳等重要传统节日,开展丰富多彩、积极健康、富有价值内涵的民俗文化活动,引导人们感悟中华文化、增进家国情怀。结合元旦、"三八"国际妇女节、"五一"国际劳动节、"五四"青年节、"六一"国际儿童节和中国农民丰收节等,开展各具特色的庆祝活动,激发人们的爱国主义和集体主义精神。

25. 依托自然人文景观和重大工程开展教育。寓爱国主义教育于游览观光之中,通过宣传展示、体验感受等多种方式,引导人们领略壮美河山,投身美丽中国建设。系统梳理传统文化资源,加强考古发掘和整理研究,保护好文物古迹、传统村落、民族村寨、传统建筑、农业遗迹、灌溉工程遗产、工业遗迹,推动遗产资源合理利用,健全非物质文化遗产保护制度,推进国家文化公园建设。推动文化和旅游融合发展,提升旅游质量水平和文化内涵,深入挖掘旅游资源中蕴含的爱国主义内容,防止过度商业行为和破坏性开发。推动红色旅游内涵式发展,完善全国红色旅游经典景区体系,凸显教育功能，加强对讲解员、导游等从业人员的管理培训，加强对解说词、旅游项目等的规范，坚持正确的历史观和历史标准。依托国家重大建设工程、科学工程等，建设一批展现新时代风采的主题教育基地。

五、营造新时代爱国主义教育的浓厚氛围

26. 用好报刊广播影视等大众传媒。各级各类媒体要聚焦爱国主义主题，创新方法手段，适应分众化、差异化传播趋势，使爱国主义宣传报道接地气、有生气、聚人气，有情感、有深度、有温度。把爱国主义主题融入贯穿媒体融合发展，打通网上网下、版面页面，推出系列专题专栏、新闻报道、言论评论以及融媒体产品，加强县级融媒体中心建设，生动讲好爱国故事、大力传播主流价值观。制作刊播爱国主义优秀公益广告作品，在街头户外张贴悬挂展示标语口号、宣传挂图，生动形象做好宣传。坚持正确舆论导向，对虚无历史、消解主流价值的错误思想言论，及时进行批驳和辨析引导。

27. 发挥先进典型的引领作用。大力宣传为中华民族和中国人民作出贡献的英雄，宣传革命、建设、改革时期涌现出的英雄烈士和模范人物，宣传时代楷模、道德模范、最美人物和身边好人，宣传具有爱国情怀的地方先贤、知名人物，以榜样的力量激励人、鼓舞人。广泛开展向先进典型学习活动，引导人们把敬仰和感动转化为干事创业、精忠报国的实际行动。做好先进模范人物的关心帮扶工作，落实相关待遇和礼遇，在全社会大力营造崇尚英雄、学习英雄、捍卫英雄、关爱英雄的浓厚氛围。

28. 创作生产优秀文艺作品。把爱国主义作为常写常新的主题，加大现实题材创作力度，为时代画像、为时代立传、为时代明德，不断推出讴歌党、讴歌祖国、讴歌人民、讴歌劳动、讴歌英雄的精品力作。深入实施中国当代文学艺术创作工程、重大历史题材创作工程等，加大对爱国主义题材文学创作、影视创作、词曲创作等的支持力度，加强对经典爱国歌曲、爱国影片的深入挖掘和创新传播，唱响爱国主义正气歌。文艺创作和评论评奖要具有鲜明爱国主义导向，倡导讲品位、讲格调、讲责任，抵制低俗、庸俗、媚俗，坚决反对亵渎祖先、亵渎经典、亵渎英雄，始终保持社会主义文艺的爱国底色。

29. 唱响互联网爱国主义主旋律。加强爱国主义网络内容建设，广泛开展网上主题教育活动，制作推介体现爱国主义内容、适合网络传播的音频、短视频、网络文章、纪录片、微电影等，让爱国主义充盈网络空间。实施爱国主义数字建设工程，推动爱国主义教育基地、红色旅游与网络传播有机结合。创新传播载体手段，积极运用微博微信、社交媒体、视频网站、手机客户端等传播平台，运用虚拟现实、增强现实、混合现实等新技术新产品，生动活泼开展网上爱国主义教育。充分发挥“学习强国”学习平台在爱国主义宣传教育中的作用。加强网上舆论引导，依法依规进行综合治理，引导网民自觉抵制损害国家荣誉、否定中华优秀传统文化的错误言行，汇聚网上正能量。

30. 涵养积极进取开放包容理性平和的国民心态。加强宣传教育，引导人们正确把握中国与世界的发展大势，正确认识中国与世界的关系，既不妄自尊大也不妄自菲薄，做到自尊自信、理性平和。爱国主义是世界各国人民共有的情感，实现世界和平与发展是各国人民共同的愿望。一方面要弘扬爱国主义精神，另一方面要培养海纳百川、开放包容的胸襟，大力宣传坚持和平发展合作共赢、构建人类命运共同体、共建“一带一路”等重要理念和倡议，激励广大人民同各国人民一道共同创造美好未来。对每一个中国人来说，爱国是本分，也是职责，是心之所系、情之所归。倡导知行合一，推动爱国之情转化为实际行动，使人们理性表达爱国情感，反对极端行为。

31. 强化制度和法治保障。把爱国主义精神融入相关法律法规和政策制度，体现到市民公约、村规民约、学生守则、行业规范、团体章程等的制定完善中，发挥指引、约束和规范作用。在全社会深入学习宣传宪法、英雄烈士保护法、文物保护法等，广泛开展法治文化活动，使普法过程成为爱国主义教育过程。严格执法司法、推进依法治理,综合运用行政、法律等手段,对不尊重国歌国旗国徽等国家象征与标志,对侵害英雄烈士姓名、肖像、名誉、荣誉等行为,对破坏污损爱国主义教育场所设施,对宣扬、美化侵略战争和侵略行为等,依法依规进行严肃处理。依法严惩暴力恐怖、民族分裂等危害国家安全和社会稳定的犯罪行为。

六、加强对新时代爱国主义教育的组织领导

32. 各级党委和政府要承担起主体责任。各级党委和政府要负起政治责任和领导责任,把爱国主义教育摆上重要日程,纳入意识形态工作责任制,加强阵地建设和管理,抓好各项任务落实。进一步健全党委统一领导、党政齐抓共管、宣传部门统筹协调、有关部门各负其责的工作格局,建立爱国主义教育联席会议制度,加强工作指导和沟通协调,及时研究解决工作中的重要事项和存在问题。广大党员干部要以身作则,牢记初心使命,勇于担当作为,发挥模范带头作用,做爱国主义的坚定弘扬者和实践者,同违背爱国主义的言行作坚决斗争。

33. 调动广大人民群众的积极性主动性。爱国主义教育是全民教育,必须突出教育的群众性。各级工会、共青团、妇联和文联、作协、科协、侨联、残联以及关工委等人民团体和群众组织,要发挥各自优势,面向所联系的领域和群体广泛开展爱国主义教育。组织动员老干部、老战士、老专家、老教师、老模范等到广大群众特别是青少年中讲述亲身经历,弘扬爱国传统。坚持热在基层、热在群众,结合人们生产生活,把爱国主义教育融入到新时代文明实践中心建设、学雷锋志愿服务、精神文明创建之中,体现到百姓宣讲、广场舞、文艺演出、邻居节等群众性活动之中,引导人们自我宣传、自我教育、自我提高。

34. 求真务实注重实效。爱国主义教育是思想的洗礼、精神的熏陶。要坚持目标导向、问题导向、效果导向,坚持虚功实做、久久为功,在深化、转化上下功夫,在具象化、细微处下功夫,更好地体现时代性、把握规律性、富于创造性。坚持从实际出发,务实节俭开展教育、组织活动,杜绝铺张浪费,不给基层和群众增加负担,坚决反对形式主义、官僚主义。

各地区各部门要根据本纲要制定贯彻落实的具体措施，确保爱国主义教育各项任务要求落到实处。

中国人民解放军和中国人民武装警察部队按照本纲要总的要求，结合部队实际制定具体规划、作出安排部署。

退役军人事务部、教育部、共青团中央、全国少工委关于用好烈士褒扬红色资源加强青少年爱国主义教育的意见

1. 2022年6月20日
2. 退役军人部发〔2022〕50号

各省、自治区、直辖市退役军人事务厅（局）、教育厅（教委）、团委、少工委，新疆生产建设兵团退役军人事务局、教育局、团委、少工委：

为贯彻习近平总书记关于烈士褒扬工作重要指示精神，落实中共中央办公厅、国务院办公厅、中央军委办公厅《关于加强新时代烈士褒扬工作的意见》精神，推进党史学习教育常态化长效化，引导广大青少年自觉缅怀、纪念、尊崇、学习英雄烈士，厚植爱党、爱国、爱社会主义的情感，让红色血脉、革命薪火代代相传，现就用好烈士褒扬红色资源，加强青少年爱国主义教育提出如下意见。

一、工作目标

以习近平新时代中国特色社会主义思想为指导，深入贯彻习近平总书记关于烈士褒扬工作重要指示精神，通过英烈事迹和精神，加强青少年革命传统和红色文化教育，使红色基因渗进血脉、浸入心扉，引导广大青少年树立正确世界观、人生观、价值观，始终坚定中国特色社会主义理想信念，努力成为合格的社会主义接班人。

二、积极发挥烈士纪念设施红色教育阵地作用

积极把烈士纪念设施建设成大学生思政课教学基地、少先队实践教育营地（基地），条件具备的开辟队室等少先队活动阵地。定期组织青少年参观瞻仰烈士纪念设施，提倡入队、入团、成人仪式在烈士纪念设施举行。依托烈士纪念设施开展“少年军校”、“少年警校”、“向身边的英烈献束花”、“清明祭英烈”及开学教育、团队日等活动，推出“清明网络祭扫”活动，推动共青团、少先队活动与祭扫纪念活动深度融合。建立烈士纪念设施与周边大中小学共建机制，支持聘任烈士纪念设施保护单位、管理单位党员干部和烈属为少先队校外辅导员，大力吸收大中学生中共青团员以及少先队员担任志愿红色宣讲员、文明引导员，参与烈士纪念设施保护、讲解宣传和秩序维护等工作。支持高校与烈士纪念设施保护单位联合开展实践育人，组织研发烈士纪念场所中的思政课，将大学生参加英烈讲解等志愿服务计入实践总学分（学时）。

三、助力英烈精神研究和宣传

充分发挥高等院校、研究机构专业优势，调动广大青少年积极性，开展英烈精神、事迹研究，提升讲解水平。推动“红领巾讲解员”实践体验活动在国家级、省级烈士纪念设施“全覆盖”，倡导少先队员就近在烈士纪念设施开展参观寻访、志愿讲解等活动。依托高等院校、研究机构，发动党史、军史等专业学者和青少年研究者从事英烈精神志愿研究，帮助做好英烈遗物、家书、史料等收集保护，编纂完善烈士英名录，参与健在英雄模范、老同志口述历史等抢救性工程，深入挖掘英烈事迹，丰富英烈精神内涵。充实讲解力量，支持共青团员、少先队员和青年志愿者在烈士纪念设施开展志愿英烈讲解活动，充分发挥青少年朝气蓬勃的特点，鼓励其创新讲解方式，依托新媒体等平台扩大英烈精神传播力、影响力。

四、深化英烈精神教育实践进学校、进社区

在少先队活动课中将英烈事迹和精神作为加强少先队员爱国主义、集体主义、社会主义教育的重要内容，结合各地乡土教育、地

方史教育，引导青少年关注、研究、学习“身边的英烈”。推动致敬英烈实践进社区，将英烈精神教育实践作为校外共青团、少先队工作的重要抓手，将关爱慰问帮扶烈属作为少先队活动和青年志愿者服务的重要内容，鼓励青少年开展诵读烈士家书、讲述红色经典故事、致敬身边烈属等活动，经常性到烈属家庭提供志愿服务，支持烈属任所在社区少先队辅导员。积极推动在“少年军校”、“全国青少年教育基地”等品牌实践活动中，将纪念英烈仪式列为“少年军校”检阅式、大比武等较大规模活动的必须环节，在相关主题夏令营、假日营、周末营、社区军事游戏、训练竞赛等实践活动中，用好烈士纪念设施、烈士故居、军史馆等阵地，发挥好烈属、英雄连队宣讲英烈精神的激励作用。校内外少先队组织可结合实际，以英雄烈士命名少先队大、中、小队。

五、加强对在校烈士子女的关心关爱

建立常态化组织烈士子女参加夏(冬)令营、参访军营和爱国主义教育基地等教育、培养机制，退役军人事务部门会同教育部门、团委、少工委按年度制定工作计划，采取定期红色游学和经常性祭扫缅怀活动相结合的方式，保证每位烈士子女每年参加一次夏(冬)令营。大中小学校要将关心关爱在校烈士子女作为一项重要任务来抓，准确掌握本校在校烈士子女学业发展、职业规划和家庭经济等情况，关注了解在校烈士子女思想和心理状况，落实好烈士子女教育优待政策，及时帮助解决在校烈士子女学习、生活上遇到的困难。大中小学校班主任、辅导员要加强与在校烈士子女的联系交流，随时掌握其思想动态和成长情况。学校要主动对接在校烈士子女，为其发放助学金或生活补助。鼓励社会资金捐助设立面向在校烈士子女的专项奖学金，高等院校在评定国家奖学金和其他社会捐助奖学金时，同等条件下优先考虑在校烈士子女。学校团委、少工委要积极搭建社会活动平台，鼓励在校烈士子女积极参与志愿服务、社会实践等活动。高等院校就业指导机构要加大对在校烈士子女就业指导和帮扶，坚持一人一策、专项推动，帮助在校烈士子女制定职业发展规划，推荐其就业。

六、强化组织协调

各级退役军人事务部门、教育部门、团委、少工委要切实提高政治站位，建立健全工作协调制度，共同研究推进用好烈士褒扬红色资源，加强青少年爱国主义教育工作。退役军人事务部门要加强烈士纪念设施管理维护，提升宣教功能，主动与教育部门、团委、少工委积极对接，为广大青少年开展纪念缅怀活动、接受爱国主义教育提供坚实保障。教育部门、团委、少工委要将烈士褒扬工作与高校思政教育、团员队员爱国主义教育充分融合，一体谋划。相关部门要加强宣传工作协调联动，选取在韩志愿军烈士遗骸迎回安葬、烈士纪念日公祭活动等重大缅怀纪念活动和重大纪念主题，联合开发宣传产品，组织开展专项主题校园活动、团队活动，依托新媒体矩阵加强宣传传播，扩大影响力，营造缅怀学习英烈、传承弘扬红色文化的浓厚氛围。

中共教育部党组关于教育系统深入开展爱国主义教育的实施意见

1. 2016年1月19日
2. 教党〔2016〕4号

各省、自治区、直辖市党委教育工作部门、教育厅（教委），各计划单列市教育局，新疆生产建设兵团教育局，有关部门（单位）教育司（局），部属各高等学校：

党的十八大以来，党中央高度重视弘扬爱国主义精神、加强爱国主义教育，习近平总书记多次就弘扬爱国主义精神发表重要讲话。2015年12月30日，习近平总书记在中央政治局第二十九次集体学习时指出，爱国主义是中华民族精神的核心，实现中华民族伟大复兴的中国梦，是当代中国爱国主义的鲜明主题。我们要大力弘扬伟大爱国主义精神，大力弘扬以改革创新为核心的时代精神，为实现中华民族伟大复兴的中国梦提供共同精神支柱和强大精神动力。习近平总书记强调，弘扬爱国主义精神，要从青少年做起，这方面工作是管长久的、管根本的。在各级各类学校中深入开展爱国主义教育，是落实立德树人根本任务、深化教育领域综合改革的重要内容，是培养社会主义建设者和接班人的内在要求。为深入贯彻落实习近平总书记系列重要讲话精神，现就教育系统深入开展爱国主义教育，提出如下意见。

一、把爱国主义教育作为弘扬爱国主义精神的永恒主题，贯穿国民教育全过程

1. 深入学习领会习近平总书记关于弘扬爱国主义精神的重要讲话精神。在各级各类学校深入开展学习贯彻活动，以座谈会、论坛讲座、主题班会、党团组织生活等形式，深入学习领会总书记重要讲话的精神实质和丰富内涵，把握当前弘扬爱国主义精神的根本要求，增强对爱国主义宣传教育的理论自信和行动自觉。把学习贯彻习近平总书记关于弘扬爱国主义精神的重要讲话精神作为高校学生工作专题研讨培训和全国高校辅导员骨干培训的必修内容。及时反映各地各校贯彻落实的举措成效，大力宣传弘扬爱国主义精神的优秀师生典型，宣传他们立足岗位、爱岗敬业、报效国家的朴实情怀和感人事迹，引导人们关心国家的前途和命运，把对祖国的热爱之情转化为实际行动，努力做好本职工作。

2. 推动爱国主义教育和社会主义核心价值观教育紧密结合。进一步推动各地落实《关于在各级各类学校中推动培育和践行社会主义核心价值观长效机制建设的意见》和《关于培育和践行社会主义核心价值观　进一步加强中小学德育工作的意见》，结合开展中国大学生年度人物评选，选树践行社会主义核心价值观优秀个人和集体，建设“培育践行社会主义核心价值观示范校”等活动，开展深入、持久、生动的爱国主义宣传教育，让爱国主义精神在广大青少年学生心中牢牢扎根，培养爱国之情、砥砺强国之志、实践报国之行。

3. 把爱国主义教育有机融入教育教学各环节。把党的教育方针细化为学生发展核心素养,把爱国主义精神有机融入到大中小学德育、语文、历史、地理、体育、艺术等各学科课程标准、教材编写、考试评价之中,纳入教育教学实践环节。完善相关本科专业类教学质量国家标准,把爱国主义教育与专业教育紧密结合,全方位、多渠道融入人才培养体系。在全国高校学生中,深入开展"我爱我的祖国"、"永远跟党走"等主题社会实践活动。推动各地将爱国主义教育相关内容纳入体育教学计划,探索建立学生军事营地育人长效机制。整理推广民族传统体育。深化爱国主义教育研究和爱国主义精神阐释,不断丰富教育内容、创新教育载体、增强教育效果。

4. 创新爱国主义教育方式和途径。有效拓展课堂内外、网上网下、平台载体的爱国主义教育引导,创造浓郁的校园文化氛围,使学生处处受到爱国主义精神的感染。加强国旗、国徽、国歌的教育,庄重升旗仪式,让每个学生学会唱国歌,在学校适当场所悬挂国旗和中华人民共和国地图,张贴、设立著名的爱国主义历史人物、杰出科学家、文学艺术家的画像或雕塑。积极引导各地各校利用我国改革发展的伟大成就、重大历史事件纪念活动、爱国主义教育基地、中华民族传统节庆、国家公祭仪式等来增强青少年学生的爱国主义情怀和意识。开展高雅艺术进校园、全国大中小学生艺术展演活动,运用电影、电视、歌曲、戏剧、小说、诵读等多种艺术形式,着力运用微博、微信等网络新媒体,充分利用文化馆、纪念馆、博物馆、旅游景点、部队营地等资源和举办运动会、体育比赛等活动,开展爱国主义教育,生动传播爱国主义精神。

二、坚持爱国主义与社会主义相统一,加强中国特色社会主义和中国梦的教育宣传

5. 加强爱国主义精神的理论研究与宣传阐释。深入研究和宣传阐释习近平总书记系列重要讲话精神,加大对中国特色社会主义道路、理论体系、制度研究阐释和宣传教育力度。组织研究力量,深入总结中国改革开放和现代化建设的成功经验,推进重大现实问题、重大理论问题、重大实践经验总结的重大课题研究。组织

高校马克思主义学院、中国特色社会主义理论体系研究基地、“中国共产党革命精神与文化资源研究中心”和党史、历史等相关高校研究机构和项目团队，运用马克思主义唯物史观，结合以爱国主义为核心的民族精神和以改革创新为核心的时代精神，结合当代中国国情和爱国主义最新实践，重点从理论上讲清楚爱国与爱党、爱社会主义的本质一致性，讲清楚爱国主义是社会主义核心价值观中最深层、最根本、最永恒的内容，讲清楚爱国主义与集体主义的内在联系，讲清楚爱国主义与对外开放的关系，讲清楚否定党史、国史、革命史和改革开放史以及诋毁英雄人物的危害性。

6. 扎实推进中国特色社会主义理论和中国梦进教材进课堂进头脑。加快推进马克思主义理论研究和建设工程重点教材编写、出版和使用，组织开展重点教材相应课程任课教师示范培训，推动完善中央、地方、高校三级培训体系。加强马克思主义理论学科建设，制定实施马克思主义理论学科发展规划，完善学科评价体系。落实《普通高校思想政治理论课建设体系创新计划》，整体推进教材、教师、教学等方面综合改革创新，逐步构建重点突出、载体丰富、协同创新的思想政治理论课建设体系。建好建强高校中国特色社会主义理论体系研究中心、马克思主义学院。深入贯彻落实《关于全面深化课程改革　落实立德树人根本任务的意见》，组织编写、修订义务教育品德、语文、历史教材，充实爱国主义教育的内容。推动各地各校落实《中小学生守则(2015 年修订)》，用守则引领和规范学生思想品德和言行举止。会同有关部门，进一步健全开展青少年博物馆教育实践活动的长效机制。联合有关单位制作《开学第一课》节目，强化爱国主义教育内容。深入贯彻落实《关于在各级各类学校深入开展“我的中国梦”主题教育活动的通知》，通过开展征文大赛、主题演讲、主题摄影及微电影创作大赛、网络文化和书信文化活动，引导广大学生树立为实现中华民族伟大复兴的中国梦而努力奋斗的信念。

三、维护祖国统一和民族团结，增强青少年学生的国家认同

7. 加强对青少年学生的民族团结教育。把维护祖国统一和民族团结作为重要着力点和落脚点，不断增强青少年学生对伟大祖国、中华民族、中华文化、中国共产党、中国特色社会主义的认同。推动各地建立学校民族团结教育常态化机制，推进民族团结教育进学校、进课堂、进头脑，在中小学开设民族团结教育专题课程，在高等学校、职业院校开设党的民族理论与政策课程，在各级各类学校开展主题教育宣传活动。加强教材和师资建设，将国家指导编写的中小学民族团结教育教材纳入农村义务教育阶段免费教科书范围。积极开展民族地区与其他地区学校手拉手心连心“结对子”活动，促进各民族学生交往交流交融。进一步完善并适时印发《少数民族双语教育指导意见》。启动《民族中小学汉语课程标准（普通高中）》修订工作。加强民文教材的编译管理。推动少数民族学科双语教学资源建设，加强对中国少数民族汉语水平等级考试（MHK）的指导和监督，启动建立双语教育督导评估和质量检测机制。在以少数民族语言为主要社会语言环境的地区，科学稳妥推行双语教育。

8. 做好教育系统统一战线工作。全面落实《中国共产党统一战线工作条例（试行）》，坚持党的领导，高举爱国主义、社会主义旗帜，巩固共同政治思想基础，坚持大团结大联合的主题，坚持正确处理一致性和多样性关系的方针，加强党外知识分子思想政治引导，注重培养锻炼和推荐使用党外优秀代表人士，最大限度地把党外知识分子团结在党的周围，激励他们自觉为实现中华民族伟大复兴的中国梦凝聚人心、汇聚力量。深入贯彻全国高校统战工作会议精神，培养高校党外知识分子爱国精神和报国情怀。

9. 加大对香港、澳门和台湾青少年学生的爱国主义教育力度。举办港澳青少年内地参访等国民教育系列活动，实施港澳与内地高校师生交流计划（“万人计划”），加强港澳与内地中小学“姊妹学校”平台建设。举办对台教育交流项目，邀请台湾师生来大陆参加活动，加强两岸教育学术和语言文字领域的合作与交流。推进对港澳台免试招生。支持和服务港澳同胞学习使用国家通用语言文字，开展港澳普通话水平测试。编写出版并推广应用两岸合编的中华语文工具书、科技名词工具书、汉字简繁文本智能转化系统，完善两岸中华语文知识库网站建设，举办两岸大学生汉字书法艺术交流夏令营和汉字文化创意大会。

四、尊重和传承中华民族历史和文化，加强中华优秀传统文化教育

10. 深入挖掘和阐发中华优秀传统文化的时代价值。努力从中华民族世世代代形成和积累的优秀传统文化中汲取营养和智慧，延续文化基因，萃取思想精华，展现精神魅力。以时代精神激活中华优秀传统文化的生命力，推进中华优秀传统文化创造性转化和创新性发展。重点建设一批中国传统文化协同创新中心和重点研究基地等研究机构，加强传统文化师资队伍和人才库建设，资助一批对传承中华文化、弘扬民族精神有重大影响的文化工程项目，一批在学术发展史上具有重要意义的文献资料发掘整理项目。

11. 完善中华优秀传统文化教育。深入落实《完善中华优秀传统文化教育指导纲要》，把中华优秀传统文化教育系统融入课程和教材体系，进一步加强有关学科教材传统文化内容，体现到教材编写和课程开发等环节，引导青少年学生树立和坚持正确的历史观、民族观、国家观、文化观，不断增强中华民族的归属感、认同感、尊严感、荣誉感。开展中华经典资源库建设，制定中华诗词新韵规范，开发完善经典诵读、书写、讲解专门课程，支持中华经典诵读教材的研发。开展中华经典诵写讲行动，组织好中国汉字听写大会、中国成语大会、中国诗词大会、书法名家进校园、全国中小学书法教师培训等活动，开展“礼敬中华优秀传统文化”、“少年传承中华美德”系列教育活动。开展职业院校民族文化传承与创新示范专业点建设，建立完善非物质文化遗产传承人“双向进入”机制，鼓励民间艺人、技艺大师、非物质文化遗产传承人参与教育教学。启动实施中国非物质文化遗产传承人群研修研习培训计划。开展中华优秀传统文化艺术传承学校与基地建设，在全国中小学校和高校开展中华优秀传统文化艺术传承活动。推动建设中小学中华优秀传统文化教育研究基地。大力推广和规范使用国家通用语言文字，建设信息化条件下的语言文字规范标准体系，主导中国语言文字国际标准的制定。完善关于加强高校校园文化建设的意见和办法，开展校园文化建设巡礼，征集推广校园文化建设优秀成果，建立优秀文化作品资源库。

五、坚持立足民族又面向世界，增强人类命运共同体意识

12. 提升教育对外开放质量和水平。落实《关于做好新时期教育对外开放工作的若干意见》，统筹国内国际两个大局，增强教育服务党和国家中心工作能力。组织实施共建“一带一路”教育行动，积极倡议沿线各国共同行动，构建“一带一路”教育共同体。切实办好孔子学院，积极开展汉语教学和文化交流活动，加大中华文化和当代中国在各类汉语教材的内容比重，加大“汉语桥”来华夏令营、“汉语桥”世界中文比赛、“孔子学院日”、“孔子新汉学计划”等品牌项目实施力度，充分发挥孔子学院提升国家软实力的重要作用。推动中华文化和中国语言“走出去”，向世界讲好中国故事、传播好中国声音，增进世界对于中华文化的理解和认同。

13. 建立健全中外人文交流机制。用好高级别中外人文交流机制高端平台资源，充分发挥教育国际合作交流在中外人文交流中的基础性、广泛性和持久性作用。进一步完善政府间教育高层磋商、教育领域专业人士务实合作、学生友好往来的机制建设，支持各级地方政府结合本地特色，统筹做好教育国际交流合作工作，推进友城友校教育深度合作，加强与重点国家的语言文字交流和合作，夯实爱国主义教育和教育国际合作交流相互支持、共同发展的良好基础。

14. 加强“中国梦”海外宣传。聚集广大海外留学人员爱国能量，确立以人为媒介、以心口相传为手段的海外宣传模式，形成人人发挥辐射作用、个个争做民间大使、句句易于入脑入心的宣传效应。构建“祖国－使领馆－留学团体－广大留学人员”的海内外立体联系网络，使广大留学人员充分感受祖国关爱、主动宣传祖国发展。挖掘在国际教育领域有影响力的专家学者、外籍教师、来华留学人员、非政府组织及国际智库的积极作用。

中宣部、中央文明办、国家发展改革委、教育部、民政部、财政部、文化部、全国总工会、共青团中央、全国妇联关于加强和改进爱国主义教育基地工作的意见

1. 2004年9月28日
2. 中宣发〔2004〕22号

为认真落实党中央领导同志关于加强爱国主义教育基地建设工作的一系列重要指示，深入贯彻中共中央国务院《关于进一步加强和改进未成年人思想道德建设的若干意见》、《关于进一步加强和改进大学生思想政治教育的意见》，充分发挥各类爱国主义教育基地对广大人民群众特别是青少年的教育作用，现就加强和改进爱国主义教育基地工作的有关问题，提出如下意见：

一、充分认识加强和改进爱国主义教育基地工作的重要性

1.爱国主义历来是动员和鼓舞中国人民团结奋斗的一面旗帜，是推动社会历史前进的巨大力量，是全国各族人民共同的精神支柱。高度重视爱国主义教育，是我们党的优良传统。党的十六大以来，以胡锦涛同志为总书记的党中央，反复强调加强爱国主义教育、弘扬和培育伟大民族精神的重要意义，要求充分利用各种宝贵的教育资源开展爱国主义教育。我国各类爱国主义教育基地，真实记录了中华民族悠久的历史文化，展现了近代中国人民英勇奋斗的壮丽篇章，反映了中国共产党人的丰功伟业和社会主义现代化建设的丰硕成果，具有广泛的代表性和影响力，是激发人们爱国情感、弘扬民族精神的重要阵地，陶冶道德情操、提升品德修养的重要场所，了解祖国灿烂文明、掌握历史知识的重要课堂。要从巩固党的执政地位，全面建设小康社会，实现中华民族伟大复兴的战略高度，充分认识各类爱国主义教育基地在开展爱国主义教育、

弘扬和培育民族精神方面的特殊重要作用,进一步增强新形势下做好爱国主义教育基地工作的紧迫感、责任感和使命感。

2. 为推动爱国主义教育工作,中宣部于1997年和2001年先后公布了两批200个全国爱国主义教育示范基地,有关部门和地方也陆续命名了一批教育基地。几年来,在各级党委、政府的关心和社会各界的支持下,教育基地在建设、管理和使用方面取得了可喜成绩:展出内容不断充实,展示手段有所创新,环境面貌逐步改善,教育功能得到增强,社会影响日益扩大,创造和积累了不少好的经验,涌现出一大批先进典型,初步形成了以全国示范基地为骨干,各级各类教育基地相辅相成、共同发展的良好局面。同时也要看到,与形势发展的要求相比,教育基地在工作中还存在许多不适应的地方:有的教育基地展示内容陈旧单调,展示手段落后,缺乏吸引力、感染力;不少教育基地投入不足,日常维护和改扩建资金短缺,影响了工作的正常开展;还有的教育基地创新意识不够,服务观念不强,内部管理不善,职工队伍不稳。这些问题,必须引起足够重视,切实加以解决。

3. 加强和改进爱国主义教育基地工作,是一项长期而紧迫的任务。要坚持以邓小平理论和"三个代表"重要思想为指导,深入贯彻党的十六大精神,按照爱国主义教育实施纲要、公民道德建设实施纲要以及关于进一步加强和改进未成年人思想道德建设的若干意见的要求,紧密结合全面建设小康社会的实际,牢固树立科学的发展观,紧紧抓住教育基地建设、管理和使用三个关键环节,贴近实际,贴近生活,贴近群众,努力提高工作水平,更好地为爱国主义教育、弘扬和培育民族精神服务,为青少年思想道德建设服务,为实现全面建设小康社会的奋斗目标服务。

二、加强和改进爱国主义教育基地工作的基本要求

4. 征集保护文物,丰富教育内容。文物史料是教育基地存在、发展和开展教育的基本条件。要认真贯彻《文物保护法》,坚持保护为主、抢救第一、合理利用、加强管理,认真做好重要文物史料特别是革命历史文物的征集、保护和利用工作。通过走访革命前辈、

烈士遗属、专家学者、民间收藏人士,积极抢救、征集文物史料。要深入了解教育基地的历史沿革,做好文物史料的研究整理工作,挖掘精神内涵,紧密联系实际,从不同侧面、不同角度进行诠释和展示,给人们以知识的普及、心灵的震撼、精神的激励和思想的启迪。

5. 改进展示方式,增强教育效果。基本陈列是开展教育的主要手段,既要尊重历史,体现自身特点,又要讲究艺术,有所创新。要在大纲撰写、形式设计、实物制作、展品布置等环节上加强研究,积极借鉴国内外著名历史文化场馆、纪念设施的布展经验和展出方式,通过实物、照片、图表、模型、绘画、雕塑、景观等多种形式以及声、光、电等科技手段,不断改进和提高基本陈列水平,增强教育的吸引力、感染力。

6. 精心组织活动,扩大社会影响。从实际出发组织活动,是扩大教育基地影响的重要途径。要充分利用重大历史事件、历史人物纪念日和节假日,以及青少年入学、入队、入团、成人宣誓等有特殊意义的日子,举行各种庆祝、纪念活动和必要的仪式,组织开展研讨会、演讲会、报告会和文艺演出等形式多样的群众性文化教育活动。要在办好馆内基本陈列的基础上,积极采取“请进来”、“走出去”的办法,定期组织巡展,加强与其它教育基地的交流与协作,扩大教育覆盖面。

7. 加强内部管理,创造良好环境。建立健全规章制度,是教育基地顺利开展工作的保证。要通过制定和完善管理办法、工作考核细则、人员交流培训规划等,建立科学运行机制,提高工作人员尤其是讲解员的素质。要注意美化教育基地内部和周边环境,对影响教育作用发挥的建设项目,以及文物保护单位保护范围和建设控制地带内的违章建筑,进行清理整顿,保持历史风貌。要区划教育功能区和观众服务区,规范经营活动,营造干净整洁、庄重有序的参观氛围,把教育基地建成传播精神文明的“窗口”。

8. 树立服务意识,注重社会效益。正确处理社会效益和经济效益的关系,把社会效益放在首位,是爱国主义教育基地工作的重要原则。要牢固树立服务意识,对参观群众在接待咨询、参观引导、提供资料以及安排讲解等方面实行规范化服务。要制定完善门票优惠办法,对大学生集体参观实行免票,对中小学生集体参观实行免票、学生个人参观实行半票,对现役军人、老年人和残疾人等参观给予优惠。有条件的教育基地,要在重大历史事件、历史人物纪念日和重要节庆日,特别是与教育基地展出主题直接相关的纪念日,免费向社会开放。针对一些教育基地免费开放后参观人数大量增加的情况,要制定详细周密的接待计划,通过完善设施、提前预约、分期分批和增加志愿服务人员等方式,调节参观人流,做好安全保卫、场馆管理和文物保护工作。

三、为加强和改进爱国主义教育基地工作创造良好条件

9. 各地各部门要高度重视各类爱国主义教育基地的建设、管理和使用,把它作为一项基础性工作摆上应有位置。要根据教育基地的特点,把教育基地建设纳入当地经济社会发展和城乡建设总体规划,统一考虑和安排。各主管部门要切实负起领导责任,在教育基地班子配备、人员编制、队伍培训和职工待遇等方面给予更多的关注和支持。要把教育基地建设、管理和使用的情况,作为考核有关领导干部,衡量文明城市、文明村镇、文明单位创建成果的一项重要内容。

10. 按照公益性文化事业发展的要求,加大对教育基地的投入。各级政府要按照中央要求,对教育基地建设和运行所需资金予以支持,保障各项工作正常运转。各级财政部门要根据实际情况对教育基地因减免门票造成的收入下降给予必要补偿。继续落实现行税收优惠政策,取消各种不合理收费。中宣部准备会同有关部门从2004年开始,组织实施全国爱国主义教育示范基地“533工程”,即利用五年时间,通过中央资助一点、地方财政支持一点、教育基地自筹一点的办法,重点对反映我们党革命斗争历史的示范基地进行资助,使其在展出内容与展示手段、服务质量与教育效果、内部管理与环境面貌三个方面取得显著改善(实施细则另行制定)。对全国爱国主义教育示范基地的重大改扩建项目,要充分论证,从严把关,按照基本建设程序报批,中央和地方有关部门视情况给予一次性支持。各类教育基地主管部门要参照这一做法，本着“谁主管谁负责”的原则，制定具体资助计划，争取在五年内使各类教育基地的面貌都有所改善。

11. 运用大众传媒和其它方式，加大宣传介绍教育基地的力度。报纸、广播、电视和互联网等媒体要把宣传介绍教育基地作为一项经常性工作，及时报道教育基地开展教育活动的情况和效果，反映社会各界的建议和呼声。人民网、新华网、光明网、央视国际等国家重点网站，要在2004年四季度前，将介绍教育基地情况的文字资料和影视片等充实到道德网页上，形成网上宣传教育平台。要组织文艺出版工作者创作出版一批以教育基地史实为题材的优秀作品。

12. 动员社会各方面力量，关心和支持教育基地的工作。组织部门、党校和行政学院要把教育基地作为干部培训的重要场所，对广大党员特别是领导干部进行革命传统、革命精神的教育。教育行政部门要结合教学安排，组织各级各类学校学生到教育基地参观学习。旅游部门要以革命纪念设施类教育基地为依托，精心设计旅游线路，组织开展“红色旅游”。文物、民政、工商、园林、城管等部门要加强协作，为教育基地创造良好的环境秩序。共青团和工会、妇联等群团组织要根据各自特点，利用教育基地开展活动。要鼓励社会力量开展公益性捐赠，吸纳社会资金参与教育基地共建，实现教育资源共享。单位、组织和个人符合条件的捐赠，可按照国家税收法律法规和有关政策规定享受税收优惠。各级党委宣传部要加强协调指导，会同有关部门定期研究解决教育基地存在的问题，及时总结推广好经验好做法。

各地各部门要根据本意见，抓紧制定具体措施和办法。中宣部将会同有关部门在适当时候对各地各部门贯彻落实的情况进行督查。

二、国家安全教育

中华人民共和国国家安全法

1. 2015年7月1日第十二届全国人民代表大会常务委员会第十五次会议通过
2. 2015年7月1日中华人民共和国主席令第29号公布
3. 自公布之日起施行

目　　录

第一章　总　　则

第一条　【立法目的】为了维护国家安全,保卫人民民主专政的政权和中国特色社会主义制度,保护人民的根本利益,保障改革开放和社会主义现代化建设的顺利进行，实现中华民族伟大复兴，根据宪法，制定本法。

第二条 **【国家安全】**国家安全是指国家政权、主权、统一和领土完整、人民福祉、经济社会可持续发展和国家其他重大利益相对处于没有危险和不受内外威胁的状态，以及保障持续安全状态的能力。

第三条 **【立法基础】**国家安全工作应当坚持总体国家安全观，以人民安全为宗旨，以政治安全为根本，以经济安全为基础，以军事、文化、社会安全为保障，以促进国际安全为依托，维护各领域国家安全，构建国家安全体系，走中国特色国家安全道路。

第四条 **【中国共产党领导原则】**坚持中国共产党对国家安全工作的领导，建立集中统一、高效权威的国家安全领导体制。

第五条 **【中央国家安全领导机构】**中央国家安全领导机构负责国家安全工作的决策和议事协调，研究制定、指导实施国家安全战略和有关重大方针政策，统筹协调国家安全重大事项和重要工作，推动国家安全法治建设。

第六条 **【制定完善国家安全战略】**国家制定并不断完善国家安全战略，全面评估国际、国内安全形势，明确国家安全战略的指导方针、中长期目标、重点领域的国家安全政策、工作任务和措施。

第七条 **【基本原则】**维护国家安全，应当遵守宪法和法律，坚持社会主义法治原则，尊重和保障人权，依法保护公民的权利和自由。

第八条 **【与经济发展相协调原则、全面统筹原则】**维护国家安全，应当与经济社会发展相协调。

国家安全工作应当统筹内部安全和外部安全、国土安全和国民安全、传统安全和非传统安全、自身安全和共同安全。

第九条 **【适用原则】**维护国家安全，应当坚持预防为主、标本兼治，专门工作与群众路线相结合，充分发挥专门机关和其他有关机关维护国家安全的职能作用，广泛动员公民和组织，防范、制止和依法惩治危害国家安全的行为。

第十条 **【共同发展原则】**维护国家安全，应当坚持互信、互利、平等、协作，积极同外国政府和国际组织开展安全交流合作，履行国际安全义务,促进共同安全,维护世界和平。

第十一条 【全体参与原则】中华人民共和国公民、一切国家机关和武装力量、各政党和各人民团体、企业事业组织和其他社会组织,都有维护国家安全的责任和义务。

中国的主权和领土完整不容侵犯和分割。维护国家主权、统一和领土完整是包括港澳同胞和台湾同胞在内的全中国人民的共同义务。

第十二条 【奖励表彰】国家对在维护国家安全工作中作出突出贡献的个人和组织给予表彰和奖励。

第十三条 【责任追究】国家机关工作人员在国家安全工作和涉及国家安全活动中,滥用职权、玩忽职守、徇私舞弊的,依法追究法律责任。

任何个人和组织违反本法和有关法律,不履行维护国家安全义务或者从事危害国家安全活动的,依法追究法律责任。

第十四条 【国家安全教育日】每年 4 月 15 日为全民国家安全教育日。

第二章 维护国家安全的任务

第十五条 【维护内容】国家坚持中国共产党的领导,维护中国特色社会主义制度,发展社会主义民主政治,健全社会主义法治,强化权力运行制约和监督机制,保障人民当家作主的各项权利。

国家防范、制止和依法惩治任何叛国、分裂国家、煽动叛乱、颠覆或者煽动颠覆人民民主专政政权的行为;防范、制止和依法惩治窃取、泄露国家秘密等危害国家安全的行为;防范、制止和依法惩治境外势力的渗透、破坏、颠覆、分裂活动。

第十六条 【维护公民权益】国家维护和发展最广大人民的根本利益,保卫人民安全,创造良好生存发展条件和安定工作生活环境,保障公民的生命财产安全和其他合法权益。

第十七条 【维护国家主权】国家加强边防、海防和空防建设,采取一切必要的防卫和管控措施,保卫领陆、内水、领海和领空安全,维护国家领土主权和海洋权益。

第十八条　【加强武装力量】国家加强武装力量革命化、现代化、正规化建设，建设与保卫国家安全和发展利益需要相适应的武装力量；实施积极防御军事战略方针，防备和抵御侵略，制止武装颠覆和分裂；开展国际军事安全合作，实施联合国维和、国际救援、海上护航和维护国家海外利益的军事行动，维护国家主权、安全、领土完整、发展利益和世界和平。

第十九条　【维护经济利益】国家维护国家基本经济制度和社会主义市场经济秩序，健全预防和化解经济安全风险的制度机制，保障关系国民经济命脉的重要行业和关键领域、重点产业、重大基础设施和重大建设项目以及其他重大经济利益安全。

第二十条　【维护金融安全】国家健全金融宏观审慎管理和金融风险防范、处置机制，加强金融基础设施和基础能力建设，防范和化解系统性、区域性金融风险，防范和抵御外部金融风险的冲击。

第二十一条　【资源能源】国家合理利用和保护资源能源，有效管控战略资源能源的开发，加强战略资源能源储备，完善资源能源运输战略通道建设和安全保护措施，加强国际资源能源合作，全面提升应急保障能力，保障经济社会发展所需的资源能源持续、可靠和有效供给。

第二十二条　【粮食安全】国家健全粮食安全保障体系，保护和提高粮食综合生产能力，完善粮食储备制度、流通体系和市场调控机制，健全粮食安全预警制度，保障粮食供给和质量安全。

第二十三条　【文化发展】国家坚持社会主义先进文化前进方向，继承和弘扬中华民族优秀传统文化，培育和践行社会主义核心价值观，防范和抵制不良文化的影响，掌握意识形态领域主导权，增强文化整体实力和竞争力。

第二十四条　【技术发展】国家加强自主创新能力建设，加快发展自主可控的战略高新技术和重要领域核心关键技术，加强知识产权的运用、保护和科技保密能力建设，保障重大技术和工程的安全。

第二十五条　【网络安全】国家建设网络与信息安全保障体系，提升网络与信息安全保护能力，加强网络和信息技术的创新研究和开发应用，实现网络和信息核心技术、关键基础设施和重要领域信息系统及数据的安全可控；加强网络管理，防范、制止和依法惩治网络攻击、网络入侵、网络窃密、散布违法有害信息等网络违法犯罪行为，维护国家网络空间主权、安全和发展利益。

第二十六条　【民族政策】国家坚持和完善民族区域自治制度，巩固和发展平等团结互助和谐的社会主义民族关系。坚持各民族一律平等，加强民族交往、交流、交融，防范、制止和依法惩治民族分裂活动，维护国家统一、民族团结和社会和谐，实现各民族共同团结奋斗、共同繁荣发展。

第二十七条　【宗教政策】国家依法保护公民宗教信仰自由和正常宗教活动，坚持宗教独立自主自办的原则，防范、制止和依法惩治利用宗教名义进行危害国家安全的违法犯罪活动，反对境外势力干涉境内宗教事务，维护正常宗教活动秩序。

国家依法取缔邪教组织，防范、制止和依法惩治邪教违法犯罪活动。

第二十八条　【反恐】国家反对一切形式的恐怖主义和极端主义，加强防范和处置恐怖主义的能力建设，依法开展情报、调查、防范、处置以及资金监管等工作，依法取缔恐怖活动组织和严厉惩治暴力恐怖活动。

第二十九条　【维护公共安全及社会安定】国家健全有效预防和化解社会矛盾的体制机制，健全公共安全体系，积极预防、减少和化解社会矛盾，妥善处置公共卫生、社会安全等影响国家安全和社会稳定的突发事件，促进社会和谐，维护公共安全和社会安定。

第三十条　【生态环境保护】国家完善生态环境保护制度体系，加大生态建设和环境保护力度，划定生态保护红线，强化生态风险的预警和防控，妥善处置突发环境事件，保障人民赖以生存发展的大气、水、土壤等自然环境和条件不受威胁和破坏，促进人与自然和谐发展。

第三十一条　【核技术】国家坚持和平利用核能和核技术，加强国际合作，防止核扩散，完善防扩散机制，加强对核设施、核材料、核活动和核废料处置的安全管理、监管和保护，加强核事故应急体系和应急能力建设，防止、控制和消除核事故对公民生命健康和生态环境的危害，不断增强有效应对和防范核威胁、核攻击的能力。

第三十二条 【外层空间、国际海底区域、极地的探索利用】国家坚持和平探索和利用外层空间、国际海底区域和极地，增强安全进出、科学考察、开发利用的能力，加强国际合作，维护我国在外层空间、国际海底区域和极地的活动、资产和其他利益的安全。

第三十三条 【保护海外利益】国家依法采取必要措施，保护海外中国公民、组织和机构的安全和正当权益，保护国家的海外利益不受威胁和侵害。

第三十四条 【完善维护】国家根据经济社会发展和国家发展利益的需要，不断完善维护国家安全的任务。

第三章 维护国家安全的职责

第三十五条 【全国人大及常委会职权】全国人民代表大会依照宪法规定，决定战争和和平的问题，行使宪法规定的涉及国家安全的其他职权。

全国人民代表大会常务委员会依照宪法规定，决定战争状态的宣布，决定全国总动员或者局部动员，决定全国或者个别省、自治区、直辖市进入紧急状态，行使宪法规定的和全国人民代表大会授予的涉及国家安全的其他职权。

第三十六条 【主席职权】中华人民共和国主席根据全国人民代表大会的决定和全国人民代表大会常务委员会的决定，宣布进入紧急状态，宣布战争状态，发布动员令，行使宪法规定的涉及国家安全的其他职权。

第三十七条 【国务院职权】国务院根据宪法和法律，制定涉及国家安全的行政法规，规定有关行政措施，发布有关决定和命令；实施国家安全法律法规和政策；依照法律规定决定省、自治区、直辖市的范围内部分地区进入紧急状态；行使宪法法律规定的和全国人民代表大会及其常务委员会授予的涉及国家安全的其他职权。

第三十八条 【中央军事委员会职权】中央军事委员会领导全国武装力量，决定军事战略和武装力量的作战方针，统一指挥维护国家安全的军事行动，制定涉及国家安全的军事法规，发布有关决定和命令。

第三十九条 【中央国家机关职权】中央国家机关各部门按照职责分工，贯彻执行国家安全方针政策和法律法规，管理指导本系统、本领域国家安全工作。

第四十条 【地方各级人大及其常委会、人民政府、特别行政区职权】地方各级人民代表大会和县级以上地方各级人民代表大会常务委员会在本行政区域内，保证国家安全法律法规的遵守和执行。

地方各级人民政府依照法律法规规定管理本行政区域内的国家安全工作。

香港特别行政区、澳门特别行政区应当履行维护国家安全的责任。

第四十一条 【法院、检察院职权】人民法院依照法律规定行使审判权，人民检察院依照法律规定行使检察权，惩治危害国家安全的犯罪。

第四十二条 【国家安全机关、公安机关、军事机关职权】国家安全机关、公安机关依法搜集涉及国家安全的情报信息，在国家安全工作中依法行使侦查、拘留、预审和执行逮捕以及法律规定的其他职权。

有关军事机关在国家安全工作中依法行使相关职权。

第四十三条 【国家机关及其工作人员依法履行职责】国家机关及其工作人员在履行职责时，应当贯彻维护国家安全的原则。

国家机关及其工作人员在国家安全工作和涉及国家安全活动中，应当严格依法履行职责，不得超越职权、滥用职权，不得侵犯个人和组织的合法权益。

第四章　国家安全制度

第一节　一 般 规 定

第四十四条　【统分结合、协调高效的领导机制】中央国家安全领导机构实行统分结合、协调高效的国家安全制度与工作机制。

第四十五条　【重点领域工作协调机制】国家建立国家安全重点领域工作协调机制，统筹协调中央有关职能部门推进相关工作。

第四十六条　【督促检查和责任追究机制】国家建立国家安全工作督促检查和责任追究机制，确保国家安全战略和重大部署贯彻落实。

第四十七条　【采取有效措施】各部门、各地区应当采取有效措施，贯彻实施国家安全战略。

第四十八条　【跨部门会商工作机制】国家根据维护国家安全工作需要，建立跨部门会商工作机制，就维护国家安全工作的重大事项进行会商研判，提出意见和建议。

第四十九条　【协同联动机制】国家建立中央与地方之间、部门之间、军地之间以及地区之间关于国家安全的协同联动机制。

第五十条　【决策咨询机制】国家建立国家安全决策咨询机制，组织专家和有关方面开展对国家安全形势的分析研判，推进国家安全的科学决策。

第二节　情 报 信 息

第五十一条　【情报信息工作协调机制】国家健全统一归口、反应灵敏、准确高效、运转顺畅的情报信息收集、研判和使用制度，建立情报信息工作协调机制，实现情报信息的及时收集、准确研判、有效使用和共享。

第五十二条　【职责分工、及时上报机制】国家安全机关、公安机关、有关军事机关根据职责分工，依法搜集涉及国家安全的情报信息。

国家机关各部门在履行职责过程中，对于获取的涉及国家安全的有关信息应当及时上报。

第五十三条 【运用现代科技手段】开展情报信息工作,应当充分运用现代科学技术手段,加强对情报信息的鉴别、筛选、综合和研判分析。

第五十四条 【情报信息报送】情报信息的报送应当及时、准确、客观,不得迟报、漏报、瞒报和谎报。

第三节 风险预防、评估和预警

第五十五条 【国家安全风险预案】国家制定完善应对各领域国家安全风险预案。

第五十六条 【风险评估机制】国家建立国家安全风险评估机制,定期开展各领域国家安全风险调查评估。

有关部门应当定期向中央国家安全领导机构提交国家安全风险评估报告。

第五十七条 【风险监测预警制度】国家健全国家安全风险监测预警制度,根据国家安全风险程度,及时发布相应风险预警。

第五十八条 【报告制度】对可能即将发生或者已经发生的危害国家安全的事件,县级以上地方人民政府及其有关主管部门应当立即按照规定向上一级人民政府及其有关主管部门报告,必要时可以越级上报。

第四节 审查监管

第五十九条 【审查监管制度】国家建立国家安全审查和监管的制度和机制,对影响或者可能影响国家安全的外商投资、特定物项和关键技术、网络信息技术产品和服务、涉及国家安全事项的建设项目,以及其他重大事项和活动,进行国家安全审查,有效预防和化解国家安全风险。

第六十条 【依法审查及监督】中央国家机关各部门依照法律、行政法规行使国家安全审查职责,依法作出国家安全审查决定或者提出安全审查意见并监督执行。

第六十一条 【省、自治区、直辖市审查监管】省、自治区、直辖市依法负责本行政区域内有关国家安全审查和监管工作。

第五节　危机管控

第六十二条　【国家安全危机管控制度】国家建立统一领导、协同联动、有序高效的国家安全危机管控制度。

第六十三条　【应急预案】发生危及国家安全的重大事件，中央有关部门和有关地方根据中央国家安全领导机构的统一部署，依法启动应急预案，采取管控处置措施。

第六十四条　【特别重大事件依法采取措施】发生危及国家安全的特别重大事件，需要进入紧急状态、战争状态或者进行全国总动员、局部动员的，由全国人民代表大会、全国人民代表大会常务委员会或者国务院依照宪法和有关法律规定的权限和程序决定。

第六十五条　【特别措施】国家决定进入紧急状态、战争状态或者实施国防动员后，履行国家安全危机管控职责的有关机关依照法律规定或者全国人民代表大会常务委员会规定，有权采取限制公民和组织权利、增加公民和组织义务的特别措施。

第六十六条　【措施选择】履行国家安全危机管控职责的有关机关依法采取处置国家安全危机的管控措施，应当与国家安全危机可能造成的危害的性质、程度和范围相适应；有多种措施可供选择的，应当选择有利于最大程度保护公民、组织权益的措施。

第六十七条　【信息报告和发布机制】国家健全国家安全危机的信息报告和发布机制。

国家安全危机事件发生后，履行国家安全危机管控职责的有关机关，应当按照规定准确、及时报告，并依法将有关国家安全危机事件发生、发展、管控处置及善后情况统一向社会发布。

第六十八条　【解除措施】国家安全威胁和危害得到控制或者消除后，应当及时解除管控处置措施，做好善后工作。

第五章　国家安全保障

第六十九条　【国家安全保障体系】国家健全国家安全保障体系，增强维护国家安全的能力。

第七十条 【国家安全法律体系】国家健全国家安全法律制度体系，推动国家安全法治建设。

第七十一条 【经费和装备】国家加大对国家安全各项建设的投入，保障国家安全工作所需经费和装备。

第七十二条 【战略物资储备】承担国家安全战略物资储备任务的单位，应当按照国家有关规定和标准对国家安全物资进行收储、保管和维护，定期调整更换，保证储备物资的使用效能和安全。

第七十三条 【鼓励科技创新】鼓励国家安全领域科技创新，发挥科技在维护国家安全中的作用。

第七十四条 【工作人员制度】国家采取必要措施，招录、培养和管理国家安全工作专门人才和特殊人才。

根据维护国家安全工作的需要，国家依法保护有关机关专门从事国家安全工作人员的身份和合法权益，加大人身保护和安置保障力度。

第七十五条 【支持配合】国家安全机关、公安机关、有关军事机关开展国家安全专门工作，可以依法采取必要手段和方式，有关部门和地方应当在职责范围内提供支持和配合。

第七十六条 【宣传教育】国家加强国家安全新闻宣传和舆论引导，通过多种形式开展国家安全宣传教育活动，将国家安全教育纳入国民教育体系和公务员教育培训体系，增强全民国家安全意识。

第六章 公民、组织的义务和权利

第七十七条 【履行义务】公民和组织应当履行下列维护国家安全的义务：

（一）遵守宪法、法律法规关于国家安全的有关规定；

（二）及时报告危害国家安全活动的线索；

（三）如实提供所知悉的涉及危害国家安全活动的证据；

（四）为国家安全工作提供便利条件或者其他协助；

（五）向国家安全机关、公安机关和有关军事机关提供必要的支持和协助；

（六）保守所知悉的国家秘密；

（七）法律、行政法规规定的其他义务。

任何个人和组织不得有危害国家安全的行为，不得向危害国家安全的个人或者组织提供任何资助或者协助。

第七十八条　【安全教育】机关、人民团体、企业事业组织和其他社会组织应当对本单位的人员进行维护国家安全的教育，动员、组织本单位的人员防范、制止危害国家安全的行为。

第七十九条　【配合义务】企业事业组织根据国家安全工作的要求，应当配合有关部门采取相关安全措施。

第八十条　【法律保护】公民和组织支持、协助国家安全工作的行为受法律保护。

因支持、协助国家安全工作，本人或者其近亲属的人身安全面临危险的，可以向公安机关、国家安全机关请求予以保护。公安机关、国家安全机关应当会同有关部门依法采取保护措施。

第八十一条　【抚恤优待】公民和组织因支持、协助国家安全工作导致财产损失的，按照国家有关规定给予补偿；造成人身伤害或者死亡的，按照国家有关规定给予抚恤优待。

第八十二条　【申诉、控告、检举权利】公民和组织对国家安全工作有向国家机关提出批评建议的权利，对国家机关及其工作人员在国家安全工作中的违法失职行为有提出申诉、控告和检举的权利。

第八十三条　【特别措施】在国家安全工作中，需要采取限制公民权利和自由的特别措施时，应当依法进行，并以维护国家安全的实际需要为限度。

第七章　附　　则

第八十四条　【施行日期】本法自公布之日起施行。

反分裂国家法

1. 2005年3月14日第十届全国人民代表大会第三次会议通过
2. 2005年3月14日中华人民共和国主席令第34号公布
3. 自公布之日起施行

第一条 **【立法目的】**为了反对和遏制“台独”分裂势力分裂国家,促进祖国和平统一,维护台湾海峡地区和平稳定,维护国家主权和领土完整,维护中华民族的根本利益,根据宪法,制定本法。

第二条 **【一个中国原则】**世界上只有一个中国,大陆和台湾同属一个中国,中国的主权和领土完整不容分割。维护国家主权和领土完整是包括台湾同胞在内的全中国人民的共同义务。

台湾是中国的一部分。国家绝不允许“台独”分裂势力以任何名义、任何方式把台湾从中国分裂出去。

第三条 **【台湾问题是内政】**台湾问题是中国内战的遗留问题。

解决台湾问题,实现祖国统一,是中国的内部事务,不受任何外国势力的干涉。

第四条 **【完成祖国统一的神圣职责】**完成统一祖国的大业是包括台湾同胞在内的全中国人民的神圣职责。

第五条 **【和平统一与高度自治】**坚持一个中国原则,是实现祖国和平统一的基础。

以和平方式实现祖国统一,最符合台湾海峡两岸同胞的根本利益。国家以最大的诚意,尽最大的努力,实现和平统一。

国家和平统一后,台湾可以实行不同于大陆的制度,高度自治。

第六条 **【国家可采取的措施】**国家采取下列措施,维护台湾海峡地区和平稳定,发展两岸关系:

(一)鼓励和推动两岸人员往来,增进了解,增强互信;

（二）鼓励和推动两岸经济交流与合作，直接通邮通航通商，密切两岸经济关系，互利互惠；

（三）鼓励和推动两岸教育、科技、文化、卫生、体育交流，共同弘扬中华文化的优秀传统；

（四）鼓励和推动两岸共同打击犯罪；

（五）鼓励和推动有利于维护台湾海峡地区和平稳定、发展两岸关系的其他活动。

国家依法保护台湾同胞的权利和利益。

第七条　【统一协商和谈判】国家主张通过台湾海峡两岸平等的协商和谈判，实现和平统一。协商和谈判可以有步骤、分阶段进行，方式可以灵活多样。

台湾海峡两岸可以就下列事项进行协商和谈判：

（一）正式结束两岸敌对状态；

（二）发展两岸关系的规划；

（三）和平统一的步骤和安排；

（四）台湾当局的政治地位；

（五）台湾地区在国际上与其地位相适应的活动空间；

（六）与实现和平统一有关的其他任何问题。

第八条　【非和平方式的采取】"台独"分裂势力以任何名义、任何方式造成台湾从中国分裂出去的事实，或者发生将会导致台湾从中国分裂出去的重大事变，或者和平统一的可能性完全丧失，国家得采取非和平方式及其他必要措施，捍卫国家主权和领土完整。

依照前款规定采取非和平方式及其他必要措施，由国务院、中央军事委员会决定和组织实施，并及时向全国人民代表大会常务委员会报告。

第九条　【对非和平措施的限制】依照本法规定采取非和平方式及其他必要措施并组织实施时，国家尽最大可能保护台湾平民和在台湾的外国人的生命财产安全和其他正当权益，减少损失；同时，国家依法保护台湾同胞在中国其他地区的权利和利益。

第十条　【施行日期】本法自公布之日起施行。

中华人民共和国国家情报法

1. 2017年6月27日第十二届全国人民代表大会常务委员会第二十八次会议通过
2. 根据2018年4月27日第十三届全国人民代表大会常务委员会第二次会议《关于修改〈中华人民共和国国境卫生检疫法〉等六部法律的决定》修正

目　　录

第一章　总　　则

第一条　【立法目的】为了加强和保障国家情报工作，维护国家安全和利益，根据宪法，制定本法。

第二条　【国家情报工作意义】国家情报工作坚持总体国家安全观，为国家重大决策提供情报参考，为防范和化解危害国家安全的风险提供情报支持，维护国家政权、主权、统一和领土完整、人民福祉、经济社会可持续发展和国家其他重大利益。

第三条　【国家情报体制】国家建立健全集中统一、分工协作、科学高效的国家情报体制。

中央国家安全领导机构对国家情报工作实行统一领导，制定国家情报工作方针政策，规划国家情报工作整体发展，建立健全国家情报工作协调机制，统筹协调各领域国家情报工作，研究决定国家情报工作中的重大事项。

中央军事委员会统一领导和组织军队情报工作。

第四条 【工作原则】国家情报工作坚持公开工作与秘密工作相结合、专门工作与群众路线相结合、分工负责与协作配合相结合的原则。

第五条 【分工配合】国家安全机关和公安机关情报机构、军队情报机构(以下统称国家情报工作机构)按照职责分工,相互配合,做好情报工作、开展情报行动。

各有关国家机关应当根据各自职能和任务分工,与国家情报工作机构密切配合。

第六条 【国家情报工作机构及其工作人员的职责】国家情报工作机构及其工作人员应当忠于国家和人民,遵守宪法和法律,忠于职守,纪律严明,清正廉洁,无私奉献,坚决维护国家安全和利益。

第七条 【配合义务】任何组织和公民都应当依法支持、协助和配合国家情报工作,保守所知悉的国家情报工作秘密。

国家对支持、协助和配合国家情报工作的个人和组织给予保护。

第八条 【尊重和保障人权】国家情报工作应当依法进行,尊重和保障人权,维护个人和组织的合法权益。

第九条 【表彰和奖励】国家对在国家情报工作中作出重大贡献的个人和组织给予表彰和奖励。

第二章 国家情报工作机构职权

第十条 【根据需要在境内外开展情报工作】国家情报工作机构根据工作需要,依法使用必要的方式、手段和渠道,在境内外开展情报工作。

第十一条 【依法搜集和处理相关情报】国家情报工作机构应当依法搜集和处理境外机构、组织、个人实施或者指使、资助他人实施的,或者境内外机构、组织、个人相勾结实施的危害中华人民共和国国家安全和利益行为的相关情报,为防范、制止和惩治上述行为提供情报依据或者参考。

第十二条 【委托个人和组织开展相关工作】国家情报工作机构可以

按照国家有关规定，与有关个人和组织建立合作关系，委托开展相关工作。

第十三条 【对外交流与合作】国家情报工作机构可以按照国家有关规定，开展对外交流与合作。

第十四条 【有权要求协助配合】国家情报工作机构依法开展情报工作，可以要求有关机关、组织和公民提供必要的支持、协助和配合。

第十五条 【技术侦察措施和身份保护措施】国家情报工作机构根据工作需要，按照国家有关规定，经过严格的批准手续，可以采取技术侦察措施和身份保护措施。

第十六条 【进入限制区域执行任务】国家情报工作机构工作人员依法执行任务时，按照国家有关规定，经过批准，出示相应证件，可以进入限制进入的有关区域、场所，可以向有关机关、组织和个人了解、询问有关情况，可以查阅或者调取有关的档案、资料、物品。

第十七条 【通行便利与优先使用征用】国家情报工作机构工作人员因执行紧急任务需要，经出示相应证件，可以享受通行便利。

国家情报工作机构工作人员根据工作需要，按照国家有关规定，可以优先使用或者依法征用有关机关、组织和个人的交通工具、通信工具、场地和建筑物，必要时，可以设置相关工作场所和设备、设施，任务完成后应当及时归还或者恢复原状，并依照规定支付相应费用；造成损失的，应当补偿。

第十八条 【免检便利】国家情报工作机构根据工作需要，按照国家有关规定，可以提请海关、出入境边防检查等机关提供免检等便利。

第十九条 【权利限制】国家情报工作机构及其工作人员应当严格依法办事，不得超越职权、滥用职权，不得侵犯公民和组织的合法权益，不得利用职务便利为自己或者他人谋取私利，不得泄露国家秘密、商业秘密和个人信息。

第三章 国家情报工作保障

第二十条 【法律保护】国家情报工作机构及其工作人员依法开展情

报工作，受法律保护。

第二十一条 【特殊保障及管理制度】国家加强国家情报工作机构建设，对其机构设置、人员、编制、经费、资产实行特殊管理，给予特殊保障。

国家建立适应情报工作需要的人员录用、选调、考核、培训、待遇、退出等管理制度。

第二十二条 【提高工作能力】国家情报工作机构应当适应情报工作需要，提高开展情报工作的能力。

国家情报工作机构应当运用科学技术手段，提高对情报信息的鉴别、筛选、综合和研判分析水平。

第二十三条 【保护人身安全】国家情报工作机构工作人员因执行任务，或者与国家情报工作机构建立合作关系的人员因协助国家情报工作，其本人或者近亲属人身安全受到威胁时，国家有关部门应当采取必要措施，予以保护、营救。

第二十四条 【妥善安置】对为国家情报工作作出贡献并需要安置的人员，国家给予妥善安置。

公安、民政、财政、卫生、教育、人力资源社会保障、退役军人事务、医疗保障等有关部门以及国有企业事业单位应当协助国家情报工作机构做好安置工作。

第二十五条 【抚恤优待】对因开展国家情报工作或者支持、协助和配合国家情报工作导致伤残或者牺牲、死亡的人员，按照国家有关规定给予相应的抚恤优待。

个人和组织因支持、协助和配合国家情报工作导致财产损失的，按照国家有关规定给予补偿。

第二十六条 【监督和安全审查制度】国家情报工作机构应当建立健全严格的监督和安全审查制度，对其工作人员遵守法律和纪律等情况进行监督，并依法采取必要措施，定期或者不定期进行安全审查。

第二十七条 【检举、控告】任何个人和组织对国家情报工作机构及其工作人员超越职权、滥用职权和其他违法违纪行为，有权检举、控告。受理检举、控告的有关机关应当及时查处，并将查处结果告知检举人、控告人。

对依法检举、控告国家情报工作机构及其工作人员的个人和组织，任何个人和组织不得压制和打击报复。

国家情报工作机构应当为个人和组织检举、控告、反映情况提供便利渠道，并为检举人、控告人保密。

第四章 法律责任

第二十八条 【阻碍国家情报工作机构及其工作人员工作的法律责任】违反本法规定，阻碍国家情报工作机构及其工作人员依法开展情报工作的，由国家情报工作机构建议相关单位给予处分或者由国家安全机关、公安机关处警告或者十五日以下拘留；构成犯罪的，依法追究刑事责任。

第二十九条 【泄露与国家情报工作有关的国家秘密的法律责任】泄露与国家情报工作有关的国家秘密的，由国家情报工作机构建议相关单位给予处分或者由国家安全机关、公安机关处警告或者十五日以下拘留；构成犯罪的，依法追究刑事责任。

第三十条 【冒充国家情报相关工作人员违法行为的法律责任】冒充国家情报工作机构工作人员或者其他相关人员实施招摇撞骗、诈骗、敲诈勒索等行为的，依照《中华人民共和国治安管理处罚法》的规定处罚；构成犯罪的，依法追究刑事责任。

第三十一条 【国家情报工作机构及其工作人员的法律责任】国家情报工作机构及其工作人员有超越职权、滥用职权，侵犯公民和组织的合法权益，利用职务便利为自己或者他人谋取私利，泄露国家秘密、商业秘密和个人信息等违法违纪行为的，依法给予处分；构成犯罪的，依法追究刑事责任。

第五章 附 则

第三十二条 【施行日期】本法自 2017 年 6 月 28 日起施行。

中华人民共和国保守国家秘密法

1. 1988 年 9 月 5 日第七届全国人民代表大会常务委员会第三次会议通过
2. 2010 年 4 月 29 日第十一届全国人民代表大会常务委员会第十四次会议修订
3. 自 2010 年 10 月 1 日起施行

目　　录

第一章　总　　则

第一条　【立法目的】为了保守国家秘密，维护国家安全和利益，保障改革开放和社会主义建设事业的顺利进行，制定本法。

第二条　【国家秘密】国家秘密是关系国家安全和利益，依照法定程序确定，在一定时间内只限一定范围的人员知悉的事项。

第三条　【保密义务】国家秘密受法律保护。

一切国家机关、武装力量、政党、社会团体、企业事业单位和公民都有保守国家秘密的义务。

任何危害国家秘密安全的行为，都必须受到法律追究。

第四条　【保密原则】保守国家秘密的工作（以下简称保密工作），实行积极防范、突出重点、依法管理的方针，既确保国家秘密安全，又便利信息资源合理利用。

法律、行政法规规定公开的事项，应当依法公开。

第五条 【主管部门】国家保密行政管理部门主管全国的保密工作。县级以上地方各级保密行政管理部门主管本行政区域的保密工作。

第六条 【涉密单位的管理责任】国家机关和涉及国家秘密的单位（以下简称机关、单位）管理本机关和本单位的保密工作。

中央国家机关在其职权范围内，管理或者指导本系统的保密工作。

第七条 【保密工作责任制】机关、单位应当实行保密工作责任制，健全保密管理制度，完善保密防护措施，开展保密宣传教育，加强保密检查。

第八条 【奖励】国家对在保守、保护国家秘密以及改进保密技术、措施等方面成绩显著的单位或者个人给予奖励。

第二章 国家秘密的范围和密级

第九条 【国家秘密范围】下列涉及国家安全和利益的事项，泄露后可能损害国家在政治、经济、国防、外交等领域的安全和利益的，应当确定为国家秘密：

（一）国家事务重大决策中的秘密事项；

（二）国防建设和武装力量活动中的秘密事项；

（三）外交和外事活动中的秘密事项以及对外承担保密义务的秘密事项；

（四）国民经济和社会发展中的秘密事项；

（五）科学技术中的秘密事项；

（六）维护国家安全活动和追查刑事犯罪中的秘密事项；

（七）经国家保密行政管理部门确定的其他秘密事项。

政党的秘密事项中符合前款规定的，属于国家秘密。

第十条 【密级】国家秘密的密级分为绝密、机密、秘密三级。

绝密级国家秘密是最重要的国家秘密，泄露会使国家安全和利益遭受特别严重的损害；机密级国家秘密是重要的国家秘密，泄露会使国家安全和利益遭受严重的损害；秘密级国家秘密是一般的国家秘密，泄露会使国家安全和利益遭受损害。

第十一条 **【密级的具体范围】**国家秘密及其密级的具体范围，由国家保密行政管理部门分别会同外交、公安、国家安全和其他中央有关机关规定。

军事方面的国家秘密及其密级的具体范围，由中央军事委员会规定。

国家秘密及其密级的具体范围的规定，应当在有关范围内公布，并根据情况变化及时调整。

第十二条 **【定密责任人】**机关、单位负责人及其指定的人员为定密责任人，负责本机关、本单位的国家秘密确定、变更和解除工作。

机关、单位确定、变更和解除本机关、本单位的国家秘密，应当由承办人提出具体意见，经定密责任人审核批准。

第十三条 **【定密权限】**确定国家秘密的密级，应当遵守定密权限。

中央国家机关、省级机关及其授权的机关、单位可以确定绝密级、机密级和秘密级国家秘密；设区的市、自治州一级的机关及其授权的机关、单位可以确定机密级和秘密级国家秘密。具体的定密权限、授权范围由国家保密行政管理部门规定。

机关、单位执行上级确定的国家秘密事项，需要定密的，根据所执行的国家秘密事项的密级确定。下级机关、单位认为本机关、本单位产生的有关定密事项属于上级机关、单位的定密权限，应当先行采取保密措施，并立即报请上级机关、单位确定；没有上级机关、单位的，应当立即提请有相应定密权限的业务主管部门或者保密行政管理部门确定。

公安、国家安全机关在其工作范围内按照规定的权限确定国家秘密的密级。

第十四条 **【确定密级】**机关、单位对所产生的国家秘密事项，应当按照国家秘密及其密级的具体范围的规定确定密级，同时确定保密期限和知悉范围。

第十五条 **【保密期限】**国家秘密的保密期限，应当根据事项的性质和特点，按照维护国家安全和利益的需要，限定在必要的期限内；

不能确定期限的，应当确定解密的条件。

国家秘密的保密期限，除另有规定外，绝密级不超过三十年，机密级不超过二十年，秘密级不超过十年。

机关、单位应当根据工作需要，确定具体的保密期限、解密时间或者解密条件。

机关、单位对在决定和处理有关事项工作过程中确定需要保密的事项，根据工作需要决定公开的，正式公布时即视为解密。

第十六条　【知悉范围】国家秘密的知悉范围，应当根据工作需要限定在最小范围。

国家秘密的知悉范围能够限定到具体人员的，限定到具体人员；不能限定到具体人员的，限定到机关、单位，由机关、单位限定到具体人员。

国家秘密的知悉范围以外的人员，因工作需要知悉国家秘密的，应当经过机关、单位负责人批准。

第十七条　【秘密标志】机关、单位对承载国家秘密的纸介质、光介质、电磁介质等载体（以下简称国家秘密载体）以及属于国家秘密的设备、产品，应当做出国家秘密标志。

不属于国家秘密的，不应当做出国家秘密标志。

第十八条　【密级、保密期限和知悉范围的变更】国家秘密的密级、保密期限和知悉范围，应当根据情况变化及时变更。国家秘密的密级、保密期限和知悉范围的变更，由原定密机关、单位决定，也可以由其上级机关决定。

国家秘密的密级、保密期限和知悉范围变更的，应当及时书面通知知悉范围内的机关、单位或者人员。

第十九条　【解密】国家秘密的保密期限已满的，自行解密。

机关、单位应当定期审核所确定的国家秘密。对在保密期限内因保密事项范围调整不再作为国家秘密事项，或者公开后不会损害国家安全和利益，不需要继续保密的，应当及时解密；对需要延长保密期限的，应当在原保密期限届满前重新确定保密期限。提前解密或者延长保密期限的，由原定密机关、单位决定，也可以由其上级机关决定。

第二十条 【密级不明确或者有争议的处理】机关、单位对是否属于国家秘密或者属于何种密级不明确或者有争议的,由国家保密行政管理部门或者省、自治区、直辖市保密行政管理部门确定。

第三章 保密制度

第二十一条 【秘密载体的保密制度】国家秘密载体的制作、收发、传递、使用、复制、保存、维修和销毁,应当符合国家保密规定。

绝密级国家秘密载体应当在符合国家保密标准的设施、设备中保存,并指定专人管理;未经原定密机关、单位或者其上级机关批准,不得复制和摘抄;收发、传递和外出携带,应当指定人员负责,并采取必要的安全措施。

第二十二条 【秘密的设备、产品的保密制度】属于国家秘密的设备、产品的研制、生产、运输、使用、保存、维修和销毁,应当符合国家保密规定。

第二十三条 【涉密信息系统的保密制度】存储、处理国家秘密的计算机信息系统(以下简称涉密信息系统)按照涉密程度实行分级保护。

涉密信息系统应当按照国家保密标准配备保密设施、设备。保密设施、设备应当与涉密信息系统同步规划,同步建设,同步运行。

涉密信息系统应当按照规定,经检查合格后,方可投入使用。

第二十四条 【针对涉密信息系统的禁止行为】机关、单位应当加强对涉密信息系统的管理,任何组织和个人不得有下列行为:

(一)将涉密计算机、涉密存储设备接入互联网及其他公共信息网络;

(二)在未采取防护措施的情况下,在涉密信息系统与互联网及其他公共信息网络之间进行信息交换;

(三)使用非涉密计算机、非涉密存储设备存储、处理国家秘密信息;

（四）擅自卸载、修改涉密信息系统的安全技术程序、管理程序；

（五）将未经安全技术处理的退出使用的涉密计算机、涉密存储设备赠送、出售、丢弃或者改作其他用途。

第二十五条 【针对秘密载体的禁止行为】机关、单位应当加强对国家秘密载体的管理，任何组织和个人不得有下列行为：

（一）非法获取、持有国家秘密载体；

（二）买卖、转送或者私自销毁国家秘密载体；

（三）通过普通邮政、快递等无保密措施的渠道传递国家秘密载体；

（四）邮寄、托运国家秘密载体出境；

（五）未经有关主管部门批准，携带、传递国家秘密载体出境。

第二十六条 【针对国家秘密的禁止行为】禁止非法复制、记录、存储国家秘密。

禁止在互联网及其他公共信息网络或者未采取保密措施的有线和无线通信中传递国家秘密。

禁止在私人交往和通信中涉及国家秘密。

第二十七条 【传媒的保密规定】报刊、图书、音像制品、电子出版物的编辑、出版、印制、发行，广播节目、电视节目、电影的制作和播放，互联网、移动通信网等公共信息网络及其他传媒的信息编辑、发布，应当遵守有关保密规定。

第二十八条 【网络运营商、服务商的保密规定】互联网及其他公共信息网络运营商、服务商应当配合公安机关、国家安全机关、检察机关对泄密案件进行调查；发现利用互联网及其他公共信息网络发布的信息涉及泄露国家秘密的，应当立即停止传输，保存有关记录，向公安机关、国家安全机关或者保密行政管理部门报告；应当根据公安机关、国家安全机关或者保密行政管理部门的要求，删除涉及泄露国家秘密的信息。

第二十九条 【公开信息与涉密采购的保密规定】机关、单位公开发布信息以及对涉及国家秘密的工程、货物、服务进行采购时，应当遵守保密规定。

第三十条 【对外交往涉密的注意事项】机关、单位对外交往与合作中需要提供国家秘密事项，或者任用、聘用的境外人员因工作需要知悉国家秘密的，应当报国务院有关主管部门或者省、自治区、直辖市人民政府有关主管部门批准，并与对方签订保密协议。

第三十一条 【涉密活动主办单位的保密规定】举办会议或者其他活动涉及国家秘密的，主办单位应当采取保密措施，并对参加人员进行保密教育，提出具体保密要求。

第三十二条 【保密要害部门与部位的保护】机关、单位应当将涉及绝密级或者较多机密级、秘密级国家秘密的机构确定为保密要害部门，将集中制作、存放、保管国家秘密载体的专门场所确定为保密要害部位，按照国家保密规定和标准配备、使用必要的技术防护设施、设备。

第三十三条 【军事禁区与保密场所不得擅自开放】军事禁区和属于国家秘密不对外开放的其他场所、部位，应当采取保密措施，未经有关部门批准，不得擅自决定对外开放或者扩大开放范围。

第三十四条 【涉密生产单位的保密审查】从事国家秘密载体制作、复制、维修、销毁，涉密信息系统集成，或者武器装备科研生产等涉及国家秘密业务的企业事业单位，应当经过保密审查，具体办法由国务院规定。

机关、单位委托企业事业单位从事前款规定的业务，应当与其签订保密协议，提出保密要求，采取保密措施。

第三十五条 【涉密人员的分类】在涉密岗位工作的人员（以下简称涉密人员），按照涉密程度分为核心涉密人员、重要涉密人员和一般涉密人员，实行分类管理。

任用、聘用涉密人员应当按照有关规定进行审查。

涉密人员应当具有良好的政治素质和品行，具有胜任涉密岗位所要求的工作能力。

涉密人员的合法权益受法律保护。

第三十六条 【涉密人员岗位要求】涉密人员上岗应当经过保密教育

培训，掌握保密知识技能，签订保密承诺书，严格遵守保密规章制度，不得以任何方式泄露国家秘密。

第三十七条 【涉密人员的出境管理】涉密人员出境应当经有关部门批准，有关机关认为涉密人员出境将对国家安全造成危害或者对国家利益造成重大损失的，不得批准出境。

第三十八条 【脱密期管理】涉密人员离岗离职实行脱密期管理。涉密人员在脱密期内，应当按照规定履行保密义务，不得违反规定就业，不得以任何方式泄露国家秘密。

第三十九条 【涉密人员的管理】机关、单位应当建立健全涉密人员管理制度，明确涉密人员的权利、岗位责任和要求，对涉密人员履行职责情况开展经常性的监督检查。

第四十条 【泄密报告制度】国家工作人员或者其他公民发现国家秘密已经泄露或者可能泄露时，应当立即采取补救措施并及时报告有关机关、单位。机关、单位接到报告后，应当立即作出处理，并及时向保密行政管理部门报告。

第四章 监督管理

第四十一条 【保密规章和标准的制定】国家保密行政管理部门依照法律、行政法规的规定，制定保密规章和国家保密标准。

第四十二条 【保密工作的指导和监督】保密行政管理部门依法组织开展保密宣传教育、保密检查、保密技术防护和泄密案件查处工作，对机关、单位的保密工作进行指导和监督。

第四十三条 【保密工作的错误纠正】保密行政管理部门发现国家秘密确定、变更或者解除不当的，应当及时通知有关机关、单位予以纠正。

第四十四条 【保密工作检查】保密行政管理部门对机关、单位遵守保密制度的情况进行检查，有关机关、单位应当配合。保密行政管理部门发现机关、单位存在泄密隐患的，应当要求其采取措施，限期整改；对存在泄密隐患的设施、设备、场所，应当责令停止使用；对严重违反保密规定的涉密人员，应当建议有关机关、单位给予处分并调离涉密岗位；发现涉嫌泄露国家秘密的，应当督促、指导有关机关、单位进行调查处理。涉嫌犯罪的，移送司法机关处理。

第四十五条 【秘密载体的收缴】保密行政管理部门对保密检查中发现的非法获取、持有的国家秘密载体，应当予以收缴。

第四十六条 【鉴定秘密的部门】办理涉嫌泄露国家秘密案件的机关，需要对有关事项是否属于国家秘密以及属于何种密级进行鉴定的，由国家保密行政管理部门或者省、自治区、直辖市保密行政管理部门鉴定。

第四十七条 【违规人员处理的监督】机关、单位对违反保密规定的人员不依法给予处分的，保密行政管理部门应当建议纠正，对拒不纠正的，提请其上一级机关或者监察机关对该机关、单位负有责任的领导人员和直接责任人员依法予以处理。

第五章 法律责任

第四十八条 【违法责任】违反本法规定，有下列行为之一的，依法给予处分；构成犯罪的，依法追究刑事责任：

（一）非法获取、持有国家秘密载体的；

（二）买卖、转送或者私自销毁国家秘密载体的；

（三）通过普通邮政、快递等无保密措施的渠道传递国家秘密载体的；

（四）邮寄、托运国家秘密载体出境，或者未经有关主管部门批准，携带、传递国家秘密载体出境的；

（五）非法复制、记录、存储国家秘密的；

（六）在私人交往和通信中涉及国家秘密的；

（七）在互联网及其他公共信息网络或者未采取保密措施的有线和无线通信中传递国家秘密的；

（八）将涉密计算机、涉密存储设备接入互联网及其他公共信息网络的；

（九）在未采取防护措施的情况下，在涉密信息系统与互联网及其他公共信息网络之间进行信息交换的；

（十）使用非涉密计算机、非涉密存储设备存储、处理国家秘密信息的；

（十一）擅自卸载、修改涉密信息系统的安全技术程序、管理程序的；

（十二）将未经安全技术处理的退出使用的涉密计算机、涉密存储设备赠送、出售、丢弃或者改作其他用途的。

有前款行为尚不构成犯罪，且不适用处分的人员，由保密行政管理部门督促其所在机关、单位予以处理。

第四十九条　【单位违法责任】机关、单位违反本法规定，发生重大泄密案件的，由有关机关、单位依法对直接负责的主管人员和其他直接责任人员给予处分；不适用处分的人员，由保密行政管理部门督促其主管部门予以处理。

机关、单位违反本法规定，对应当定密的事项不定密，或者对不应当定密的事项定密，造成严重后果的，由有关机关、单位依法对直接负责的主管人员和其他直接责任人员给予处分。

第五十条　【网络运营商、服务商违法责任】互联网及其他公共信息网络运营商、服务商违反本法第二十八条规定的，由公安机关或者国家安全机关、信息产业主管部门按照各自职责分工依法予以处罚。

第五十一条　【保密管理人员违法责任】保密行政管理部门的工作人员在履行保密管理职责中滥用职权、玩忽职守、徇私舞弊的，依法给予处分；构成犯罪的，依法追究刑事责任。

第六章　附　　则

第五十二条　【解放军保密条例】中央军事委员会根据本法制定中国人民解放军保密条例。

第五十三条　【施行日期】本法自 2010 年 10 月 1 日起施行。

中华人民共和国香港特别行政区维护国家安全法

1. 2020年6月30日第十三届全国人民代表大会常务委员会第二十次会议通过
2. 2020年6月30日中华人民共和国主席令第49号公布
3. 自公布之日起施行

目　　录

第一章　总　　则

第一条　【立法目的】为坚定不移并全面准确贯彻"一国两制"、"港人治港"、高度自治的方针，维护国家安全，防范、制止和惩治与香港特别行政区有关的分裂国家、颠覆国家政权、组织实施恐怖活动和勾结外国或者境外势力危害国家安全等犯罪，保持香港特别行政政区的繁荣和稳定，保障香港特别行政区居民的合法权益，根据中华人民共和国宪法、中华人民共和国香港特别行政区基本法和全国人民代表大会关于建立健全香港特别行政区维护国家安全的法律制度和执行机制的决定，制定本法。

第二条　【不得违背香港特别行政区基本法的根本性条款】关于香港特别行政区法律地位的香港特别行政区基本法第一条和第十二条规定是香港特别行政区基本法的根本性条款。香港特别行政区任何机构、组织和个人行使权利和自由，不得违背香港特别行政区基本法第一条和第十二条的规定。

第三条　【中央的根本责任和香港的宪制责任】中央人民政府对香港特别行政区有关的国家安全事务负有根本责任。

香港特别行政区负有维护国家安全的宪制责任，应当履行维护国家安全的职责。

香港特别行政区行政机关、立法机关、司法机关应当依据本法和其他有关法律规定有效防范、制止和惩治危害国家安全的行为和活动。

第四条　【维护国家安全应当尊重和保障人权】香港特别行政区维护国家安全应当尊重和保障人权，依法保护香港特别行政区居民根据香港特别行政区基本法和《公民权利和政治权利国际公约》、《经济、社会与文化权利的国际公约》适用于香港的有关规定享有的包括言论、新闻、出版的自由，结社、集会、游行、示威的自由在内的权利和自由。

第五条　【法治原则与无罪推定原则】防范、制止和惩治危害国家安全犯罪，应当坚持法治原则。法律规定为犯罪行为的，依照法律定罪处刑；法律没有规定为犯罪行为的，不得定罪处刑。

任何人未经司法机关判罪之前均假定无罪。保障犯罪嫌疑人、被告人和其他诉讼参与人依法享有的辩护权和其他诉讼权利。任何人已经司法程序被最终确定有罪或者宣告无罪的，不得就同一行为再予审判或者惩罚。

第六条　【维护国家主权、统一和领土完整原则】维护国家主权、统一和领土完整是包括香港同胞在内的全中国人民的共同义务。

在香港特别行政区的任何机构、组织和个人都应当遵守本法和香港特别行政区有关维护国家安全的其他法律，不得从事危害国家安全的行为和活动。

香港特别行政区居民在参选或者就任公职时应当依法签署文件确认或者宣誓拥护中华人民共和国香港特别行政区基本法，效忠中华人民共和国香港特别行政区。

第二章　香港特别行政区维护国家安全的职责和机构

第一节　职　　责

第七条　【立法职责】香港特别行政区应当尽早完成香港特别行政区基本法规定的维护国家安全立法，完善相关法律。

第八条　【执法职责】香港特别行政区执法、司法机关应当切实执行本法和香港特别行政区现行法律有关防范、制止和惩治危害国家安全行为和活动的规定，有效维护国家安全。

第九条　【宣传监督职责】香港特别行政区应当加强维护国家安全和防范恐怖活动的工作。对学校、社会团体、媒体、网络等涉及国家安全的事宜，香港特别行政区政府应当采取必要措施，加强宣传、指导、监督和管理。

第十条　【安全教育职责】香港特别行政区应当通过学校、社会团体、媒体、网络等开展国家安全教育，提高香港特别行政区居民的国家安全意识和守法意识。

第十一条　【行政长官负责制】香港特别行政区行政长官应当就香港特别行政区维护国家安全事务向中央人民政府负责，并就香港特别行政区履行维护国家安全职责的情况提交年度报告。

如中央人民政府提出要求，行政长官应当就维护国家安全特定事项及时提交报告。

第二节　机　　构

第十二条　【维护国家安全委员会】香港特别行政区设立维护国家安

全委员会，负责香港特别行政区维护国家安全事务，承担维护国家安全的主要责任，并接受中央人民政府的监督和问责。

第十三条 【维护国家安全委员会的组织设置】香港特别行政区维护国家安全委员会由行政长官担任主席，成员包括政务司长、财政司长、律政司长、保安局局长、警务处处长、本法第十六条规定的警务处维护国家安全部门的负责人、入境事务处处长、海关关长和行政长官办公室主任。

香港特别行政区维护国家安全委员会下设秘书处，由秘书长领导。秘书长由行政长官提名，报中央人民政府任命。

第十四条 【维护国家安全委员会的职责】香港特别行政区维护国家安全委员会的职责为：

（一）分析研判香港特别行政区维护国家安全形势，规划有关工作，制定香港特别行政区维护国家安全政策；

（二）推进香港特别行政区维护国家安全的法律制度和执行机制建设；

（三）协调香港特别行政区维护国家安全的重点工作和重大行动。

香港特别行政区维护国家安全委员会的工作不受香港特别行政区任何其他机构、组织和个人的干涉，工作信息不予公开。香港特别行政区维护国家安全委员会作出的决定不受司法复核。

第十五条 【国家安全事务顾问】香港特别行政区维护国家安全委员会设立国家安全事务顾问，由中央人民政府指派，就香港特别行政区维护国家安全委员会履行职责相关事务提供意见。国家安全事务顾问列席香港特别行政区维护国家安全委员会会议。

第十六条 【警务处设立维护国家安全部门】香港特别行政区政府警务处设立维护国家安全的部门，配备执法力量。

警务处维护国家安全部门负责人由行政长官任命，行政长官任命前须书面征求本法第四十八条规定的机构的意见。警务处维护国家安全部门负责人在就职时应当宣誓拥护中华人民共和国香港特别行政区基本法，效忠中华人民共和国香港特别行政区，遵守法律，保守秘密。

警务处维护国家安全部门可以从香港特别行政区以外聘请合格的专门人员和技术人员，协助执行维护国家安全相关任务。

第十七条　【警务处维护国家安全部门的职责】警务处维护国家安全部门的职责为：

（一）收集分析涉及国家安全的情报信息；

（二）部署、协调、推进维护国家安全的措施和行动；

（三）调查危害国家安全犯罪案件；

（四）进行反干预调查和开展国家安全审查；

（五）承办香港特别行政区维护国家安全委员会交办的维护国家安全工作；

（六）执行本法所需的其他职责。

第十八条　【律政司国家安全犯罪案件检控部门及其负责人】香港特别行政区律政司设立专门的国家安全犯罪案件检控部门，负责危害国家安全犯罪案件的检控工作和其他相关法律事务。该部门检控官由律政司长征得香港特别行政区维护国家安全委员会同意后任命。

律政司国家安全犯罪案件检控部门负责人由行政长官任命，行政长官任命前须书面征求本法第四十八条规定的机构的意见。律政司国家安全犯罪案件检控部门负责人在就职时应当宣誓拥护中华人民共和国香港特别行政区基本法，效忠中华人民共和国香港特别行政区，遵守法律，保守秘密。

第十九条　【专门拨款维护国家安全】经行政长官批准，香港特别行政区政府财政司长应当从政府一般收入中拨出专门款项支付关于维护国家安全的开支并核准所涉及的人员编制，不受香港特别行政区现行有关法律规定的限制。财政司长须每年就该款项的控制和管理向立法会提交报告。

第三章　罪行和处罚

第一节　分裂国家罪

第二十条　【分裂国家罪的表现】任何人组织、策划、实施或者参与实施以下旨在分裂国家、破坏国家统一行为之一的，不论是否使用武力或者以武力相威胁，即属犯罪：

（一）将香港特别行政区或者中华人民共和国其他任何部分从中华人民共和国分离出去；

（二）非法改变香港特别行政区或者中华人民共和国其他任何部分的法律地位；

（三）将香港特别行政区或者中华人民共和国其他任何部分转归外国统治。

犯前款罪，对首要分子或者罪行重大的，处无期徒刑或者十年以上有期徒刑；对积极参加的，处三年以上十年以下有期徒刑；对其他参加的，处三年以下有期徒刑、拘役或者管制。

第二十一条　【煽动、协助、教唆、资助分裂国家罪】任何人煽动、协助、教唆、以金钱或者其他财物资助他人实施本法第二十条规定的犯罪的，即属犯罪。情节严重的，处五年以上十年以下有期徒刑；情节较轻的，处五年以下有期徒刑、拘役或者管制。

第二节　颠覆国家政权罪

第二十二条　【颠覆国家政权罪】任何人组织、策划、实施或者参与实施以下以武力、威胁使用武力或者其他非法手段旨在颠覆国家政权行为之一的，即属犯罪：

（一）推翻、破坏中华人民共和国宪法所确立的中华人民共和国根本制度；

（二）推翻中华人民共和国中央政权机关或者香港特别行政区政权机关；

（三）严重干扰、阻挠、破坏中华人民共和国中央政权机关或者香港特别行政区政权机关依法履行职能；

（四）攻击、破坏香港特别行政区政权机关履职场所及其设施，致使其无法正常履行职能。

犯前款罪，对首要分子或者罪行重大的，处无期徒刑或者十年以上有期徒刑；对积极参加的，处三年以上十年以下有期徒刑；对其他参加的,处三年以下有期徒刑、拘役或者管制。

第二十三条 【煽动、协助、教唆、资助颠覆国家政权罪】任何人煽动、协助、教唆、以金钱或者其他财物资助他人实施本法第二十二条规定的犯罪的,即属犯罪。情节严重的,处五年以上十年以下有期徒刑;情节较轻的,处五年以下有期徒刑、拘役或者管制。

第三节 恐怖活动罪

第二十四条 【组织、策划、实施、参与实施或威胁实施恐怖活动罪】为胁迫中央人民政府、香港特别行政区政府或者国际组织或者威吓公众以图实现政治主张,组织、策划、实施、参与实施或者威胁实施以下造成或者意图造成严重社会危害的恐怖活动之一的,即属犯罪:

(一)针对人的严重暴力;

(二)爆炸、纵火或者投放毒害性、放射性、传染病病原体等物质;

(三)破坏交通工具、交通设施、电力设备、燃气设备或者其他易燃易爆设备;

(四)严重干扰、破坏水、电、燃气、交通、通讯、网络等公共服务和管理的电子控制系统;

(五)以其他危险方法严重危害公众健康或者安全。

犯前款罪,致人重伤、死亡或者使公私财产遭受重大损失的,处无期徒刑或者十年以上有期徒刑;其他情形,处三年以上十年以下有期徒刑。

第二十五条 【组织、领导恐怖活动组织罪】组织、领导恐怖活动组织的,即属犯罪,处无期徒刑或者十年以上有期徒刑,并处没收财产;积极参加的,处三年以上十年以下有期徒刑,并处罚金;其他参加的,处三年以下有期徒刑、拘役或者管制,可以并处罚金。

本法所指的恐怖活动组织,是指实施或者意图实施本法第二十四条规定的恐怖活动罪行或者参与或者协助实施本法第二十四条规定的恐怖活动罪行的组织。

第二十六条 【帮助恐怖活动罪】为恐怖活动组织、恐怖活动人员、恐怖活动实施提供培训、武器、信息、资金、物资、劳务、运输、技术或者场所等支持、协助、便利，或者制造、非法管有爆炸性、毒害性、放射性、传染病病原体等物质以及以其他形式准备实施恐怖活动的，即属犯罪。情节严重的，处五年以上十年以下有期徒刑，并处罚金或者没收财产；其他情形，处五年以下有期徒刑、拘役或者管制，并处罚金。

有前款行为，同时构成其他犯罪的，依照处罚较重的规定定罪处罚。

第二十七条 【宣扬恐怖主义、煽动实施恐怖活动罪】宣扬恐怖主义、煽动实施恐怖活动的，即属犯罪。情节严重的，处五年以上十年以下有期徒刑，并处罚金或者没收财产；其他情形，处五年以下有期徒刑、拘役或者管制，并处罚金。

第二十八条 【不影响其他法律的适用】本节规定不影响依据香港特别行政区法律对其他形式的恐怖活动犯罪追究刑事责任并采取冻结财产等措施。

第四节 勾结外国或者境外势力危害国家安全罪

第二十九条 【为境外窃取、刺探、收买、非法提供国家秘密、情报罪】为外国或者境外机构、组织、人员窃取、刺探、收买、非法提供涉及国家安全的国家秘密或者情报的；请求外国或者境外机构、组织、人员实施，与外国或者境外机构、组织、人员串谋实施，或者直接或者间接接受外国或者境外机构、组织、人员的指使、控制、资助或者其他形式的支援实施以下行为之一的，均属犯罪：

（一）对中华人民共和国发动战争，或者以武力或者武力相威胁，对中华人民共和国主权、统一和领土完整造成严重危害；

（二）对香港特别行政区政府或者中央人民政府制定和执行法律、政策进行严重阻挠并可能造成严重后果；

（三）对香港特别行政区选举进行操控、破坏并可能造成严重后果；

（四）对香港特别行政区或者中华人民共和国进行制裁、封锁或者采取其他敌对行动；

（五）通过各种非法方式引发香港特别行政区居民对中央人民政府或者香港特别行政区政府的憎恨并可能造成严重后果。

犯前款罪，处三年以上十年以下有期徒刑；罪行重大的，处无期徒刑或者十年以上有期徒刑。

本条第一款规定涉及的境外机构、组织、人员，按共同犯罪定罪处刑。

第三十条　【勾结外国或境外势力的从重处罚】为实施本法第二十条、第二十二条规定的犯罪，与外国或者境外机构、组织、人员串谋，或者直接或者间接接受外国或者境外机构、组织、人员的指使、控制、资助或者其他形式的支援的，依照本法第二十条、第二十二条的规定从重处罚。

第五节　其他处罚规定

第三十一条　【单位犯罪】公司、团体等法人或者非法人组织实施本法规定的犯罪的，对该组织判处罚金。

公司、团体等法人或者非法人组织因犯本法规定的罪行受到刑事处罚的，应责令其暂停运作或者吊销其执照或者营业许可证。

第三十二条　【追缴、没收违法所得、犯罪资金和工具】因实施本法规定的犯罪而获得的资助、收益、报酬等违法所得以及用于或者意图用于犯罪的资金和工具，应当予以追缴、没收。

第三十三条　【从轻、减轻、免除处罚的量刑情节】有以下情形的，对有关犯罪行为人、犯罪嫌疑人、被告人可以从轻、减轻处罚；犯罪较轻的，可以免除处罚：

（一）在犯罪过程中，自动放弃犯罪或者自动有效地防止犯罪结果发生的；

（二）自动投案，如实供述自己的罪行的；

（三）揭发他人犯罪行为，查证属实，或者提供重要线索得以侦破其他案件的。

被采取强制措施的犯罪嫌疑人、被告人如实供述执法、司法机关未掌握的本人犯有本法规定的其他罪行的,按前款第二项规定处理。

第三十四条 【对不具有香港特别行政区永久性居民身份的人实施犯罪的驱逐出境】不具有香港特别行政区永久性居民身份的人实施本法规定的犯罪的,可以独立适用或者附加适用驱逐出境。

不具有香港特别行政区永久性居民身份的人违反本法规定,因任何原因不对其追究刑事责任的,也可以驱逐出境。

第三十五条 【资格或职务的丧失】任何人经法院判决犯危害国家安全罪行的,即丧失作为候选人参加香港特别行政区举行的立法会、区议会选举或者出任香港特别行政区任何公职或者行政长官选举委员会委员的资格;曾经宣誓或者声明拥护中华人民共和国香港特别行政区基本法、效忠中华人民共和国香港特别行政区的立法会议员、政府官员及公务人员、行政会议成员、法官及其他司法人员、区议员,即时丧失该等职务,并丧失参选或者出任上述职务的资格。

前款规定资格或者职务的丧失,由负责组织、管理有关选举或者公职任免的机构宣布。

第六节 效力范围

第三十六条 【属地管辖】任何人在香港特别行政区内实施本法规定的犯罪的,适用本法。犯罪的行为或者结果有一项发生在香港特别行政区内的,就认为是在香港特别行政区内犯罪。

在香港特别行政区注册的船舶或者航空器内实施本法规定的犯罪的,也适用本法。

第三十七条 【属人管辖】香港特别行政区永久性居民或者在香港特别行政区成立的公司、团体等法人或者非法人组织在香港特别行政区以外实施本法规定的犯罪的,适用本法。

第三十八条 【保护管辖】不具有香港特别行政区永久性居民身份的人在香港特别行政区以外针对香港特别行政区实施本法规定的犯

罪的，适用本法。

第三十九条　【溯及力】本法施行以后的行为，适用本法定罪处刑。

第四章　案件管辖、法律适用和程序

第四十条　【管辖的例外】香港特别行政区对本法规定的犯罪案件行使管辖权，但本法第五十五条规定的情形除外。

第四十一条　【诉讼程序】香港特别行政区管辖危害国家安全犯罪案件的立案侦查、检控、审判和刑罚的执行等诉讼程序事宜，适用本法和香港特别行政区本地法律。

未经律政司长书面同意，任何人不得就危害国家安全犯罪案件提出检控。但该规定不影响就有关犯罪依法逮捕犯罪嫌疑人并将其羁押，也不影响该等犯罪嫌疑人申请保释。

香港特别行政区管辖的危害国家安全犯罪案件的审判循公诉程序进行。

审判应当公开进行。因为涉及国家秘密、公共秩序等情形不宜公开审理的，禁止新闻界和公众旁听全部或者一部分审理程序，但判决结果应当一律公开宣布。

第四十二条　【公正及时办理和保释的限制】香港特别行政区执法、司法机关在适用香港特别行政区现行法律有关羁押、审理期限等方面的规定时，应当确保危害国家安全犯罪案件公正、及时办理，有效防范、制止和惩治危害国家安全犯罪。

对犯罪嫌疑人、被告人，除非法官有充足理由相信其不会继续实施危害国家安全行为的，不得准予保释。

第四十三条　【相关措施的适用】香港特别行政区政府警务处维护国家安全部门办理危害国家安全犯罪案件时，可以采取香港特别行政区现行法律准予警方等执法部门在调查严重犯罪案件时采取的各种措施，并可以采取以下措施：

（一）搜查可能存有犯罪证据的处所、车辆、船只、航空器以及其他有关地方和电子设备；

（二）要求涉嫌实施危害国家安全犯罪行为的人员交出旅行证

件或者限制其离境；

（三）对用于或者意图用于犯罪的财产、因犯罪所得的收益等与犯罪相关的财产，予以冻结，申请限制令、押记令、没收令以及充公；

（四）要求信息发布人或者有关服务商移除信息或者提供协助；

（五）要求外国及境外政治性组织，外国及境外当局或者政治性组织的代理人提供资料；

（六）经行政长官批准，对有合理理由怀疑涉及实施危害国家安全犯罪的人员进行截取通讯和秘密监察；

（七）对有合理理由怀疑拥有与侦查有关的资料或者管有有关物料的人员，要求其回答问题和提交资料或者物料。

香港特别行政区维护国家安全委员会对警务处维护国家安全部门等执法机构采取本条第一款规定措施负有监督责任。

授权香港特别行政区行政长官会同香港特别行政区维护国家安全委员会为采取本条第一款规定措施制定相关实施细则。

第四十四条　【审理危害国家安全犯罪案件法官的指定】香港特别行政区行政长官应当从裁判官、区域法院法官、高等法院原讼法庭法官、上诉法庭法官以及终审法院法官中指定若干名法官，也可从暂委或者特委法官中指定若干名法官，负责处理危害国家安全犯罪案件。行政长官在指定法官前可征询香港特别行政区维护国家安全委员会和终审法院首席法官的意见。上述指定法官任期一年。

凡有危害国家安全言行的，不得被指定为审理危害国家安全犯罪案件的法官。在获任指定法官期间，如有危害国家安全言行的，终止其指定法官资格。

在裁判法院、区域法院、高等法院和终审法院就危害国家安全犯罪案件提起的刑事检控程序应当分别由各该法院的指定法官处理。

第四十五条　【依法进行刑事检控程序】除本法另有规定外，裁判法院、区域法院、高等法院和终审法院应当按照香港特别行政区的其他法律处理就危害国家安全犯罪案件提起的刑事检控程序。

第四十六条 【陪审团审理的例外】对高等法院原讼法庭进行的就危害国家安全犯罪案件提起的刑事检控程序，律政司长可基于保护国家秘密、案件具有涉外因素或者保障陪审员及其家人的人身安全等理由，发出证书指示相关诉讼毋须在有陪审团的情况下进行审理。凡律政司长发出上述证书，高等法院原讼法庭应当在没有陪审团的情况下进行审理，并由三名法官组成审判庭。

凡律政司长发出前款规定的证书，适用于相关诉讼的香港特别行政区任何法律条文关于“陪审团”或者“陪审团的裁决”，均应当理解为指法官或者法官作为事实裁断者的职能。

第四十七条 【证明书的取得及约束力】香港特别行政区法院在审理案件中遇有涉及有关行为是否涉及国家安全或者有关证据材料是否涉及国家秘密的认定问题，应取得行政长官就该等问题发出的证明书，上述证明书对法院有约束力。

第五章 中央人民政府驻香港特别行政区维护国家安全机构

第四十八条 【驻港维护国家安全公署】中央人民政府在香港特别行政区设立维护国家安全公署。中央人民政府驻香港特别行政区维护国家安全公署依法履行维护国家安全职责，行使相关权力。

驻香港特别行政区维护国家安全公署人员由中央人民政府维护国家安全的有关机关联合派出。

第四十九条 【驻港维护国家安全公署的职责】驻香港特别行政区维护国家安全公署的职责为：

（一）分析研判香港特别行政区维护国家安全形势，就维护国家安全重大战略和重要政策提出意见和建议；

（二）监督、指导、协调、支持香港特别行政区履行维护国家安全的职责；

（三）收集分析国家安全情报信息；

（四）依法办理危害国家安全犯罪案件。

第五十条 【驻港维护国家安全公署依法履职、接受监督】驻香港特别行政区维护国家安全公署应当严格依法履行职责，依法接受监督，不得侵害任何个人和组织的合法权益。

驻香港特别行政区维护国家安全公署人员除须遵守全国性法律外，还应当遵守香港特别行政区法律。

驻香港特别行政区维护国家安全公署人员依法接受国家监察机关的监督。

第五十一条 【经费保障】驻香港特别行政区维护国家安全公署的经费由中央财政保障。

第五十二条 【工作联系和工作协同】驻香港特别行政区维护国家安全公署应当加强与中央人民政府驻香港特别行政区联络办公室、外交部驻香港特别行政区特派员公署、中国人民解放军驻香港部队的工作联系和工作协同。

第五十三条 【建立协调机制和协作机制】驻香港特别行政区维护国家安全公署应当与香港特别行政区维护国家安全委员会建立协调机制，监督、指导香港特别行政区维护国家安全工作。

驻香港特别行政区维护国家安全公署的工作部门应当与香港特别行政区维护国家安全的有关机关建立协作机制，加强信息共享和行动配合。

第五十四条 【加强对境外组织和新闻机构的管理和服务】驻香港特别行政区维护国家安全公署、外交部驻香港特别行政区特派员公署会同香港特别行政区政府采取必要措施，加强对外国和国际组织驻香港特别行政区机构、在香港特别行政区的外国和境外非政府组织和新闻机构的管理和服务。

第五十五条 【特殊管辖权】有以下情形之一的，经香港特别行政区政府或者驻香港特别行政区维护国家安全公署提出，并报中央人民政府批准，由驻香港特别行政区维护国家安全公署对本法规定的危害国家安全犯罪案件行使管辖权：

（一）案件涉及外国或者境外势力介入的复杂情况，香港特别行政区管辖确有困难的；

（二）出现香港特别行政区政府无法有效执行本法的严重情况的；

（三）出现国家安全面临重大现实威胁的情况的。

第五十六条　【侦查、检察、审判的三权分工】根据本法第五十五条规定管辖有关危害国家安全犯罪案件时，由驻香港特别行政区维护国家安全公署负责立案侦查，最高人民检察院指定有关检察机关行使检察权，最高人民法院指定有关法院行使审判权。

第五十七条　【诉讼程序的法律适用】根据本法第五十五条规定管辖案件的立案侦查、审查起诉、审判和刑罚的执行等诉讼程序事宜，适用《中华人民共和国刑事诉讼法》等相关法律的规定。

根据本法第五十五条规定管辖案件时，本法第五十六条规定的执法、司法机关依法行使相关权力，其为决定采取强制措施、侦查措施和司法裁判而签发的法律文书在香港特别行政区具有法律效力。对于驻香港特别行政区维护国家安全公署依法采取的措施，有关机构、组织和个人必须遵从。

第五十八条　【委托辩护人的时间】根据本法第五十五条规定管辖案件时，犯罪嫌疑人自被驻香港特别行政区维护国家安全公署第一次讯问或者采取强制措施之日起，有权委托律师作为辩护人。辩护律师可以依法为犯罪嫌疑人、被告人提供法律帮助。

犯罪嫌疑人、被告人被合法拘捕后，享有尽早接受司法机关公正审判的权利。

第五十九条　【如实作证义务】根据本法第五十五条规定管辖案件时，任何人如果知道本法规定的危害国家安全犯罪案件情况，都有如实作证的义务。

第六十条　【驻港维护国家安全公署及其人员的权利和豁免】驻香港特别行政区维护国家安全公署及其人员依据本法执行职务的行为，不受香港特别行政区管辖。

持有驻香港特别行政区维护国家安全公署制发的证件或者证明文件的人员和车辆等在执行职务时不受香港特别行政区执法人员检查、搜查和扣押。

驻香港特别行政区维护国家安全公署及其人员享有香港特别行政区法律规定的其他权利和豁免。

第六十一条　【司法协助】驻香港特别行政区维护国家安全公署依据本法规定履行职责时，香港特别行政区政府有关部门须提供必要的便利和配合，对妨碍有关执行职务的行为依法予以制止并追究责任。

第六章　附　　则

第六十二条　【优先适用本法】香港特别行政区本地法律规定与本法不一致的，适用本法规定。

第六十三条　【保密义务】办理本法规定的危害国家安全犯罪案件的有关执法、司法机关及其人员或者办理其他危害国家安全犯罪案件的香港特别行政区执法、司法机关及其人员，应当对办案过程中知悉的国家秘密、商业秘密和个人隐私予以保密。

担任辩护人或者诉讼代理人的律师应当保守在执业活动中知悉的国家秘密、商业秘密和个人隐私。

配合办案的有关机构、组织和个人应当对案件有关情况予以保密。

第六十四条　【法律术语含义】香港特别行政区适用本法时，本法规定的“有期徒刑”“无期徒刑”“没收财产”和“罚金”分别指“监禁”“终身监禁”“充公犯罪所得”和“罚款”，“拘役”参照适用香港特别行政区相关法律规定的“监禁”“入劳役中心”“入教导所”，“管制”参照适用香港特别行政区相关法律规定的“社会服务令”“入感化院”，“吊销执照或者营业许可证”指香港特别行政区相关法律规定的“取消注册或者注册豁免，或者取消牌照”。

第六十五条　【解释权的归属】本法的解释权属于全国人民代表大会常务委员会。

第六十六条　【施行日期】本法自公布之日起施行。

中华人民共和国反间谍法

1. 2014 年 11 月 1 日第十二届全国人民代表大会常务委员会第十一次会议通过
2. 2023 年 4 月 26 日第十四届全国人民代表大会常务委员会第二次会议修订

目　　录

第一章　总　　则

第一条　【立法目的】为了加强反间谍工作，防范、制止和惩治间谍行为，维护国家安全，保护人民利益，根据宪法，制定本法。

第二条　【基本原则】反间谍工作坚持党中央集中统一领导，坚持总体国家安全观，坚持公开工作与秘密工作相结合、专门工作与群众路线相结合，坚持积极防御、依法惩治、标本兼治，筑牢国家安全人民防线。

第三条　【尊重和保障人权】反间谍工作应当依法进行，尊重和保障人权，保障个人和组织的合法权益。

第四条　【间谍行为】本法所称间谍行为，是指下列行为：

（一）间谍组织及其代理人实施或者指使、资助他人实施，或者境内外机构、组织、个人与其相勾结实施的危害中华人民共和国国家安全的活动；

（二）参加间谍组织或者接受间谍组织及其代理人的任务，或者投靠间谍组织及其代理人；

（三）间谍组织及其代理人以外的其他境外机构、组织、个人实施或者指使、资助他人实施，或者境内机构、组织、个人与其相勾结实施的窃取、刺探、收买、非法提供国家秘密、情报以及其他关系国家安全和利益的文件、数据、资料、物品，或者策动、引诱、胁迫、收买国家工作人员叛变的活动；

（四）间谍组织及其代理人实施或者指使、资助他人实施，或者境内外机构、组织、个人与其相勾结实施针对国家机关、涉密单位或者关键信息基础设施等的网络攻击、侵入、干扰、控制、破坏等活动；

（五）为敌人指示攻击目标；

（六）进行其他间谍活动。

间谍组织及其代理人在中华人民共和国领域内，或者利用中华人民共和国的公民、组织或者其他条件，从事针对第三国的间谍活动，危害中华人民共和国国家安全的，适用本法。

第五条　【统筹协调】国家建立反间谍工作协调机制，统筹协调反间谍工作中的重大事项，研究、解决反间谍工作中的重大问题。

第六条　【主管机关】国家安全机关是反间谍工作的主管机关。

公安、保密等有关部门和军队有关部门按照职责分工，密切配合，加强协调，依法做好有关工作。

第七条　【公民、国家机关及各单位的义务】中华人民共和国公民有维护国家的安全、荣誉和利益的义务，不得有危害国家的安全、荣誉和利益的行为。

一切国家机关和武装力量、各政党和各人民团体、企业事业组织和其他社会组织，都有防范、制止间谍行为，维护国家安全的义务。

国家安全机关在反间谍工作中必须依靠人民的支持，动员、组织人民防范、制止间谍行为。

第八条　【支持、协助反间谍工作】任何公民和组织都应当依法支持、协助反间谍工作，保守所知悉的国家秘密和反间谍工作秘密。

第九条 【保护和奖励】国家对支持、协助反间谍工作的个人和组织给予保护。

对举报间谍行为或者在反间谍工作中做出重大贡献的个人和组织,按照国家有关规定给予表彰和奖励。

第十条 【追究境外机构、组织、个人】境外机构、组织、个人实施或者指使、资助他人实施的,或者境内机构、组织、个人与境外机构、组织、个人相勾结实施的危害中华人民共和国国家安全的间谍行为,都必须受到法律追究。

第十一条 【国家安全机关及其工作人员的职责】国家安全机关及其工作人员在工作中,应当严格依法办事,不得超越职权、滥用职权,不得侵犯个人和组织的合法权益。

国家安全机关及其工作人员依法履行反间谍工作职责获取的个人和组织的信息,只能用于反间谍工作。对属于国家秘密、工作秘密、商业秘密和个人隐私、个人信息的,应当保密。

第二章 安全防范

第十二条 【国家机关、人民团体、企事业单位的安全防范责任】国家机关、人民团体、企业事业组织和其他社会组织承担本单位反间谍安全防范工作的主体责任,落实反间谍安全防范措施,对本单位的人员进行维护国家安全的教育,动员、组织本单位的人员防范、制止间谍行为。

地方各级人民政府、相关行业主管部门按照职责分工,管理本行政区域、本行业有关反间谍安全防范工作。

国家安全机关依法协调指导、监督检查反间谍安全防范工作。

第十三条 【反间谍宣传教育】各级人民政府和有关部门应当组织开展反间谍安全防范宣传教育,将反间谍安全防范知识纳入教育、培训、普法宣传内容,增强全民反间谍安全防范意识和国家安全素养。

新闻、广播、电视、文化、互联网信息服务等单位,应当面向社会有针对性地开展反间谍宣传教育。

国家安全机关应当根据反间谍安全防范形势，指导有关单位开展反间谍宣传教育活动，提高防范意识和能力。

第十四条　【不得非法获取、持有属于国家秘密的物品】任何个人和组织都不得非法获取、持有属于国家秘密的文件、数据、资料、物品。

第十五条　【专用间谍器材管控】任何个人和组织都不得非法生产、销售、持有、使用间谍活动特殊需要的专用间谍器材。专用间谍器材由国务院国家安全主管部门依照国家有关规定确认。

第十六条　【举报及处理】任何公民和组织发现间谍行为，应当及时向国家安全机关举报；向公安机关等其他国家机关、组织举报的，相关国家机关、组织应当立即移送国家安全机关处理。

国家安全机关应当将受理举报的电话、信箱、网络平台等向社会公开，依法及时处理举报信息，并为举报人保密。

第十七条　【建立反间谍安全防范重点单位管理制度】国家建立反间谍安全防范重点单位管理制度。

反间谍安全防范重点单位应当建立反间谍安全防范工作制度，履行反间谍安全防范工作要求，明确内设职能部门和人员承担反间谍安全防范职责。

第十八条　【加强对工作人员的教育和管理】反间谍安全防范重点单位应当加强对工作人员反间谍安全防范的教育和管理，对离岗离职人员脱密期内履行反间谍安全防范义务的情况进行监督检查。

第十九条　【反间谍物理防范措施】反间谍安全防范重点单位应当加强对涉密事项、场所、载体等的日常安全防范管理，采取隔离加固、封闭管理、设置警戒等反间谍物理防范措施。

第二十条　【反间谍技术防范】反间谍安全防范重点单位应当按照反间谍技术防范的要求和标准，采取相应的技术措施和其他必要措施，加强对要害部门部位、网络设施、信息系统的反间谍技术防范。

第二十一条　【建设项目规划管理】在重要国家机关、国防军工单位和其他重要涉密单位以及重要军事设施的周边安全控制区域内新建、改建、扩建建设项目的，由国家安全机关实施涉及国家安全事项的建设项目许可。

县级以上地方各级人民政府编制国民经济和社会发展规划、国土空间规划等有关规划，应当充分考虑国家安全因素和划定的安全控制区域，征求国家安全机关的意见。

安全控制区域的划定应当统筹发展和安全，坚持科学合理、确有必要的原则，由国家安全机关会同发展改革、自然资源、住房城乡建设、保密、国防科技工业等部门以及军队有关部门共同划定，报省、自治区、直辖市人民政府批准并动态调整。

涉及国家安全事项的建设项目许可的具体实施办法，由国务院国家安全主管部门会同有关部门制定。

第二十二条　【反间谍技术防范标准】国家安全机关根据反间谍工作需要，可以会同有关部门制定反间谍技术防范标准，指导有关单位落实反间谍技术防范措施，对存在隐患的单位，经过严格的批准手续，可以进行反间谍技术防范检查和检测。

第三章　调查处置

第二十三条　【国家安全机关的职权】国家安全机关在反间谍工作中依法行使本法和有关法律规定的职权。

第二十四条　【查验、问询】国家安全机关工作人员依法执行反间谍工作任务时，依照规定出示工作证件，可以查验中国公民或者境外人员的身份证明，向有关个人和组织问询有关情况，对身份不明、有间谍行为嫌疑的人员，可以查看其随带物品。

第二十五条　【查验电子设备、设施及有关程序、工具】国家安全机关工作人员依法执行反间谍工作任务时，经设区的市级以上国家安全机关负责人批准，出示工作证件，可以查验有关个人和组织的电子设备、设施及有关程序、工具。查验中发现存在危害国家安全情形的，国家安全机关应当责令其采取措施立即整改。拒绝整改或者整改后仍存在危害国家安全隐患的，可以予以查封、扣押。

对依照前款规定查封、扣押的电子设备、设施及有关程序、工具，在危害国家安全的情形消除后，国家安全机关应当及时解除查封、扣押。

第二十六条　【有关个人和组织予以配合】国家安全机关工作人员依法执行反间谍工作任务时，根据国家有关规定，经设区的市级以上国家安全机关负责人批准，可以查阅、调取有关的文件、数据、资料、物品，有关个人和组织应当予以配合。查阅、调取不得超出执行反间谍工作任务所需的范围和限度。

第二十七条　【传唤】需要传唤违反本法的人员接受调查的，经国家安全机关办案部门负责人批准，使用传唤证传唤。对现场发现的违反本法的人员，国家安全机关工作人员依照规定出示工作证件，可以口头传唤，但应当在询问笔录中注明。传唤的原因和依据应当告知被传唤人。对无正当理由拒不接受传唤或者逃避传唤的人，可以强制传唤。

国家安全机关应当在被传唤人所在市、县内的指定地点或者其住所进行询问。

国家安全机关对被传唤人应当及时询问查证。询问查证的时间不得超过八小时；情况复杂，可能适用行政拘留或者涉嫌犯罪的，询问查证的时间不得超过二十四小时。国家安全机关应当为被传唤人提供必要的饮食和休息时间。严禁连续传唤。

除无法通知或者可能妨碍调查的情形以外，国家安全机关应当及时将传唤的原因通知被传唤人家属。在上述情形消失后，应当立即通知被传唤人家属。

第二十八条　【检查】国家安全机关调查间谍行为，经设区的市级以上国家安全机关负责人批准，可以依法对涉嫌间谍行为的人身、物品、场所进行检查。

检查女性身体的，应当由女性工作人员进行。

第二十九条　【查询财产信息】国家安全机关调查间谍行为，经设区的市级以上国家安全机关负责人批准，可以查询涉嫌间谍行为人员的相关财产信息。

第三十条　【查封、扣押、冻结】国家安全机关调查间谍行为，经设区的市级以上国家安全机关负责人批准，可以对涉嫌用于间谍行为的场所、设施或者财物依法查封、扣押、冻结；不得查封、扣押、冻结与被调查的间谍行为无关的场所、设施或者财物。

第三十一条　【采取查阅、调取、传唤等措施的程序和要求】国家安全机关工作人员在反间谍工作中采取查阅、调取、传唤、检查、查询、查封、扣押、冻结等措施，应当由二人以上进行，依照有关规定出示工作证件及相关法律文书，并由相关人员在有关笔录等书面材料上签名、盖章。

国家安全机关工作人员进行检查、查封、扣押等重要取证工作，应当对全过程进行录音录像，留存备查。

第三十二条　【如实提供证据】在国家安全机关调查了解有关间谍行为的情况、收集有关证据时，有关个人和组织应当如实提供，不得拒绝。

第三十三条　【出境限制】对出境后可能对国家安全造成危害，或者对国家利益造成重大损失的中国公民，国务院国家安全主管部门可以决定其在一定期限内不准出境，并通知移民管理机构。

对涉嫌间谍行为人员，省级以上国家安全机关可以通知移民管理机构不准其出境。

第三十四条　【入境管控】对入境后可能进行危害中华人民共和国国家安全活动的境外人员，国务院国家安全主管部门可以通知移民管理机构不准其入境。

第三十五条　【撤销不准出境、入境决定】对国家安全机关通知不准出境或者不准入境的人员，移民管理机构应当按照国家有关规定执行；不准出境、入境情形消失的，国家安全机关应当及时撤销不准出境、入境决定，并通知移民管理机构。

第三十六条　【网络风险应对】国家安全机关发现涉及间谍行为的网络信息内容或者网络攻击等风险，应当依照《中华人民共和国网络安全法》规定的职责分工，及时通报有关部门，由其依法处置或者责令电信业务经营者、互联网服务提供者及时采取修复漏洞、加固网络防护、停止传输、消除程序和内容、暂停相关服务、下架相关应用、关闭相关网站等措施，保存相关记录。情况紧急，不立即采取措施将对国家安全造成严重危害的，由国家安全机关责令有关单位修复漏洞、停止相关传输、暂停相关服务，并通报有关部门。

经采取相关措施，上述信息内容或者风险已经消除的，国家安全机关和有关部门应当及时作出恢复相关传输和服务的决定。

第三十七条 【技术侦察和身份保护措施】国家安全机关因反间谍工作需要，根据国家有关规定，经过严格的批准手续，可以采取技术侦察措施和身份保护措施。

第三十八条 【鉴定和评估】对违反本法规定，涉嫌犯罪，需要对有关事项是否属于国家秘密或者情报进行鉴定以及需要对危害后果进行评估的，由国家保密部门或者省、自治区、直辖市保密部门按照程序在一定期限内进行鉴定和组织评估。

第三十九条 【立案侦查】国家安全机关经调查，发现间谍行为涉嫌犯罪的，应当依照《中华人民共和国刑事诉讼法》的规定立案侦查。

第四章 保障与监督

第四十条 【执行职务受法律保护】国家安全机关工作人员依法履行职责，受法律保护。

第四十一条 【物流运营单位、电信业务经营者、互联网服务提供者的义务】国家安全机关依法调查间谍行为，邮政、快递等物流运营单位和电信业务经营者、互联网服务提供者应当提供必要的支持和协助。

第四十二条 【执行紧急任务交通优先】国家安全机关工作人员因执行紧急任务需要，经出示工作证件，享有优先乘坐公共交通工具、优先通行等通行便利。

第四十三条 【进入有关场所】国家安全机关工作人员依法执行任务时，依照规定出示工作证件，可以进入有关场所、单位；根据国家有关规定，经过批准，出示工作证件，可以进入限制进入的有关地区、场所、单位。

第四十四条 【优先使用与依法征用】国家安全机关因反间谍工作需要，根据国家有关规定，可以优先使用或者依法征用国家机关、人民团体、企业事业组织和其他社会组织以及个人的交通工具、通信工具、场地和建筑物等，必要时可以设置相关工作场所和设施设备，任务完成后应当及时归还或者恢复原状，并依照规定支付相应费用；造成损失的，应当给予补偿。

第四十五条　【通关便利】国家安全机关因反间谍工作需要，根据国家有关规定，可以提请海关、移民管理等检查机关对有关人员提供通关便利，对有关资料、器材等予以免检。有关检查机关应当依法予以协助。

第四十六条　【保护、营救和补偿】国家安全机关工作人员因执行任务，或者个人因协助执行反间谍工作任务，本人或者其近亲属的人身安全受到威胁时，国家安全机关应当会同有关部门依法采取必要措施，予以保护、营救。

个人因支持、协助反间谍工作，本人或者其近亲属的人身安全面临危险的，可以向国家安全机关请求予以保护。国家安全机关应当会同有关部门依法采取保护措施。

个人和组织因支持、协助反间谍工作导致财产损失的，根据国家有关规定给予补偿。

第四十七条　【妥善安置】对为反间谍工作做出贡献并需要安置的人员，国家给予妥善安置。

公安、民政、财政、卫生健康、教育、人力资源和社会保障、退役军人事务、医疗保障、移民管理等有关部门以及国有企业事业单位应当协助国家安全机关做好安置工作。

第四十八条　【抚恤优待】对因开展反间谍工作或者支持、协助反间谍工作导致伤残或者牺牲、死亡的人员，根据国家有关规定给予相应的抚恤优待。

第四十九条　【科技创新】国家鼓励反间谍领域科技创新，发挥科技在反间谍工作中的作用。

第五十条　【人才建设】国家安全机关应当加强反间谍专业力量人才队伍建设和专业训练，提升反间谍工作能力。

对国家安全机关工作人员应当有计划地进行政治、理论和业务培训。培训应当坚持理论联系实际、按需施教、讲求实效，提高专业能力。

第五十一条 **【安全审查】**国家安全机关应当严格执行内部监督和安全审查制度，对其工作人员遵守法律和纪律等情况进行监督，并依法采取必要措施，定期或者不定期进行安全审查。

第五十二条 **【检举、控告】**任何个人和组织对国家安全机关及其工作人员超越职权、滥用职权和其他违法行为，都有权向上级国家安全机关或者监察机关、人民检察院等有关部门检举、控告。受理检举、控告的国家安全机关或者监察机关、人民检察院等有关部门应当及时查清事实，依法处理，并将处理结果及时告知检举人、控告人。

对支持、协助国家安全机关工作或者依法检举、控告的个人和组织，任何个人和组织不得压制和打击报复。

第五章 法律责任

第五十三条 **【刑事责任】**实施间谍行为，构成犯罪的，依法追究刑事责任。

第五十四条 **【行政处罚】**个人实施间谍行为，尚不构成犯罪的，由国家安全机关予以警告或者处十五日以下行政拘留，单处或者并处五万元以下罚款，违法所得在五万元以上的，单处或者并处违法所得一倍以上五倍以下罚款，并可以由有关部门依法予以处分。

明知他人实施间谍行为，为其提供信息、资金、物资、劳务、技术、场所等支持、协助，或者窝藏、包庇，尚不构成犯罪的，依照前款的规定处罚。

单位有前两款行为的，由国家安全机关予以警告，单处或者并处五十万元以下罚款，违法所得在五十万元以上的，单处或者并处违法所得一倍以上五倍以下罚款，并对直接负责的主管人员和其他直接责任人员，依照第一款的规定处罚。

国家安全机关根据相关单位、人员违法情节和后果，可以建议有关主管部门依法责令停止从事相关业务、提供相关服务或者责令停产停业、吊销有关证照、撤销登记。有关主管部门应当将作出行政处理的情况及时反馈国家安全机关。

第五十五条 【自首、立功】实施间谍行为，有自首或者立功表现的，可以从轻、减轻或者免除处罚；有重大立功表现的，给予奖励。

在境外受胁迫或者受诱骗参加间谍组织、敌对组织，从事危害中华人民共和国国家安全的活动，及时向中华人民共和国驻外机构如实说明情况，或者入境后直接或者通过所在单位及时向国家安全机关如实说明情况，并有悔改表现的，可以不予追究。

第五十六条 【未履行反间谍安全防范义务的法律责任】国家机关、人民团体、企业事业组织和其他社会组织未按照本法规定履行反间谍安全防范义务的，国家安全机关可以责令改正；未按照要求改正的，国家安全机关可以约谈相关负责人，必要时可以将约谈情况通报该单位上级主管部门；产生危害后果或者不良影响的，国家安全机关可以予以警告、通报批评；情节严重的，对负有责任的领导人员和直接责任人员，由有关部门依法予以处分。

第五十七条 【违规建设的法律责任】违反本法第二十一条规定新建、改建、扩建建设项目的，由国家安全机关责令改正，予以警告；拒不改正或者情节严重的，责令停止建设或者使用、暂扣或者吊销许可证件，或者建议有关主管部门依法予以处理。

第五十八条 【物流运营单位、电信业务经营者、互联网服务提供者违规的法律责任】违反本法第四十一条规定的，由国家安全机关责令改正，予以警告或者通报批评；拒不改正或者情节严重的，由有关主管部门依照相关法律法规予以处罚。

第五十九条 【拒不配合数据调取的法律责任】违反本法规定，拒不配合数据调取的，由国家安全机关依照《中华人民共和国数据安全法》的有关规定予以处罚。

第六十条 【涉嫌刑事犯罪及行政处罚】违反本法规定，有下列行为之一，构成犯罪的，依法追究刑事责任；尚不构成犯罪的，由国家安全机关予以警告或者处十日以下行政拘留，可以并处三万元以下罚款：

（一）泄露有关反间谍工作的国家秘密；

（二）明知他人有间谍犯罪行为，在国家安全机关向其调查有关情况、收集有关证据时，拒绝提供；

（三）故意阻碍国家安全机关依法执行任务；

（四）隐藏、转移、变卖、损毁国家安全机关依法查封、扣押、冻结的财物；

（五）明知是间谍行为的涉案财物而窝藏、转移、收购、代为销售或者以其他方法掩饰、隐瞒；

（六）对依法支持、协助国家安全机关工作的个人和组织进行打击报复。

第六十一条　【非法获取、持有国家秘密的法律责任】非法获取、持有属于国家秘密的文件、数据、资料、物品，以及非法生产、销售、持有、使用专用间谍器材，尚不构成犯罪的，由国家安全机关予以警告或者处十日以下行政拘留。

第六十二条　【对查封、扣押、冻结财物的处理】国家安全机关对依照本法查封、扣押、冻结的财物，应当妥善保管，并按照下列情形分别处理：

（一）涉嫌犯罪的，依照《中华人民共和国刑事诉讼法》等有关法律的规定处理；

（二）尚不构成犯罪，有违法事实的，对依法应当没收的予以没收，依法应当销毁的予以销毁；

（三）没有违法事实的，或者与案件无关的，应当解除查封、扣押、冻结，并及时返还相关财物；造成损失的，应当依法予以赔偿。

第六十三条　【对涉案财物的处理】涉案财物符合下列情形之一的，应当依法予以追缴、没收，或者采取措施消除隐患：

（一）违法所得的财物及其孳息、收益，供实施间谍行为所用的本人财物；

（二）非法获取、持有的属于国家秘密的文件、数据、资料、物品；

（三）非法生产、销售、持有、使用的专用间谍器材。

第六十四条　【对非法获取利益的处理】行为人及其近亲属或者其他

相关人员，因行为人实施间谍行为从间谍组织及其代理人获取的所有利益，由国家安全机关依法采取追缴、没收等措施。

第六十五条 【上缴国库】国家安全机关依法收缴的罚款以及没收的财物，一律上缴国库。

第六十六条 【境外人员违法的法律责任】境外人员违反本法的，国务院国家安全主管部门可以决定限期出境，并决定其不准入境的期限。未在规定期限内离境的，可以遣送出境。

对违反本法的境外人员，国务院国家安全主管部门决定驱逐出境的，自被驱逐出境之日起十年内不准入境，国务院国家安全主管部门的处罚决定为最终决定。

第六十七条 【行政处罚前的告知】国家安全机关作出行政处罚决定之前，应当告知当事人拟作出的行政处罚内容及事实、理由、依据，以及当事人依法享有的陈述、申辩、要求听证等权利，并依照《中华人民共和国行政处罚法》的有关规定实施。

第六十八条 【行政复议】当事人对行政处罚决定、行政强制措施决定、行政许可决定不服的，可以自收到决定书之日起六十日内，依法申请复议；对复议决定不服的，可以自收到复议决定书之日起十五日内，依法向人民法院提起诉讼。

第六十九条 【国家安全机关工作人员的法律责任】国家安全机关工作人员滥用职权、玩忽职守、徇私舞弊，或者有非法拘禁、刑讯逼供、暴力取证、违反规定泄露国家秘密、工作秘密、商业秘密和个人隐私、个人信息等行为，依法予以处分，构成犯罪的，依法追究刑事责任。

第六章 附 则

第七十条 【参照适用】国家安全机关依照法律、行政法规和国家有关规定，履行防范、制止和惩治间谍行为以外的危害国家安全行为的职责，适用本法的有关规定。

公安机关在依法履行职责过程中发现、惩治危害国家安全的行为，适用本法的有关规定。

第七十一条 【施行日期】本法自2023年7月1日起施行。

反间谍安全防范工作规定

1. 2021年4月26日国家安全部令2021年第1号公布
2. 自公布之日起施行

第一章 总 则

第一条 为了加强和规范反间谍安全防范工作，督促机关、团体、企业事业组织和其他社会组织落实反间谍安全防范责任，根据《中华人民共和国国家安全法》《中华人民共和国反间谍法》《中华人民共和国反间谍法实施细则》等有关法律法规，制定本规定。

第二条 机关、团体、企业事业组织和其他社会组织在国家安全机关的协调和指导下开展反间谍安全防范工作，适用本规定。

第三条 开展反间谍安全防范工作，应当坚持中央统一领导，坚持总体国家安全观，坚持专门工作与群众路线相结合，坚持人防物防技防相结合，严格遵守法定权限和程序，尊重和保障人权，保护公民、组织的合法权益。

第四条 机关、团体、企业事业组织和其他社会组织承担本单位反间谍安全防范工作的主体责任，应当对本单位的人员进行维护国家安全的教育，动员、组织本单位的人员防范、制止间谍行为和其他危害国家安全的行为。

行业主管部门在其职权范围内，监督管理本行业反间谍安全防范工作。

第五条 各级国家安全机关按照管理权限，依法对机关、团体、企业事业组织和其他社会组织开展反间谍安全防范工作进行业务指导和督促检查。

第六条 国家安全机关及其工作人员对履行反间谍安全防范指导和检查工作职责中知悉的国家秘密、工作秘密、商业秘密、个人隐私和个人信息，应当严格保密，不得泄露或者向他人非法提供。

第二章 反间谍安全防范责任

第七条 行业主管部门应当履行下列反间谍安全防范监督管理责任：

（一）根据主管行业特点，明确本行业反间谍安全防范工作要求；

（二）配合国家安全机关制定主管行业反间谍安全防范重点单位名录、开展反间谍安全防范工作；

（三）指导、督促主管行业所属重点单位履行反间谍安全防范义务；

（四）其他应当履行的反间谍安全防范行业管理责任。

有关行业主管部门应当与国家安全机关建立健全反间谍安全防范协作机制，加强信息互通、情况会商、协同指导、联合督查，共同做好反间谍安全防范工作。

第八条 机关、团体、企业事业组织和其他社会组织应当落实反间谍安全防范主体责任，履行下列义务：

（一）开展反间谍安全防范教育、培训，提高本单位人员的安全防范意识和应对能力；

（二）加强本单位反间谍安全防范管理，落实有关安全防范措施；

（三）及时向国家安全机关报告涉及间谍行为和其他危害国家安全行为的可疑情况；

（四）为国家安全机关依法执行任务提供便利或者其他协助；

（五）妥善应对和处置涉及本单位和本单位人员的反间谍安全防范突发情况；

（六）其他应当履行的反间谍安全防范义务。

第九条 国家安全机关根据单位性质、所属行业、涉密等级、涉外程度以及是否发生过危害国家安全案事件等因素，会同有关部门制定并定期调整反间谍安全防范重点单位名录，以书面形式告知重点单位。反间谍安全防范重点单位除履行本规定第八条规定的义

务外,还应当履行下列义务:

(一)建立健全反间谍安全防范工作制度;

(二)明确本单位相关机构和人员承担反间谍安全防范职责;

(三)加强对涉密事项、场所、载体、数据、岗位和人员的日常安全防范管理,对涉密人员实行上岗前反间谍安全防范审查,与涉密人员签订安全防范承诺书;

(四)组织涉密、涉外人员向本单位报告涉及国家安全事项,并做好数据信息动态管理;

(五)做好涉外交流合作中的反间谍安全防范工作,制定并落实有关预案措施;

(六)做好本单位出国(境)团组、人员和长期驻外人员的反间谍安全防范行前教育、境外管理和回国(境)访谈工作;

(七)定期对涉密、涉外人员开展反间谍安全防范教育、培训;

(八)按照反间谍技术安全防范标准,配备必要的设备、设施,落实有关技术安全防范措施;

(九)定期对本单位反间谍安全防范工作进行自查,及时发现和消除安全隐患。

第十条 关键信息基础设施运营者除履行本规定第八条规定的义务外,还应当履行下列义务:

(一)对本单位安全管理机构负责人和关键岗位人员进行反间谍安全防范审查;

(二)定期对从业人员进行反间谍安全防范教育、培训;

(三)采取反间谍技术安全防范措施,防范、制止境外网络攻击、网络入侵、网络窃密等间谍行为,保障网络和信息核心技术、关键基础设施和重要领域信息系统及数据的安全。

列入反间谍安全防范重点单位名录的关键信息基础设施运营者,还应当履行本规定第九条规定的义务。

第三章 反间谍安全防范指导

第十一条 国家安全机关可以通过下列方式,对机关、团体、企业事业组织和其他社会组织落实反间谍安全防范责任进行指导：

（一）提供工作手册、指南等宣传教育材料；

（二）印发书面指导意见；

（三）举办工作培训；

（四）召开工作会议；

（五）提醒、劝告；

（六）其他指导方式。

第十二条 国家安全机关定期分析反间谍安全防范形势，开展风险评估，通报有关单位，向有关单位提出加强和改进反间谍安全防范工作的意见和建议。

第十三条 国家安全机关运用网络、媒体平台、国家安全教育基地（馆）等，开展反间谍安全防范宣传教育。

第十四条 国家安全机关会同教育主管部门，指导学校向全体师生开展反间谍安全防范教育，对参加出国（境）学习、交流的师生加强反间谍安全防范行前教育和回国（境）访谈。

第十五条 国家安全机关会同科技主管部门，指导各类科研机构向科研人员开展反间谍安全防范教育，对参加出国（境）学习、交流的科研人员加强反间谍安全防范行前教育和回国（境）访谈。

第十六条 国家安全机关会同有关部门，组织、动员居（村）民委员会结合本地实际配合开展群众性反间谍安全防范宣传教育。

第十七条 国家安全机关会同宣传主管部门，协调和指导广播、电视、报刊、互联网等媒体开展反间谍安全防范宣传活动，制作、刊登、播放反间谍安全防范公益广告、典型案例、宣传教育节目或者其他宣传品，提高公众反间谍安全防范意识。

第十八条 公民、组织可以通过国家安全机关12339举报受理电话、网络举报受理平台或者国家安全机关公布的其他举报方式，举报间谍行为和其他危害国家安全的行为，以及各类反间谍安全防范问题线索。

第十九条 国家安全机关应当严格为举报人保密，保护举报人的人身财产安全。未经举报人同意，不得以任何方式公开或者泄露其个人信息。

公民因举报间谍行为或者其他危害国家安全行为，本人或者其近亲属的人身安全面临危险的，可以向国家安全机关请求予以保护。国家安全机关应当会同有关部门依法采取保护措施。

第二十条 对反间谍安全防范工作中取得显著成绩或者做出重大贡献的单位和个人，符合下列条件之一的，国家安全机关可以按照国家有关规定，会同有关部门、单位给予表彰、奖励：

（一）提供重要情况或者线索，为国家安全机关发现、破获间谍案件或者其他危害国家安全案件，或者为有关单位防范、消除涉及国家安全的重大风险隐患或者现实危害发挥重要作用的；

（二）密切配合国家安全机关执行任务，表现突出的；

（三）防范、制止间谍行为或者其他危害国家安全行为，表现突出的；

（四）主动采取措施，及时消除本单位涉及国家安全的重大风险隐患或者现实危害，挽回重大损失的；

（五）在反间谍安全防范工作中，有重大创新或者成效特别显著的；

（六）在反间谍安全防范工作中做出其他重大贡献的。

第四章　反间谍安全防范检查

第二十一条 国家安全机关对有下列情形之一的，经设区的市级以上国家安全机关负责人批准，并出具法律文书，可以对机关、团体、企业事业组织和其他社会组织开展反间谍安全防范检查：

（一）发现反间谍安全防范风险隐患；

（二）接到反间谍安全防范问题线索举报；

（三）依据有关单位的申请；

（四）因其他反间谍安全防范工作需要。

第二十二条 国家安全机关可以通过下列方式对机关、团体、企业事业组织和其他社会组织的反间谍安全防范工作进行检查：

（一）向有关单位和人员了解情况；

（二）调阅有关资料；

（三）听取有关工作说明；

（四）进入有关单位、场所实地查看；

（五）查验电子通信工具、器材等设备、设施；

（六）反间谍技术防范检查和检测；

（七）其他法律、法规、规章授权的检查方式。

第二十三条 经设区的市级以上国家安全机关负责人批准，国家安全机关可以对存在风险隐患的机关、团体、企业事业组织和其他社会组织的相关部位、场所和建筑物、内部设备设施、强弱电系统、计算机网络及信息系统、关键信息基础设施等开展反间谍技术防范检查检测，防范、发现和处置危害国家安全的情况。

第二十四条 国家安全机关可以采取下列方式开展反间谍技术防范检查检测：

（一）进入有关单位、场所，进行现场技术检查；

（二）使用专用设备，对有关部位、场所、链路、网络进行技术检测；

（三）对有关设备设施、网络、系统进行远程技术检测。

第二十五条 国家安全机关开展反间谍技术防范现场检查检测时，检查人员不得少于两人，并应当出示相应证件。

国家安全机关开展远程技术检测，应当事先告知被检测对象检测时间、检测范围等事项。

检查检测人员应当制作检查检测记录，如实记录检查检测情况。

第二十六条 国家安全机关在开展反间谍技术防范检查检测中，为防止危害发生或者扩大，可以依法责令被检查对象采取技术屏蔽、隔离、拆除或者停止使用相关设备设施、网络、系统等整改措施，指导和督促有关措施的落实，并在检查检测记录中注明。

第二十七条 国家安全机关可以根据反间谍安全防范检查情况，向被检查单位提出加强和改进反间谍安全防范工作的意见和建议，督促有关单位落实反间谍安全防范责任和义务。

第五章 法律责任

第二十八条 机关、团体、企业事业组织和其他社会组织违反本规定,有下列情形之一的,国家安全机关可以依法责令限期整改;被责令整改单位应当于整改期限届满前向国家安全机关提交整改报告,国家安全机关应当自收到整改报告之日起十五个工作日内对整改情况进行检查:

(一)不认真履行反间谍安全防范责任和义务,安全防范工作措施不落实或者落实不到位,存在明显问题隐患的;

(二)不接受国家安全机关反间谍安全防范指导和检查的;

(三)发生间谍案件,叛逃案件,为境外窃取、刺探、收买、非法提供国家秘密、情报案件,以及其他危害国家安全案事件的;

(四)发现涉及间谍行为和其他危害国家安全行为的可疑情况,迟报、漏报、瞒报,造成不良后果或者影响的;

(五)不配合或者阻碍国家安全机关依法执行任务的。

对未按照要求整改或者未达到整改要求的,国家安全机关可以依法约谈相关负责人,并将约谈情况通报该单位上级主管部门。

第二十九条 机关、团体、企业事业组织和其他社会组织及其工作人员未履行或者未按照规定履行反间谍安全防范责任和义务,造成不良后果或者影响的,国家安全机关可以向有关机关、单位移送问题线索,建议有关机关、单位按照管理权限对负有责任的领导人员和直接责任人员依规依纪依法予以处理;构成犯罪的,依法追究刑事责任。

第三十条 国家安全机关及其工作人员在反间谍安全防范指导和检查工作中,滥用职权、玩忽职守、徇私舞弊的,对负有责任的领导人员和直接责任人员依规依纪依法予以处理;构成犯罪的,依法追究刑事责任。

第六章 附则

第三十一条 本规定自公布之日起施行。

三、国防教育

中华人民共和国国防法

1. 1997 年 3 月 14 日第八届全国人民代表大会第五次会议通过
2. 根据 2009 年 8 月 27 日第十一届全国人民代表大会常务委员会第十次会议《关于修改部分法律的决定》修正
3. 2020 年 12 月 26 日第十三届全国人民代表大会常务委员会第二十四次会议修订

目　　录

第一章　总　　则

第一条　【立法目的】为了建设和巩固国防，保障改革开放和社会主义现代化建设的顺利进行，实现中华民族伟大复兴，根据宪法，制定本法。

第二条 【适用范围】国家为防备和抵抗侵略，制止武装颠覆和分裂，保卫国家主权、统一、领土完整、安全和发展利益所进行的军事活动，以及与军事有关的政治、经济、外交、科技、教育等方面的活动，适用本法。

第三条 【国防与国防现代化】国防是国家生存与发展的安全保障。

国家加强武装力量建设，加强边防、海防、空防和其他重大安全领域防卫建设，发展国防科研生产，普及全民国防教育，完善国防动员体系，实现国防现代化。

第四条 【指导思想】国防活动坚持以马克思列宁主义、毛泽东思想、邓小平理论、“三个代表”重要思想、科学发展观、习近平新时代中国特色社会主义思想为指导，贯彻习近平强军思想，坚持总体国家安全观，贯彻新时代军事战略方针，建设与我国国际地位相称、与国家安全和发展利益相适应的巩固国防和强大武装力量。

第五条 【统一领导】国家对国防活动实行统一的领导。

第六条 【国防政策】中华人民共和国奉行防御性国防政策，独立自主、自力更生地建设和巩固国防，实行积极防御，坚持全民国防。

国家坚持经济建设和国防建设协调、平衡、兼容发展，依法开展国防活动，加快国防和军队现代化，实现富国和强军相统一。

第七条 【公民的职责与义务】保卫祖国、抵抗侵略是中华人民共和国每一个公民的神圣职责。

中华人民共和国公民应当依法履行国防义务。

一切国家机关和武装力量、各政党和各人民团体、企业事业组织、社会组织和其他组织，都应当支持和依法参与国防建设，履行国防职责，完成国防任务。

第八条 【拥军优属】国家和社会尊重、优待军人，保障军人的地位和合法权益，开展各种形式的拥军优属活动，让军人成为全社会尊崇的职业。

中国人民解放军和中国人民武装警察部队开展拥政爱民活

动，巩固军政军民团结。

第九条 【国际军事交流与合作】中华人民共和国积极推进国际军事交流与合作，维护世界和平，反对侵略扩张行为。

第十条 【表彰和奖励】对在国防活动中作出贡献的组织和个人，依照有关法律、法规的规定给予表彰和奖励。

第十一条 【追究法律责任情形】任何组织和个人违反本法和有关法律，拒绝履行国防义务或者危害国防利益的，依法追究法律责任。

公职人员在国防活动中，滥用职权、玩忽职守、徇私舞弊的，依法追究法律责任。

第二章 国家机构的国防职权

第十二条 【全国人大的国防职权】全国人民代表大会依照宪法规定，决定战争和和平的问题，并行使宪法规定的国防方面的其他职权。

全国人民代表大会常务委员会依照宪法规定，决定战争状态的宣布，决定全国总动员或者局部动员，并行使宪法规定的国防方面的其他职权。

第十三条 【中华人民共和国主席的国防职权】中华人民共和国主席根据全国人民代表大会的决定和全国人民代表大会常务委员会的决定，宣布战争状态，发布动员令，并行使宪法规定的国防方面的其他职权。

第十四条 【国务院的国防职权】国务院领导和管理国防建设事业，行使下列职权：

（一）编制国防建设的有关发展规划和计划；

（二）制定国防建设方面的有关政策和行政法规；

（三）领导和管理国防科研生产；

（四）管理国防经费和国防资产；

（五）领导和管理国民经济动员工作和人民防空、国防交通等方面的建设和组织实施工作；

（六）领导和管理拥军优属工作和退役军人保障工作；

（七）与中央军事委员会共同领导民兵的建设，征兵工作，边防、海防、空防和其他重大安全领域防卫的管理工作；

（八）法律规定的与国防建设事业有关的其他职权。

第十五条 【中央军委的国防职权】中央军事委员会领导全国武装力量，行使下列职权：

（一）统一指挥全国武装力量；

（二）决定军事战略和武装力量的作战方针；

（三）领导和管理中国人民解放军、中国人民武装警察部队的建设，制定规划、计划并组织实施；

（四）向全国人民代表大会或者全国人民代表大会常务委员会提出议案；

（五）根据宪法和法律，制定军事法规，发布决定和命令；

（六）决定中国人民解放军、中国人民武装警察部队的体制和编制，规定中央军事委员会机关部门、战区、军兵种和中国人民武装警察部队等单位的任务和职责；

（七）依照法律、军事法规的规定，任免、培训、考核和奖惩武装力量成员；

（八）决定武装力量的武器装备体制，制定武器装备发展规划、计划，协同国务院领导和管理国防科研生产；

（九）会同国务院管理国防经费和国防资产；

（十）领导和管理人民武装动员、预备役工作；

（十一）组织开展国际军事交流与合作；

（十二）法律规定的其他职权。

第十六条 【中央军委主席负责制】中央军事委员会实行主席负责制。

第十七条 【协调机制】国务院和中央军事委员会建立协调机制，解决国防事务的重大问题。

中央国家机关与中央军事委员会机关有关部门可以根据情况召开会议，协调解决有关国防事务的问题。

第十八条 【地方各级国家机构的国防职权】地方各级人民代表大会

和县级以上地方各级人民代表大会常务委员会在本行政区域内，保证有关国防事务的法律、法规的遵守和执行。

地方各级人民政府依照法律规定的权限，管理本行政区域内的征兵、民兵、国民经济动员、人民防空、国防交通、国防设施保护，以及退役军人保障和拥军优属等工作。

第十九条　【军地联席会议】地方各级人民政府和驻地军事机关根据需要召开军地联席会议，协调解决本行政区域内有关国防事务的问题。

军地联席会议由地方人民政府的负责人和驻地军事机关的负责人共同召集。军地联席会议的参加人员由会议召集人确定。

军地联席会议议定的事项，由地方人民政府和驻地军事机关根据各自职责和任务分工办理，重大事项应当分别向上级报告。

第三章　武装力量

第二十条　【武装力量的任务】中华人民共和国的武装力量属于人民。它的任务是巩固国防，抵抗侵略，保卫祖国，保卫人民的和平劳动，参加国家建设事业，全心全意为人民服务。

第二十一条　【武装力量受共产党领导】中华人民共和国的武装力量受中国共产党领导。武装力量中的中国共产党组织依照中国共产党章程进行活动。

第二十二条　【武装力量的组成以及各自担负的任务】中华人民共和国的武装力量，由中国人民解放军、中国人民武装警察部队、民兵组成。

中国人民解放军由现役部队和预备役部队组成，在新时代的使命任务是为巩固中国共产党领导和社会主义制度，为捍卫国家主权、统一、领土完整，为维护国家海外利益，为促进世界和平与发展，提供战略支撑。现役部队是国家的常备军，主要担负防卫作战任务，按照规定执行非战争军事行动任务。预备役部队按照规定进行军事训练、执行防卫作战任务和非战争军事行动任务；根据国家发布的动员令，由中央军事委员会下达命令转为现役部队。

中国人民武装警察部队担负执勤、处置突发社会安全事件、防范和处置恐怖活动、海上维权执法、抢险救援和防卫作战以及中央军事委员会赋予的其他任务。

民兵在军事机关的指挥下，担负战备勤务、执行非战争军事行动任务和防卫作战任务。

第二十三条　【武装力量须遵守宪法和法律】中华人民共和国的武装力量必须遵守宪法和法律。

第二十四条　【强军之路】中华人民共和国武装力量建设坚持走中国特色强军之路，坚持政治建军、改革强军、科技强军、人才强军、依法治军，加强军事训练，开展政治工作，提高保障水平，全面推进军事理论、军队组织形态、军事人员和武器装备现代化，构建中国特色现代作战体系，全面提高战斗力，努力实现党在新时代的强军目标。

第二十五条　【武装力量的规模】中华人民共和国武装力量的规模应当与保卫国家主权、安全、发展利益的需要相适应。

第二十六条　【兵役与衔级制度】中华人民共和国的兵役分为现役和预备役。军人和预备役人员的服役制度由法律规定。

中国人民解放军、中国人民武装警察部队依照法律规定实行衔级制度。

第二十七条　【文职人员制度】中国人民解放军、中国人民武装警察部队在规定岗位实行文职人员制度。

第二十八条　【军旗、军徽与武警警察部队旗、徽】中国人民解放军军旗、军徽是中国人民解放军的象征和标志。中国人民武装警察部队旗、徽是中国人民武装警察部队的象征和标志。

公民和组织应当尊重中国人民解放军军旗、军徽和中国人民武装警察部队旗、徽。

中国人民解放军军旗、军徽和中国人民武装警察部队旗、徽的图案、样式以及使用管理办法由中央军事委员会规定。

第二十九条　【三个禁止】国家禁止任何组织或者个人非法建立武装组织，禁止非法武装活动，禁止冒充军人或者武装力量组织。

第四章　边防、海防、空防和其他重大安全领域防卫

第三十条　【建设边防、海防和空防】中华人民共和国的领陆、领水、领空神圣不可侵犯。国家建设强大稳固的现代边防、海防和空防，采取有效的防卫和管理措施，保卫领陆、领水、领空的安全，维护国家海洋权益。

国家采取必要的措施，维护在太空、电磁、网络空间等其他重大安全领域的活动、资产和其他利益的安全。

第三十一条　【防卫工作的领导和按职权分工】中央军事委员会统一领导边防、海防、空防和其他重大安全领域的防卫工作。

中央国家机关、地方各级人民政府和有关军事机关，按照规定的职权范围，分工负责边防、海防、空防和其他重大安全领域的管理和防卫工作，共同维护国家的安全和利益。

第三十二条　【国防设施的建设和保障】国家根据边防、海防、空防和其他重大安全领域防卫的需要，加强防卫力量建设，建设作战、指挥、通信、测控、导航、防护、交通、保障等国防设施。各级人民政府和军事机关应当依照法律、法规的规定，保障国防设施的建设，保护国防设施的安全。

第五章　国防科研生产和军事采购

第三十三条　【发展国防科研生产】国家建立和完善国防科技工业体系，发展国防科研生产，为武装力量提供性能先进、质量可靠、配套完善、便于操作和维修的武器装备以及其他适用的军用物资，满足国防需要。

第三十四条　【国防科技工业的方针和规划】国防科技工业实行军民结合、平战结合、军品优先、创新驱动、自主可控的方针。

国家统筹规划国防科技工业建设，坚持国家主导、分工协作、专业配套、开放融合，保持规模适度、布局合理的国防科研生产能力。

第三十五条　【促进国防科技进步】国家充分利用全社会优势资源，

促进国防科学技术进步,加快技术自主研发,发挥高新技术在武器装备发展中的先导作用,增加技术储备,完善国防知识产权制度,促进国防科技成果转化,推进科技资源共享和协同创新,提高国防科研能力和武器装备技术水平。

第三十六条 【国防科技人才培养和权益保护】国家创造有利的环境和条件,加强国防科学技术人才培养,鼓励和吸引优秀人才进入国防科研生产领域,激发人才创新活力。

国防科学技术工作者应当受到全社会的尊重。国家逐步提高国防科学技术工作者的待遇,保护其合法权益。

第三十七条 【采购制度】国家依法实行军事采购制度,保障武装力量所需武器装备和物资、工程、服务的采购供应。

第三十八条 【统一领导和计划调控】国家对国防科研生产实行统一领导和计划调控;注重发挥市场机制作用,推进国防科研生产和军事采购活动公平竞争。

国家为承担国防科研生产任务和接受军事采购的组织和个人依法提供必要的保障条件和优惠政策。地方各级人民政府应当依法对承担国防科研生产任务和接受军事采购的组织和个人给予协助和支持。

承担国防科研生产任务和接受军事采购的组织和个人应当保守秘密,及时高效完成任务,保证质量,提供相应的服务保障。

国家对供应武装力量的武器装备和物资、工程、服务,依法实行质量责任追究制度。

第六章 国防经费和国防资产

第三十九条 【保障国防经费】国家保障国防事业的必要经费。国防经费的增长应当与国防需求和国民经济发展水平相适应。

国防经费依法实行预算管理。

第四十条 【国防资产】国家为武装力量建设、国防科研生产和其他国防建设直接投入的资金、划拨使用的土地等资源,以及由此形成的用于国防目的的武器装备和设备设施、物资器材、技术成果等属于国防资产。

国防资产属于国家所有。

第四十一条 【国防资产的调整、处分和管理】国家根据国防建设和经济建设的需要,确定国防资产的规模、结构和布局,调整和处分国防资产。

国防资产的管理机构和占有、使用单位,应当依法管理国防资产,充分发挥国防资产的效能。

第四十二条 【国防资产的保护】国家保护国防资产不受侵害,保障国防资产的安全、完整和有效。

禁止任何组织或者个人破坏、损害和侵占国防资产。未经国务院、中央军事委员会或者国务院、中央军事委员会授权的机构批准,国防资产的占有、使用单位不得改变国防资产用于国防的目的。国防资产中的技术成果,在坚持国防优先、确保安全的前提下,可以根据国家有关规定用于其他用途。

国防资产的管理机构或者占有、使用单位对不再用于国防目的的国防资产,应当按照规定报批,依法改作其他用途或者进行处置。

第七章 国 防 教 育

第四十三条 【开展国防教育】国家通过开展国防教育,使全体公民增强国防观念、强化忧患意识、掌握国防知识、提高国防技能、发扬爱国主义精神,依法履行国防义务。

普及和加强国防教育是全社会的共同责任。

第四十四条 【国防教育的方针、原则】国防教育贯彻全民参与、长期坚持、讲求实效的方针,实行经常教育与集中教育相结合、普及教育与重点教育相结合、理论教育与行为教育相结合的原则。

第四十五条 【国防教育工作的开展】国防教育主管部门应当加强国防教育的组织管理,其他有关部门应当按照规定的职责做好国防教育工作。

军事机关应当支持有关机关和组织开展国防教育工作,依法提供有关便利条件。

一切国家机关和武装力量、各政党和各人民团体、企业事业组织、社会组织和其他组织，都应当组织本地区、本部门、本单位开展国防教育。

学校的国防教育是全民国防教育的基础。各级各类学校应当设置适当的国防教育课程，或者在有关课程中增加国防教育的内容。普通高等学校和高中阶段学校应当按照规定组织学生军事训练。

公职人员应当积极参加国防教育，提升国防素养，发挥在全民国防教育中的模范带头作用。

第四十六条 【国防教育计划、经费】各级人民政府应当将国防教育纳入国民经济和社会发展计划，保障国防教育所需的经费。

第八章 国防动员和战争状态

第四十七条 【国防动员】中华人民共和国的主权、统一、领土完整、安全和发展利益遭受威胁时，国家依照宪法和法律规定，进行全国总动员或者局部动员。

第四十八条 【国防动员准备纳入国家发展规划和计划】国家将国防动员准备纳入国家总体发展规划和计划，完善国防动员体制，增强国防动员潜力，提高国防动员能力。

第四十九条 【战略物资储备】国家建立战略物资储备制度。战略物资储备应当规模适度、储存安全、调用方便、定期更换，保障战时的需要。

第五十条 【国防动员准备和实施】国家国防动员领导机构、中央国家机关、中央军事委员会机关有关部门按照职责分工，组织国防动员准备和实施工作。

一切国家机关和武装力量、各政党和各人民团体、企业事业组织、社会组织、其他组织和公民，都必须依照法律规定完成国防动员准备工作；在国家发布动员令后，必须完成规定的国防动员任务。

第五十一条 【依法征收、征用及补偿】国家根据国防动员需要,可以依法征收、征用组织和个人的设备设施、交通工具、场所和其他财产。

县级以上人民政府对被征收、征用者因征收、征用所造成的直接经济损失,按照国家有关规定给予公平、合理的补偿。

第五十二条 【战争状态】国家依照宪法规定宣布战争状态,采取各种措施集中人力、物力和财力,领导全体公民保卫祖国、抵抗侵略。

第九章 公民、组织的国防义务和权利

第五十三条 【兵役工作】依照法律服兵役和参加民兵组织是中华人民共和国公民的光荣义务。

各级兵役机关和基层人民武装机构应当依法办理兵役工作,按照国务院和中央军事委员会的命令完成征兵任务,保证兵员质量。有关国家机关、人民团体、企业事业组织、社会组织和其他组织,应当依法完成民兵和预备役工作,协助完成征兵任务。

第五十四条 【企事业单位和个人的国防义务】企业事业组织和个人承担国防科研生产任务或者接受军事采购,应当按照要求提供符合质量标准的武器装备或者物资、工程、服务。

企业事业组织和个人应当按照国家规定在与国防密切相关的建设项目中贯彻国防要求,依法保障国防建设和军事行动的需要。车站、港口、机场、道路等交通设施的管理、运营单位应当为军人和军用车辆、船舶的通行提供优先服务,按照规定给予优待。

第五十五条 【公民的国防义务】公民应当接受国防教育。

公民和组织应当保护国防设施,不得破坏、危害国防设施。

公民和组织应当遵守保密规定,不得泄露国防方面的国家秘密,不得非法持有国防方面的秘密文件、资料和其他秘密物品。

第五十六条 【支持国防建设】公民和组织应当支持国防建设,为武装力量的军事训练、战备勤务、防卫作战、非战争军事行动等活动提供便利条件或者其他协助。

国家鼓励和支持符合条件的公民和企业投资国防事业,保障

投资者的合法权益并依法给予政策优惠。

第五十七条 【提出建议、制止危害或检举的权利】公民和组织有对国防建设提出建议的权利，有对危害国防利益的行为进行制止或者检举的权利。

第五十八条 【职责、义务和抚恤优待】民兵、预备役人员和其他公民依法参加军事训练，担负战备勤务、防卫作战、非战争军事行动等任务时，应当履行自己的职责和义务；国家和社会保障其享有相应的待遇，按照有关规定对其实行抚恤优待。

公民和组织因国防建设和军事活动在经济上受到直接损失的，可以依照国家有关规定获得补偿。

第十章 军人的义务和权益

第五十九条 【军人】军人必须忠于祖国，忠于中国共产党，履行职责，英勇战斗，不怕牺牲，捍卫祖国的安全、荣誉和利益。

第六十条 【遵守法纪】军人必须模范地遵守宪法和法律，遵守军事法规，执行命令，严守纪律。

第六十一条 【发扬军队的优良传统】军人应当发扬人民军队的优良传统，热爱人民，保护人民，积极参加社会主义现代化建设，完成抢险救灾等任务。

第六十二条 【表彰制度】军人应当受到全社会的尊崇。

国家建立军人功勋荣誉表彰制度。

国家采取有效措施保护军人的荣誉、人格尊严，依照法律规定对军人的婚姻实行特别保护。

军人依法履行职责的行为受法律保护。

第六十三条 【优待军人】国家和社会优待军人。

国家建立与军事职业相适应、与国民经济发展相协调的军人待遇保障制度。

第六十四条 【退役军人保障制度】国家建立退役军人保障制度，妥善安置退役军人，维护退役军人的合法权益。

第六十五条 【抚恤优待残疾军人】国家和社会抚恤优待残疾军人，

对残疾军人的生活和医疗依法给予特别保障。

因战、因公致残或者致病的残疾军人退出现役后，县级以上人民政府应当及时接收安置，并保障其生活不低于当地的平均生活水平。

第六十六条 【优待军人家属和烈士家属】国家和社会优待军人家属，抚恤优待烈士家属和因公牺牲、病故军人的家属。

第十一章 对外军事关系

第六十七条 【我国对外军事关系的原则】中华人民共和国坚持互相尊重主权和领土完整、互不侵犯、互不干涉内政、平等互利、和平共处五项原则，维护以联合国为核心的国际体系和以国际法为基础的国际秩序，坚持共同、综合、合作、可持续的安全观，推动构建人类命运共同体，独立自主地处理对外军事关系，开展军事交流与合作。

第六十八条 【履行国际安全义务】中华人民共和国遵循以联合国宪章宗旨和原则为基础的国际关系基本准则，依照国家有关法律运用武装力量，保护海外中国公民、组织、机构和设施的安全，参加联合国维和、国际救援、海上护航、联演联训、打击恐怖主义等活动，履行国际安全义务，维护国家海外利益。

第六十九条 【支持国际社会有关活动】中华人民共和国支持国际社会实施的有利于维护世界和地区和平、安全、稳定的与军事有关的活动，支持国际社会为公正合理地解决国际争端以及国际军备控制、裁军和防扩散所做的努力，参与安全领域多边对话谈判，推动制定普遍接受、公正合理的国际规则。

第七十条 【遵守有关条约、协定】中华人民共和国在对外军事关系中遵守同外国、国际组织缔结或者参加的有关条约和协定。

第十二章 附 则

第七十一条 【军人的含义及适用】本法所称军人，是指在中国人民解放军服现役的军官、军士、义务兵等人员。

本法关于军人的规定，适用于人民武装警察。

第七十二条 【特别行政区防务】中华人民共和国特别行政区的防务，由特别行政区基本法和有关法律规定。

第七十三条 【施行日期】本法自2021年1月1日起施行。

中华人民共和国国防教育法

1. 2001年4月28日第九届全国人民代表大会常务委员会第二十一次会议通过
2. 根据2018年4月27日第十三届全国人民代表大会常务委员会第二次会议《关于修改〈中华人民共和国国境卫生检疫法〉等六部法律的决定》修正

目　　录

第一章　总　　则

第一条 【立法目的】为了普及和加强国防教育，发扬爱国主义精神，促进国防建设和社会主义精神文明建设，根据国防法和教育法，制定本法。

第二条 【国防教育】国防教育是建设和巩固国防的基础，是增强民族凝聚力、提高全民素质的重要途径。

第三条 【开展国防教育的意义】国家通过开展国防教育，使公民增强国防观念，掌握基本的国防知识，学习必要的军事技能，激发爱国热情，自觉履行国防义务。

第四条 【方针与原则】国防教育贯彻全民参与、长期坚持、讲求实效的方针,实行经常教育与集中教育相结合、普及教育与重点教育相结合、理论教育与行为教育相结合的原则,针对不同对象确定相应的教育内容分类组织实施。

第五条　【国防教育的权利和义务】中华人民共和国公民都有接受国防教育的权利和义务。

普及和加强国防教育是全社会的共同责任。

一切国家机关和武装力量、各政党和各社会团体、各企业事业组织以及基层群众性自治组织,都应当根据各自的实际情况组织本地区、本部门、本单位开展国防教育。

第六条　【国防教育的领导】国务院领导全国的国防教育工作。中央军事委员会协同国务院开展全民国防教育。

地方各级人民政府领导本行政区域内的国防教育工作。驻地军事机关协助和支持地方人民政府开展国防教育。

第七条　【国防教育工作机构】国家国防教育工作机构规划、组织、指导和协调全国的国防教育工作。

县级以上地方负责国防教育工作的机构组织、指导、协调和检查本行政区域内的国防教育工作。

第八条　【有关部门的国防教育职责】教育、退役军人事务、文化宣传等部门,在各自职责范围内负责国防教育工作。

征兵、国防科研生产、国民经济动员、人民防空、国防交通、军事设施保护等工作的主管部门,依照本法和有关法律、法规的规定,负责国防教育工作。

工会、共产主义青年团、妇女联合会以及其他有关社会团体,协助人民政府开展国防教育。

第九条　【部队的国防教育】中国人民解放军、中国人民武装警察部队按照中央军事委员会的有关规定开展国防教育。

第十条　【支持和鼓励】国家支持、鼓励社会组织和个人开展有益于国防教育的活动。

第十一条　【表彰和奖励】国家和社会对在国防教育工作中作出突出贡献的组织和个人,采取各种形式给予表彰和奖励。

第十二条 【国防教育日】国家设立全民国防教育日。

第二章 学校国防教育

第十三条 【学校的国防教育】学校的国防教育是全民国防教育的基础,是实施素质教育的重要内容。

教育行政部门应当将国防教育列入工作计划,加强对学校国防教育的组织、指导和监督,并对学校国防教育工作定期进行考核。

第十四条 【小学与初中的国防教育】小学和初级中学应当将国防教育的内容纳入有关课程,将课堂教学与课外活动相结合,对学生进行国防教育。

有条件的小学和初级中学可以组织学生开展以国防教育为主题的少年军校活动。教育行政部门、共产主义青年团组织和其他有关部门应当加强对少年军校活动的指导与管理。

小学和初级中学可以根据需要聘请校外辅导员,协助学校开展多种形式的国防教育活动。

第十五条 【高校和高中的国防教育】高等学校、高级中学和相当于高级中学的学校应当将课堂教学与军事训练相结合,对学生进行国防教育。

高等学校应当设置适当的国防教育课程,高级中学和相当于高级中学的学校应当在有关课程中安排专门的国防教育内容,并可以在学生中开展形式多样的国防教育活动。

高等学校、高级中学和相当于高级中学的学校学生的军事训练,由学校负责军事训练的机构或者军事教员按照国家有关规定组织实施。军事机关应当协助学校组织学生的军事训练。

第十六条 【学校的国防教育义务】学校应当将国防教育列入学校的工作和教学计划,采取有效措施,保证国防教育的质量和效果。

学校组织军事训练活动,应当采取措施,加强安全保障。

第十七条 【国家工作人员的国防教育培训】负责培训国家工作人员的各类教育机构,应当将国防教育纳入培训计划,设置适当的国防教育课程。

国家根据需要选送地方和部门的负责人到有关军事院校接受培训，学习和掌握履行领导职责所必需的国防知识。

第三章　社会国防教育

第十八条　【国家机关的国防教育】国家机关应当根据各自的工作性质和特点，采取多种形式对工作人员进行国防教育。

国家机关工作人员应当具备基本的国防知识。从事国防建设事业的国家机关工作人员，必须学习和掌握履行职责所必需的国防知识。

各地区、各部门的领导人员应当依法履行组织、领导本地区、本部门开展国防教育的职责。

第十九条　【企事业与社会团体的国防教育】企业事业组织应当将国防教育列入职工教育计划，结合政治教育、业务培训、文化体育等活动，对职工进行国防教育。

承担国防科研生产、国防设施建设、国防交通保障等任务的企业事业组织，应当根据所担负的任务，制定相应的国防教育计划，有针对性地对职工进行国防教育。

社会团体应当根据各自的活动特点开展国防教育。

第二十条　【民兵等的国防教育】军区、省军区（卫戍区、警备区）、军分区（警备区）和县、自治县、市、市辖区的人民武装部按照国家和军队的有关规定，结合政治教育和组织整顿、军事训练、执行勤务、征兵工作以及重大节日、纪念日活动，对民兵、预备役人员进行国防教育。

民兵、预备役人员的国防教育，应当以基干民兵、第一类预备役人员和担任领导职务的民兵、预备役人员为重点，建立和完善制度，保证受教育的人员、教育时间和教育内容的落实。

第二十一条　【居委会与村委会的国防教育】城市居民委员会、农村村民委员会应当将国防教育纳入社区、农村社会主义精神文明建设的内容，结合征兵工作、拥军优属以及重大节日、纪念日活动，对居民、村民进行国防教育。

城市居民委员会、农村村民委员会可以聘请退役军人协助开展国防教育。

第二十二条 【文化等部门和单位的国防教育】文化、新闻、出版、广播、电影、电视等部门和单位应当根据形势和任务的要求，采取多种形式开展国防教育。

中央和省、自治区、直辖市以及设区的市的广播电台、电视台、报刊应当开设国防教育节目或者栏目，普及国防知识。

第二十三条 【有关博物馆和纪念馆等的国防教育】烈士陵园、革命遗址和其他具有国防教育功能的博物馆、纪念馆、科技馆、文化馆、青少年宫等场所，应当为公民接受国防教育提供便利，对有组织的国防教育活动实行优惠或者免费；依照本法第二十八条的规定被命名为国防教育基地的，应当对有组织的中小学生免费开放；在全民国防教育日向社会免费开放。

第四章 国防教育的保障

第二十四条 【计划与经费】各级人民政府应当将国防教育纳入国民经济和社会发展计划，并根据开展国防教育的需要，在财政预算中保障国防教育所需的经费。

第二十五条 【单位与学校的国防教育经费】国家机关、事业单位、社会团体开展国防教育所需的经费，在本单位预算经费内列支；企业开展国防教育所需经费，在本单位职工教育经费中列支。

学校组织学生军事训练所需的经费，按照国家有关规定执行。

第二十六条 【国防教育的资助】国家鼓励社会组织和个人捐赠财产，资助国防教育的开展。

社会组织和个人资助国防教育的财产，由依法成立的国防教育基金组织或者其他公益性社会组织依法管理。

国家鼓励社会组织和个人提供或者捐赠所收藏的具有国防教育意义的实物用于国防教育。使用单位对提供使用的实物应当妥善保管，使用完毕，及时归还。

第二十七条 【经费和财产的使用】国防教育经费和社会组织、个人资助国防教育的财产，必须用于国防教育事业，任何单位或者个人不得挪用、克扣。

第二十八条　【国防教育基地的命名条件】本法第二十三条规定的场所，具备下列条件的，经省、自治区、直辖市人民政府批准，可以命名为国防教育基地：

（一）有明确的国防教育主题内容；

（二）有健全的管理机构和规章制度；

（三）有相应的国防教育设施；

（四）有必要的经费保障；

（五）有显著的社会教育效果。

国防教育基地应当加强建设，不断完善，充分发挥国防教育的功能。被命名的国防教育基地不再具备前款规定条件的，由原批准机关撤销命名。

第二十九条　【政府加强国防教育】各级人民政府应当加强对国防教育基地的规划、建设和管理，并为其发挥作用提供必要的保障。

各级人民政府应当加强对具有国防教育意义的文物的收集、整理、保护工作。

第三十条　【国防教育大纲】全民国防教育使用统一的国防教育大纲。国防教育大纲由国家国防教育工作机构组织制定。

适用于不同地区、不同类别教育对象的国防教育教材，由有关部门或者地方依据国防教育大纲并结合本地区、本部门的特点组织编写。

第三十一条　【国防教育教员】各级国防教育工作机构应当组织、协调有关部门做好国防教育教员的选拔、培训和管理工作，加强国防教育师资队伍建设。

国防教育教员应当从热爱国防教育事业、具有基本的国防知识和必要的军事技能的人员中选拔。

第三十二条　【部队对驻地的国防教育义务】中国人民解放军和中国人民武装警察部队应当根据需要和可能，为驻地有组织的国防教育活动选派军事教员，提供必要的军事训练场地、设施以及其他便利条件。

在国庆节、中国人民解放军建军节和全民国防教育日，经批准的军营可以向社会开放。军营开放的办法由中央军事委员会规定。

第五章　法律责任

第三十三条　【拒不开展国防教育行为】国家机关、社会团体、企业事业组织以及其他社会组织违反本法规定，拒不开展国防教育活动的，由人民政府有关部门或者上级机关给予批评教育，并责令限期改正；拒不改正，造成恶劣影响的，对负有直接责任的主管人员依法给予行政处分。

第三十四条　【挪用、克扣国防教育经费】违反本法规定，挪用、克扣国防教育经费的，由有关主管部门责令限期归还；对负有直接责任的主管人员和其他直接责任人员依法给予行政处分；构成犯罪的，依法追究刑事责任。

第三十五条　【侵害设施与展品的行为】侵占、破坏国防教育基地设施、损毁展品的，由有关主管部门给予批评教育，并责令限期改正；有关责任人应当依法承担相应的民事责任。

有前款所列行为，违反治安管理规定的，由公安机关依法给予治安管理处罚；构成犯罪的，依法追究刑事责任。

第三十六条　【扰乱国防教育秩序和盗用国防教育名义骗取钱财的行为】寻衅滋事，扰乱国防教育工作和活动秩序的，或者盗用国防教育名义骗取钱财的，由有关主管部门给予批评教育，并予以制止；违反治安管理规定的，由公安机关依法给予治安管理处罚；构成犯罪的，依法追究刑事责任。

第三十七条　【玩忽职守等】负责国防教育的国家工作人员玩忽职守、滥用职权、徇私舞弊的，依法给予行政处分；构成犯罪的，依法追究刑事责任。

第六章　附　　则

第三十八条　【施行日期】本法自公布之日起施行。

中华人民共和国国防动员法

1. 2010年2月26日第十一届全国人民代表大会常务委员会第十三次会议通过
2. 2010年2月26日中华人民共和国主席令第25号公布
3. 自2010年7月1日起施行

目　　录

第一章　总　　则

第一条　【立法目的】为了加强国防建设，完善国防动员制度，保障国防动员工作的顺利进行，维护国家的主权、统一、领土完整和安全，根据宪法，制定本法。

第二条　【适用对象】国防动员的准备、实施以及相关活动，适用本法。

第三条 **【国防动员建设目标】**国家加强国防动员建设，建立健全与国防安全需要相适应、与经济社会发展相协调、与突发事件应急机制相衔接的国防动员体系，增强国防动员能力。

第四条 **【国防动员原则】**国防动员坚持平战结合、军民结合、寓军于民的方针，遵循统一领导、全民参与、长期准备、重点建设、统筹兼顾、有序高效的原则。

第五条 **【公民和组织的义务】**公民和组织在和平时期应当依法完成国防动员准备工作；国家决定实施国防动员后，应当完成规定的国防动员任务。

第六条 **【经费保障】**国家保障国防动员所需经费。国防动员经费按照事权划分的原则，分别列入中央和地方财政预算。

第七条 **【表彰和奖励】**国家对在国防动员工作中作出突出贡献的公民和组织，给予表彰和奖励。

第二章　组织领导机构及其职权

第八条 **【国防动员的决定权限与发布】**国家的主权、统一、领土完整和安全遭受威胁时，全国人民代表大会常务委员会依照宪法和有关法律的规定，决定全国总动员或者局部动员。国家主席根据全国人民代表大会常务委员会的决定，发布动员令。

第九条 **【全国国防动员的组织实施】**国务院、中央军事委员会共同领导全国的国防动员工作，制定国防动员工作的方针、政策和法规，向全国人民代表大会常务委员会提出实施全国总动员或者局部动员的议案，根据全国人民代表大会常务委员会的决定和国家主席发布的动员令，组织国防动员的实施。

国家的主权、统一、领土完整和安全遭受直接威胁必须立即采取应对措施时，国务院、中央军事委员会可以根据应急处置的需要，采取本法规定的必要的国防动员措施，同时向全国人民代表大会常务委员会报告。

第十条 **【地方国防动员的组织实施】**地方人民政府应当贯彻和执行

国防动员工作的方针、政策和法律、法规;国家决定实施国防动员后,应当根据上级下达的国防动员任务,组织本行政区域国防动员的实施。

县级以上地方人民政府依照法律规定的权限管理本行政区域的国防动员工作。

第十一条 【负责国防动员工作的部门】县级以上人民政府有关部门和军队有关部门在各自的职责范围内,负责有关的国防动员工作。

第十二条 【国防动员委员会的职责】国家国防动员委员会在国务院、中央军事委员会的领导下负责组织、指导、协调全国的国防动员工作;按照规定的权限和程序议定的事项,由国务院和中央军事委员会的有关部门按照各自职责分工组织实施。军区国防动员委员会、县级以上地方各级国防动员委员会负责组织、指导、协调本区域的国防动员工作。

第十三条 【国防动员委员会的办事机构】国防动员委员会的办事机构承担本级国防动员委员会的日常工作,依法履行有关的国防动员职责。

第十四条 【国防动员的解除】国家的主权、统一、领土完整和安全遭受的威胁消除后,应当按照决定实施国防动员的权限和程序解除国防动员的实施措施。

第三章 国防动员计划、实施预案与潜力统计调查

第十五条 【国防动员计划、实施预案与潜力统计调查制度】国家实行国防动员计划、国防动员实施预案和国防动员潜力统计调查制度。

第十六条 【国防动员计划和实施预案的编制】国防动员计划和国防动员实施预案,根据国防动员的方针和原则、国防动员潜力状况和军事需求编制。军事需求由军队有关部门按照规定的权限和程序提出。

国防动员实施预案与突发事件应急处置预案应当在指挥、力

量使用、信息和保障等方面相互衔接。

第十七条 **【编制和审批的有关规定】**各级国防动员计划和国防动员实施预案的编制和审批，按照国家有关规定执行。

第十八条 **【政府及相关部门的职责】**县级以上人民政府应当将国防动员的相关内容纳入国民经济和社会发展计划。军队有关部门应当将国防动员实施预案纳入战备计划。

县级以上人民政府及其有关部门和军队有关部门应当按照职责落实国防动员计划和国防动员实施预案。

第十九条 **【统计机构的职责】**县级以上人民政府统计机构和有关部门应当根据国防动员的需要，准确及时地向本级国防动员委员会的办事机构提供有关统计资料。提供的统计资料不能满足需要时，国防动员委员会办事机构可以依据《中华人民共和国统计法》和国家有关规定组织开展国防动员潜力专项统计调查。

第二十条 **【评估检查制度】**国家建立国防动员计划和国防动员实施预案执行情况的评估检查制度。

第四章 与国防密切相关的建设项目和重要产品

第二十一条 **【具备国防功能】**根据国防动员的需要，与国防密切相关的建设项目和重要产品应当贯彻国防要求，具备国防功能。

第二十二条 **【项目和产品目录】**与国防密切相关的建设项目和重要产品目录，由国务院经济发展综合管理部门会同国务院其他有关部门以及军队有关部门拟定，报国务院、中央军事委员会批准。

列入目录的建设项目和重要产品，其军事需求由军队有关部门提出；建设项目审批、核准和重要产品设计定型时，县级以上人民政府有关主管部门应当按照规定征求军队有关部门的意见。

第二十三条 **【质量要求】**列入目录的建设项目和重要产品，应当依照有关法律、行政法规和贯彻国防要求的技术规范和标准进行设计、生产、施工、监理和验收，保证建设项目和重要产品的质量。

第二十四条 **【补贴或者其他优惠政策】**企业事业单位投资或者参与

投资列入目录的建设项目建设或者重要产品研究、开发、制造的,依照有关法律、行政法规和国家有关规定,享受补贴或者其他政策优惠。

第二十五条 【指导和政策扶持】县级以上人民政府应当对列入目录的建设项目和重要产品贯彻国防要求工作给予指导和政策扶持,有关部门应当按照职责做好有关的管理工作。

第五章 预备役人员的储备与征召

第二十六条 【预备役人员储备制度】国家实行预备役人员储备制度。

国家根据国防动员的需要,按照规模适度、结构科学、布局合理的原则,储备所需的预备役人员。

国务院、中央军事委员会根据国防动员的需要,决定预备役人员储备的规模、种类和方式。

第二十七条 【预备役人员储备的形式】预备役人员按照专业对口、便于动员的原则,采取预编到现役部队、编入预备役部队、编入民兵组织或者其他形式进行储备。

国家根据国防动员的需要,建立预备役专业技术兵员储备区。

国家为预备役人员训练、储备提供条件和保障。预备役人员应当依法参加训练。

第二十八条 【储备工作的组织实施】县级以上地方人民政府兵役机关负责组织实施本行政区域预备役人员的储备工作。县级以上地方人民政府有关部门、预备役人员所在乡(镇)人民政府、街道办事处或者企业事业单位,应当协助兵役机关做好预备役人员储备的有关工作。

第二十九条 【离开预备役登记地报告制度】预编到现役部队和编入预备役部队的预备役人员、预定征召的其他预备役人员,离开预备役登记地一个月以上的,应当向其预备役登记的兵役机关报告。

第三十条 【征召通知】国家决定实施国防动员后,县级人民政府兵役机关应当根据上级的命令,迅速向被征召的预备役人员下达征召通知。

接到征召通知的预备役人员应当按照通知要求，到指定地点报到。

第三十一条 【协助征召工作】被征召的预备役人员所在单位应当协助兵役机关做好预备役人员的征召工作。

从事交通运输的单位和个人，应当优先运送被征召的预备役人员。

第三十二条 【国防动员后不得擅自离开登记地】国家决定实施国防动员后，预定征召的预备役人员，未经其预备役登记地的县级人民政府兵役机关批准，不得离开预备役登记地；已经离开预备役登记地的，接到兵役机关通知后，应当立即返回或者到指定地点报到。

第六章 战略物资储备与调用

第三十三条 【战略物资储备和调用制度】国家实行适应国防动员需要的战略物资储备和调用制度。

战略物资储备由国务院有关主管部门组织实施。

第三十四条 【承担战略物资储备任务单位的职责】承担战略物资储备任务的单位，应当按照国家有关规定和标准对储备物资进行保管和维护，定期调整更换，保证储备物资的使用效能和安全。

国家按照有关规定对承担战略物资储备任务的单位给予补贴。

第三十五条 【战略物资调用的规定与批准】战略物资按照国家有关规定调用。国家决定实施国防动员后，战略物资的调用由国务院和中央军事委员会批准。

第三十六条 【其他物资的储备和调用的规定】国防动员所需的其他物资的储备和调用，依照有关法律、行政法规的规定执行。

第七章 军品科研、生产与维修保障

第三十七条 【军品科研、生产和维修保障的动员体系】国家建立军品科研、生产和维修保障动员体系，根据战时军队订货和装备保障的需要，储备军品科研、生产和维修保障能力。

本法所称军品，是指用于军事目的的装备、物资以及专用生产设备、器材等。

第三十八条 **【军品科研、生产和维修保障方案】**军品科研、生产和维修保障能力储备的种类、布局和规模，由国务院有关主管部门会同军队有关部门提出方案，报国务院、中央军事委员会批准后组织实施。

第三十九条 **【承担转产、扩大生产军品和维修保障任务单位的职责】**承担转产、扩大生产军品和维修保障任务的单位，应当根据所担负的国防动员任务，储备所需的设备、材料、配套产品、技术，建立所需的专业技术队伍，制定和完善预案与措施。

第四十条 **【各级人民政府的协调与支持】**各级人民政府应当支持和帮助承担转产、扩大生产军品任务的单位开发和应用先进的军民两用技术，推广军民通用的技术标准，提高转产、扩大生产军品的综合保障能力。

国务院有关主管部门应当对重大的跨地区、跨行业的转产、扩大生产军品任务的实施进行协调，并给予支持。

第四十一条 **【承担转产、扩大生产军品任务的单位职责】**国家决定实施国防动员后，承担转产、扩大生产军品任务的单位，应当按照国家军事订货合同和转产、扩大生产的要求，组织军品科研、生产，保证军品质量，按时交付订货，协助军队完成维修保障任务。为转产、扩大生产军品提供能源、材料、设备和配套产品的单位，应当优先满足转产、扩大生产军品的需要。

国家对因承担转产、扩大生产军品任务造成直接经济损失的单位给予补偿。

第八章 战争灾害的预防与救助

第四十二条 **【战争灾害的预防与救助制度】**国家实行战争灾害的预防与救助制度，保护人民生命和财产安全，保障国防动员潜力和持续动员能力。

第四十三条　【分级防护制度】国家建立军事、经济、社会目标和首脑机关分级防护制度。分级防护标准由国务院、中央军事委员会规定。

军事、经济、社会目标和首脑机关的防护工作，由县级以上人民政府会同有关军事机关共同组织实施。

第四十四条　【承担防护任务的单位职责】承担军事、经济、社会目标和首脑机关防护任务的单位，应当制定防护计划和抢险抢修预案，组织防护演练，落实防护措施，提高综合防护效能。

第四十五条　【平战结合的医疗卫生救护体系】国家建立平战结合的医疗卫生救护体系。国家决定实施国防动员后，动员医疗卫生人员、调用药品器材和设备设施，保障战时医疗救护和卫生防疫。

第四十六条　【人员、物资的疏散和隐蔽工作的组织实施】国家决定实施国防动员后，人员、物资的疏散和隐蔽，在本行政区域进行的，由本级人民政府决定并组织实施；跨行政区域进行的，由相关行政区域共同的上一级人民政府决定并组织实施。

承担人员、物资疏散和隐蔽任务的单位，应当按照有关人民政府的决定，在规定时间内完成疏散和隐蔽任务。

第四十七条　【启动应急救助机制】战争灾害发生时，当地人民政府应当迅速启动应急救助机制，组织力量抢救伤员、安置灾民、保护财产，尽快消除战争灾害后果，恢复正常生产生活秩序。

遭受战争灾害的人员和组织应当及时采取自救、互救措施，减少战争灾害造成的损失。

第九章　国 防 勤 务

第四十八条　【国防勤务】国家决定实施国防动员后，县级以上人民政府根据国防动员实施的需要，可以动员符合本法规定条件的公民和组织担负国防勤务。

本法所称国防勤务，是指支援保障军队作战、承担预防与救助战争灾害以及协助维护社会秩序的任务。

第四十九条　【担负国防勤务的公民】十八周岁至六十周岁的男性公

民和十八周岁至五十五周岁的女性公民，应当担负国防勤务；但有下列情形之一的，免予担负国防勤务：

（一）在托儿所、幼儿园和孤儿院、养老院、残疾人康复机构、救助站等社会福利机构从事管理和服务工作的公民；

（二）从事义务教育阶段学校教学、管理和服务工作的公民；

（三）怀孕和在哺乳期内的女性公民；

（四）患病无法担负国防勤务的公民；

（五）丧失劳动能力的公民；

（六）在联合国等政府间国际组织任职的公民；

（七）其他经县级以上人民政府决定免予担负国防勤务的公民。

有特殊专长的专业技术人员担负特定的国防勤务，不受前款规定的年龄限制。

第五十条　【担负国防勤务人员的职责】被确定担负国防勤务的人员，应当服从指挥、履行职责、遵守纪律、保守秘密。担负国防勤务的人员所在单位应当给予支持和协助。

第五十一条　【担负国防勤务的部门】交通运输、邮政、电信、医药卫生、食品和粮食供应、工程建筑、能源化工、大型水利设施、民用核设施、新闻媒体、国防科研生产和市政设施保障等单位，应当依法担负国防勤务。

前款规定的单位平时应当按照专业对口、人员精干、应急有效的原则组建专业保障队伍，组织训练、演练，提高完成国防勤务的能力。

第五十二条　【国防勤务工作的组织与指挥】公民和组织担负国防勤务，由县级以上人民政府负责组织。

担负预防与救助战争灾害、协助维护社会秩序勤务的公民和专业保障队伍，由当地人民政府指挥，并提供勤务和生活保障；跨行政区域执行勤务的，由相关行政区域的县级以上地方人民政府组织落实相关保障。

担负支援保障军队作战勤务的公民和专业保障队伍，由军事机关指挥，伴随部队行动的由所在部队提供勤务和生活保障；其他的由当地人民政府提供勤务和生活保障。

第五十三条 【担负国防勤务的人员的待遇与抚恤】担负国防勤务的人员在执行勤务期间，继续享有原工作单位的工资、津贴和其他福利待遇；没有工作单位的，由当地县级人民政府参照民兵执行战备勤务的补贴标准给予补贴；因执行国防勤务伤亡的，由当地县级人民政府依照《军人抚恤优待条例》等有关规定给予抚恤优待。

第十章 民用资源征用与补偿

第五十四条 【民用资源的征用】国家决定实施国防动员后，储备物资无法及时满足动员需要的，县级以上人民政府可以依法对民用资源进行征用。

本法所称民用资源，是指组织和个人所有或者使用的用于社会生产、服务和生活的设施、设备、场所和其他物资。

第五十五条 【民用资源的征用程序】任何组织和个人都有接受依法征用民用资源的义务。

需要使用民用资源的中国人民解放军现役部队和预备役部队、中国人民武装警察部队、民兵组织，应当提出征用需求，由县级以上地方人民政府统一组织征用。县级以上地方人民政府应当对被征用的民用资源予以登记，向被征用人出具凭证。

第五十六条 【免予征用的民用资源】下列民用资源免予征用：

（一）个人和家庭生活必需的物品和居住场所；

（二）托儿所、幼儿园和孤儿院、养老院、残疾人康复机构、救助站等社会福利机构保障儿童、老人、残疾人和救助对象生活必需的物品和居住场所；

（三）法律、行政法规规定免予征用的其他民用资源。

第五十七条 【民用资源的改造】被征用的民用资源根据军事要求需要进行改造的，由县级以上地方人民政府会同有关军事机关组织实施。

承担改造任务的单位应当按照使用单位提出的军事要求和改

造方案进行改造,并保证按期交付使用。改造所需经费由国家负担。

第五十八条　【民用资源的返还与补偿】被征用的民用资源使用完毕,县级以上地方人民政府应当及时组织返还;经过改造的,应当恢复原使用功能后返还;不能修复或者灭失的,以及因征用造成直接经济损失的,按照国家有关规定给予补偿。

第五十九条　【其他征用民用资源或者采取临时性管制措施的规定】中国人民解放军现役部队和预备役部队、中国人民武装警察部队、民兵组织进行军事演习、训练,需要征用民用资源或者采取临时性管制措施的,按照国务院、中央军事委员会的有关规定执行。

第十一章　宣 传 教 育

第六十条　【宣传教育的组织】各级人民政府应当组织开展国防动员的宣传教育,增强公民的国防观念和依法履行国防义务的意识。有关军事机关应当协助做好国防动员的宣传教育工作。

第六十一条　【单位团体组织学习】国家机关、社会团体、企业事业单位和基层群众性自治组织,应当组织所属人员学习和掌握必要的国防知识与技能。

第六十二条　【宣传工作的开展】各级人民政府应当运用各种宣传媒体和宣传手段,对公民进行爱国主义、革命英雄主义宣传教育,激发公民的爱国热情,鼓励公民踊跃参战支前,采取多种形式开展拥军优属和慰问活动,按照国家有关规定做好抚恤优待工作。

新闻出版、广播影视和网络传媒等单位,应当按照国防动员的要求做好宣传教育和相关工作。

第十二章　特 别 措 施

第六十三条　【特别措施范围】国家决定实施国防动员后,根据需要,可以依法在实施国防动员的区域采取下列特别措施:

(一)对金融、交通运输、邮政、电信、新闻出版、广播影视、信息网络、能源水源供应、医药卫生、食品和粮食供应、商业贸易等行业实行管制；

（二）对人员活动的区域、时间、方式以及物资、运载工具进出的区域进行必要的限制；

（三）在国家机关、社会团体和企业事业单位实行特殊工作制度；

（四）为武装力量优先提供各种交通保障；

（五）需要采取的其他特别措施。

第六十四条　【特别措施的决定权限】在全国或者部分省、自治区、直辖市实行特别措施，由国务院、中央军事委员会决定并组织实施；在省、自治区、直辖市范围内的部分地区实行特别措施，由国务院、中央军事委员会决定，由特别措施实施区域所在省、自治区、直辖市人民政府和同级军事机关组织实施。

第六十五条　【特别措施的组织实施】组织实施特别措施的机关应当在规定的权限、区域和时限内实施特别措施。特别措施实施区域内的公民和组织，应当服从组织实施特别措施的机关的管理。

第六十六条　【特别措施的终止】采取特别措施不再必要时，应当及时终止。

第六十七条　【法律程序的中止】因国家发布动员令，诉讼、行政复议、仲裁活动不能正常进行的，适用有关时效中止和程序中止的规定，但法律另有规定的除外。

第十三章　法律责任

第六十八条　【公民不履行义务行为的处理】公民有下列行为之一的，由县级人民政府责令限期改正；逾期不改的，强制其履行义务：

（一）预编到现役部队和编入预备役部队的预备役人员、预定征召的其他预备役人员离开预备役登记地一个月以上未向预备役登记的兵役机关报告的；

（二）国家决定实施国防动员后，预定征召的预备役人员未经预备役登记的兵役机关批准离开预备役登记地，或者未按照兵役机关要求及时返回，或者未到指定地点报到的；

（三）拒绝、逃避征召或者拒绝、逃避担负国防勤务的；

（四）拒绝、拖延民用资源征用或者阻碍对被征用的民用资源进行改造的；

（五）干扰、破坏国防动员工作秩序或者阻碍从事国防动员工作的人员依法履行职责的。

第六十九条　【企业事业单位不履行义务的处理】企业事业单位有下列行为之一的，由有关人民政府责令限期改正；逾期不改的，强制其履行义务，并可以处以罚款：

（一）在承建的贯彻国防要求的建设项目中未按照国防要求和技术规范、标准进行设计或者施工、生产的；

（二）因管理不善导致战略储备物资丢失、损坏或者不服从战略物资调用的；

（三）未按照转产、扩大生产军品和维修保障任务的要求进行军品科研、生产和维修保障能力储备，或者未按照规定组建专业技术队伍的；

（四）拒绝、拖延执行专业保障任务的；

（五）拒绝或者故意延误军事订货的；

（六）拒绝、拖延民用资源征用或者阻碍对被征用的民用资源进行改造的；

（七）阻挠公民履行征召、担负国防勤务义务的。

第七十条　【管理人员的违纪处分】有下列行为之一的，对直接负责的主管人员和其他直接责任人员，依法给予处分：

（一）拒不执行上级下达的国防动员命令的；

（二）滥用职权或者玩忽职守，给国防动员工作造成严重损失的；

（三）对征用的民用资源，拒不登记、出具凭证，或者违反规定使用造成严重损坏，以及不按照规定予以返还或者补偿的；

（四）泄露国防动员秘密的；

（五）贪污、挪用国防动员经费、物资的；

（六）滥用职权，侵犯和损害公民或者组织合法权益的。

第七十一条　【违反本法的治安处罚与刑事责任】违反本法规定，构成违反治安管理行为的,依法给予治安管理处罚;构成犯罪的,依法追究刑事责任。

第十四章　附　　则

第七十二条　【施行日期】本法自 2010 年 7 月 1 日起施行。

中华人民共和国人民防空法

1. 1996 年 10 月 29 日第八届全国人民代表大会常务委员会第二十二次会议通过
2. 根据 2009 年 8 月 27 日第十一届全国人民代表大会常务委员会第十次会议《关于修改部分法律的决定》修正

目　　录

第一章　总　　则

第一条　【立法目的】为了有效地组织人民防空,保护人民的生命和财产安全,保障社会主义现代化建设的顺利进行,制定本法。

第二条　【人民防空及其指导思想】人民防空是国防的组成部分。国家根据国防需要,动员和组织群众采取防护措施,防范和减轻空袭危害。

人民防空实行长期准备、重点建设、平战结合的方针，贯彻与经济建设协调发展、与城市建设相结合的原则。

第三条 【人民防空建设的计划】县级以上人民政府应当将人民防空建设纳入国民经济和社会发展计划。

第四条 【人民防空经费】人民防空经费由国家和社会共同负担。

中央负担的人民防空经费，列入中央预算；县级以上地方各级人民政府负担的人民防空经费，列入地方各级预算。

有关单位应当按照国家规定负担人民防空费用。

第五条 【人民防空设施建设】国家对人民防空设施建设按照有关规定给予优惠。

国家鼓励、支持企业事业组织、社会团体和个人，通过多种途径，投资进行人民防空工程建设；人民防空工程平时由投资者使用管理，收益归投资者所有。

第六条 【人民防空工作的领导】国务院、中央军事委员会领导全国的人民防空工作。

大军区根据国务院、中央军事委员会的授权领导本区域的人民防空工作。

县级以上地方各级人民政府和同级军事机关领导本行政区域的人民防空工作。

第七条 【人民防空工作的管理】国家人民防空主管部门管理全国的人民防空工作。

大军区人民防空主管部门管理本区域的人民防空工作。

县级以上地方各级人民政府人民防空主管部门管理本行政区域的人民防空工作。

中央国家机关人民防空主管部门管理中央国家机关的人民防空工作。

人民防空主管部门的设置、职责和任务，由国务院、中央军事委员会规定。

县级以上人民政府的计划、规划、建设等有关部门在各自的职责范围内负责有关的人民防空工作。

第八条 **【组织、个人的权利和义务】**一切组织和个人都有得到人民防空保护的权利,都必须依法履行人民防空的义务。

第九条 **【人民防空设施不受侵犯】**国家保护人民防空设施不受侵害。禁止任何组织或者个人破坏、侵占人民防空设施。

第十条 **【奖励】**县级以上人民政府和军事机关对在人民防空工作中做出显著成绩的组织或者个人,给予奖励。

第二章 防护重点

第十一条 **【对城市实行分类防空】**城市是人民防空的重点。国家对城市实行分类防护。

城市的防护类别、防护标准,由国务院、中央军事委员会规定。

第十二条 **【防空袭方案及实施计划】**城市人民政府应当制定防空袭方案及实施计划,必要时可以组织演习。

第十三条 **【人民防空工程建设规划】**城市人民政府应当制定人民防空工程建设规划,并纳入城市总体规划。

第十四条 **【地下工程建设】**城市的地下交通干线以及其他地下工程的建设,应当兼顾人民防空需要。

第十五条 **【为战时储备必需物资的工程】**为战时储备粮食、医药、油料和其他必需物资的工程,应当建在地下或者其他隐蔽地点。

第十六条 **【重要的经济目标】**对重要的经济目标,有关部门必须采取有效防护措施,并制定应急抢险抢修方案。

前款所称重要的经济目标,包括重要的工矿企业、科研基地、交通枢纽、通信枢纽、桥梁、水库、仓库、电站等。

第十七条 **【监督检查】**人民防空主管部门应当依照规定对城市和经济目标的人民防空建设进行监督检查。被检查单位应当如实提供情况和必要的资料。

第三章 人民防空工程

第十八条 **【人民防空工程的范围】**人民防空工程包括为保障战时人

员与物资掩蔽、人民防空指挥、医疗救护等而单独修建的地下防护建筑，以及结合地面建筑修建的战时可用于防空的地下室。

第十九条 【人民防空工程建设的指导、规划】国家对人民防空工程建设，按照不同的防护要求，实行分类指导。

国家根据国防建设的需要，结合城市建设和经济发展水平，制定人民防空工程建设规划。

第二十条 【建设人民防空工程的指导思想】建设人民防空工程，应当在保证战时使用效能的前提下，有利于平时的经济建设、群众的生产生活和工程的开发利用。

第二十一条 【负责组织修建的单位】人民防空指挥工程、公用的人员掩蔽工程和疏散干道工程由人民防空主管部门负责组织修建；医疗救护、物资储备等专用工程由其他有关部门负责组织修建。

有关单位负责修建本单位的人员与物资掩蔽工程。

第二十二条 【城市新建民用建筑】城市新建民用建筑，按照国家有关规定修建战时可用于防空的地下室。

第二十三条 【防护标准与质量标准】人民防空工程建设的设计、施工、质量必须符合国家规定的防护标准和质量标准。

人民防空工程专用设备的定型、生产必须符合国家规定的标准。

第二十四条 【保障与提供条件】县级以上人民政府有关部门对人民防空工程所需的建设用地应当依法予以保障；对人民防空工程连接城市的道路、供电、供热、供水、排水、通信等系统的设施建设，应当提供必要的条件。

第二十五条 【维护管理】人民防空主管部门对人民防空工程的维护管理进行监督检查。

公用的人民防空工程的维护管理由人民防空主管部门负责。

有关单位应当按照国家规定对已经修建或者使用的人民防空工程进行维护管理，使其保持良好使用状态。

第二十六条 【平时利用】国家鼓励平时利用人民防空工程为经济建设和人民生活服务。平时利用人民防空工程，不得影响其防空效能。

第二十七条 【不得进行影响使用、降低防护能力的作业】任何组织或者个人不得进行影响人民防空工程使用或者降低人民防空工程防护能力的作业，不得向人民防空工程内排入废水、废气和倾倒废弃物，不得在人民防空工程内生产、储存爆炸、剧毒、易燃、放射性和腐蚀性物品。

第二十八条 【拆除】任何组织或者个人不得擅自拆除本法第二十一条规定的人民防空工程；确需拆除的，必须报经人民防空主管部门批准，并由拆除单位负责补建或者补偿。

第四章 通信和警报

第二十九条 【保障畅通】国家保障人民防空通信、警报的畅通，以迅速准确地传递、发放防空警报信号，有效地组织、指挥人民防空。

第三十条 【主管部门】国家人民防空主管部门负责制定全国的人民防空通信、警报建设规划，组织全国的人民防空通信、警报网的建设和管理。

县级以上地方各级人民政府人民防空主管部门负责制定本行政区域的人民防空通信、警报建设规划，组织本行政区域人民防空通信、警报网的建设和管理。

第三十一条 【保障部门】邮电部门、军队通信部门和人民防空主管部门应当按照国家规定的任务和人民防空通信、警报建设规划，对人民防空通信实施保障。

第三十二条 【保障与提供条件】人民防空主管部门建设通信、警报网所需的电路、频率，邮电部门、军队通信部门、无线电管理机构应当予以保障；安装人民防空通信、警报设施，有关单位或者个人应当提供方便条件，不得阻挠。

国家用于人民防空通信的专用频率和防空警报音响信号，任何组织或者个人不得占用、混同。

第三十三条 【战时优先】通信、广播、电视系统，战时必须优先传递、发放防空警报信号。

第三十四条 【军队有关部门的义务】军队有关部门应当向人民防空主管部门通报空中情报，协助训练有关专业人员。

第三十五条 【通信、警报设施的维护管理】人民防空通信、警报设施必须保持良好使用状态。

设置在有关单位的人民防空警报设施，由其所在单位维护管理，不得擅自拆除。

县级以上地方各级人民政府根据需要可以组织试鸣防空警报；并在试鸣的五日以前发布公告。

第三十六条 【平时为抢险救灾服务】人民防空通信、警报设施平时应当为抢险救灾服务。

第五章 疏　　散

第三十七条 【统一组织】人民防空疏散由县级以上人民政府统一组织。

人民防空疏散必须根据国家发布的命令实施，任何组织不得擅自行动。

第三十八条 【城市人民防空疏散】城市人民防空疏散计划，由县级以上人民政府根据需要组织有关部门制定。

预定的疏散地区，在本行政区域内的，由本级人民政府确定；跨越本行政区域的，由上一级人民政府确定。

第三十九条 【做好准备工作】县级以上人民政府应当组织有关部门和单位，做好城市疏散人口安置和物资储运、供应的准备工作。

第四十条 【农村人口的疏散】农村人口在有必要疏散时，由当地人民政府按照就近的原则组织实施。

第六章 群众防空组织

第四十一条 【群众防空组织】县级以上地方各级人民政府应当根据人民防空的需要，组织有关部门建立群众防空组织。

群众防空组织战时担负抢险抢修、医疗救护、防火灭火、防疫灭菌、消毒和消除沾染、保障通信联络、抢救人员和抢运物资、维护社会治安等任务，平时应当协助防汛、防震等部门担负抢险救灾任务。

第四十二条 【负责组建部门】群众防空组织由下列部门负责组建：

（一）城建、公用、电力等部门组建抢险抢修队；

（二）卫生、医药部门组建医疗救护队；

（三）公安部门组建消防队、治安队；

（四）卫生、化工、环保等部门组建防化防疫队；

（五）邮电部门组建通信队；

（六）交通运输部门组建运输队。

红十字会组织依法进行救护工作。

第四十三条 【所需装备、器材和经费的提供】群众防空组织所需装备、器材和经费由人民防空主管部门和组建单位提供。

第四十四条 【专业训练】群众防空组织应当根据人民防空主管部门制定的训练大纲和训练计划进行专业训练。

第七章 人民防空教育

第四十五条 【人民防空教育】国家开展人民防空教育，使公民增强国防观念，掌握人民防空的基本知识和技能。

第四十六条 【教育计划的制定及组织实施】国家人民防空主管部门负责组织制定人民防空教育计划，规定教育内容。

在校学生的人民防空教育，由各级教育主管部门和人民防空主管部门组织实施。

国家机关、社会团体、企业事业组织人员的人民防空教育，由所在单位组织实施；其他人员的人民防空教育，由城乡基层人民政府组织实施。

第四十七条 【协助开展人民防空教育】新闻、出版、广播、电影、电视、文化等有关部门应当协助开展人民防空教育。

第八章 法律责任

第四十八条 【不修建战时防空地下室的法律责任】城市新建民用建筑，违反国家有关规定不修建战时可用于防空的地下室的，由县级以上人民政府人民防空主管部门对当事人给予警告，并责令限期修建，可以并处十万元以下的罚款。

第四十九条　【处警告、限期改正、罚款、赔偿损失的行为】有下列行为之一的，由县级以上人民政府人民防空主管部门对当事人给予警告，并责令限期改正违法行为，可以对个人并处五千元以下的罚款、对单位并处一万元至五万元的罚款；造成损失的，应当依法赔偿损失：

（一）侵占人民防空工程的；

（二）不按照国家规定的防护标准和质量标准修建人民防空工程的；

（三）违反国家有关规定，改变人民防空工程主体结构、拆除人民防空工程设备设施或者采用其他方法危害人民防空工程的安全和使用效能的；

（四）拆除人民防空工程后拒不补建的；

（五）占用人民防空通信专用频率、使用与防空警报相同的音响信号或者擅自拆除人民防空通信、警报设备设施的；

（六）阻挠安装人民防空通信、警报设施，拒不改正的；

（七）向人民防空工程内排入废水、废气或者倾倒废弃物的。

第五十条　【故意损坏人民防空设施的法律责任】违反本法规定，故意损坏人民防空设施或者在人民防空工程内生产、储存爆炸、剧毒、易燃、放射性等危险品，尚不构成犯罪的，依照治安管理处罚法的有关规定处罚；构成犯罪的，依法追究刑事责任。

第五十一条　【人民防空主管部门工作人员渎职的法律责任】人民防空主管部门的工作人员玩忽职守、滥用职权、徇私舞弊或者有其他违法、失职行为构成犯罪的，依法追究刑事责任；尚不构成犯罪的，依法给予行政处分。

第九章　附　　则

第五十二条　【实施办法】省、自治区、直辖市人民代表大会常务委员会可以根据本法制定实施办法。

第五十三条　【施行日期】本法自1997年1月1日起施行。

民用运力国防动员条例

1. 2003年9月11日国务院、中央军事委员会令第391号公布
2. 根据2011年1月8日国务院令第588号《关于废止和修改部分行政法规的决定》第一次修订
3. 根据2019年3月2日国务院令第709号《关于修改部分行政法规的决定》第二次修订

第一章 总 则

第一条 为了维护国家主权、统一、领土完整和安全,保证有效地组织和实施民用运力国防动员,根据《中华人民共和国国防法》和其他有关法律,制定本条例。

第二条 民用运力国防动员,包括动员准备和动员实施。

在战时及平时特殊情况下,根据国防动员需要,国家有权依法对机关、社会团体、企业、事业单位和公民个人(以下简称单位和个人)所拥有或者管理的民用运载工具及相关设备、设施、人员,进行统一组织和调用。

国家在和平时期进行民用运力国防动员准备,增强动员潜力,保障战时及平时特殊情况下实施民用运力国防动员的需要。

第三条 一切拥有或者管理民用运力的单位和个人都应当依法履行民用运力国防动员义务。

因履行民用运力国防动员义务而遭受直接财产损失、人员伤亡的,依法享有获得补偿、抚恤的权利。

第四条 国家国防动员机构在国务院和中央军事委员会领导下,负责组织领导全国的民用运力国防动员工作。

军区国防动员机构负责组织领导本区域的民用运力国防动员工作。

县级以上地方各级国防动员机构负责组织领导本行政区域的民用运力国防动员工作。

第五条 国家国防交通主管机构负责具体实施全国的民用运力国防动员工作。

军区国防交通主管机构负责具体实施本区域的有关民用运力国防动员工作。

县级以上地方各级人民政府国防交通主管机构负责具体实施本行政区域的民用运力国防动员工作。

第六条 各级国民经济动员机构、人民武装动员机构和县级以上人民政府交通运输管理部门以及其他有关部门在各自的职责范围内,负责有关的民用运力国防动员工作。

第七条 县级以上各级人民政府应当采取有效措施,加强民用运力国防动员准备工作,将民用运力国防动员准备工作纳入国民经济和社会发展计划,增强动员潜力,支持和督促其有关部门依法履行职责,落实民用运力国防动员的各项工作。

第八条 国家支持、鼓励单位和个人建造、购买、经营平战结合的民用运载工具及相关设备,按照有关规定给予扶持。

第九条 单位和个人在民用运力国防动员工作中做出突出贡献,有下列情形之一的,依照国家和地方有关规定给予表彰、奖励:

(一)提供重要或者急需的民用运力,在保障军事行动中作用明显的;

(二)组织和开展民用运力国防动员活动,取得突出成绩的;

(三)坚决执行民用运力国防动员命令,克服困难,出色完成任务的;

(四)勇于同干扰和破坏民用运力国防动员的行为作斗争,避免重大损失的;

(五)在民用运载工具及相关设备贯彻国防要求或者加装改造方面,有重大发明创造,军事或者经济效益显著的。

第二章 民用运力国防动员的准备

第十条 国家国防交通主管机构应当会同国家国民经济动员机构、国务院交通运输管理部门和其他有关部门、军队有关部门，根据民用运载工具及相关设备的设计、建造情况，按照突出重点、注重实效的原则，拟订新建民用运载工具及相关设备贯彻国防要求的总体规划，报国家国防动员机构批准。

国家国民经济动员机构应当根据批准的总体规划，拟订新建民用运载工具及相关设备贯彻国防要求的具体实施计划并组织实施。

第十一条 国务院交通运输管理部门和其他有关部门，省、自治区、直辖市人民政府，应当加强对本行业、本行政区域内设计、建造民用运载工具及相关设备贯彻国防要求工作的管理和指导，为承担设计、建造任务的单位和个人提供政策和技术支持，保障有关国防要求的落实。

第十二条 设计、建造列入贯彻国防要求具体实施计划的民用运载工具及相关设备的单位和个人，必须严格按照贯彻国防要求的设计标准和技术规范进行设计、建造。

出资建造民用运载工具及相关设备的单位和个人，不得阻碍设计、建造单位和个人为贯彻国防要求所进行的设计、建造活动。

设计、建造民用运载工具及相关设备，因贯彻国防要求所发生的费用，由中央财政和县级以上地方各级财政给予适当补助。具体办法由国家国防交通主管机构会同国务院财政部门制定。

第十三条 贯彻国防要求的民用运载工具及相关设备竣工验收时，下达任务的机构和有关国防交通主管机构应当参加验收并签署意见，验收合格并经所在地国防交通主管机构登记后，方可交付使用。

第十四条 县级以上人民政府交通运输管理部门、公安交通管理部门和其他有关部门，应当结合本部门年度的交通工具统计、登记和审验（核）工作，按照民用运力国防动员准备登记的要求，于每年1

月31日前，向同级国防交通主管机构报送上一年度民用运力登记的有关资料和情况。

报送的民用运力资料和情况不符合规定要求的，国防交通主管机构可以要求前款所列有关部门按照规定要求重新提供，有关部门不得拒绝。

第十五条 各级国防交通主管机构应当对民用运力资料和情况分类整理，登记造册，妥善保管，及时更新。下级国防交通主管机构应当按照民用运力国防动员的要求将本级民用运力情况报送上一级国防交通主管机构；同时根据需要，及时向军队有关单位通报本地区的民用运力情况。

国防交通主管机构以及获得情况通报的军队有关单位对民用运力资料和情况负有保密义务。

第十六条 军队、人民武装警察部队、民兵组织，应当根据所担负的任务，评估和测算民用运力国防动员需求，并按照规定的程序将所需民用运载工具及相关设备的类型、数量及其技术要求等情况报送有关国防交通主管机构。

第十七条 国防交通主管机构应当根据民用运力情况和使用单位提出的需求，组织拟订民用运力国防动员预案。

全国民用运力国防动员预案，由国家国防交通主管机构会同国务院有关部门和军队有关部门拟订，报国家国防动员机构批准。

军区民用运力国防动员预案，由军区国防交通主管机构根据全国民用运力国防动员预案，会同军区有关部门和区域内的省、自治区、直辖市人民政府有关部门拟订，报军区国防动员机构批准，并报国家国防交通主管机构备案。

省、自治区、直辖市民用运力国防动员预案，由省、自治区、直辖市人民政府国防交通主管机构根据军区民用运力国防动员预案，会同本级人民政府有关部门和同级军事机关拟订，报本级国防动员机构批准，并报军区国防交通主管机构备案。

第十八条 海军、空军、第二炮兵（以下简称军兵种）根据所担负的特殊任务，需要单独制定民用运力国防动员预案的，经国家国防交通主管机构同意后，由军兵种主管国防交通工作的机构会同有关军区和省、自治区、直辖市人民政府的国防交通主管机构以及其他有关部门拟订；经所属的军兵种审核同意后，报国家国防动员机构批准。

第十九条 民用运力国防动员预案应当明确动员的任务、程序、要求和保障措施，便于操作执行，能够满足军事行动的需要。

第二十条 民用运力国防动员预案的调整，按照原拟订程序和批准权限办理。

第二十一条 国防交通主管机构应当会同人民武装动员机构，根据民用运力国防动员预案，组织和指导有关部门确定预征民用运力，并将预征民用运载工具及相关设备的类型、数量、技术标准和对操作、保障人员的要求通知有关单位和个人。

接到通知的单位和个人，应当按照要求做好预征民用运力的组织、技术保障等准备工作。

第二十二条 预征民用运载工具及相关设备，需要进行加装改造论证和试验的，由国防交通主管机构会同同级国民经济动员机构，根据民用运力国防动员预案制定实施方案，并组织实施。其中重大论证课题和试验项目的实施方案应当报国家国防动员机构批准；涉及加装武器装备的，按照武器装备加装改造的有关规定办理。

第二十三条 承担民用运载工具及相关设备加装改造论证课题和试验项目的单位，应当按照规定的时间与要求完成论证和试验任务，并将论证结论和试验结果的资料报送国防交通主管机构和国民经济动员机构。

拥有或者管理需要加装改造的预征民用运载工具及相关设备的单位和个人，应当向承担加装改造论证课题和试验项目的单位提供民用运载工具及相关设备的原始资料和情况，为加装改造论证课题和试验项目的顺利实施提供方便。

第二十四条 国民经济动员机构和国防交通主管机构，应当根据加装改造任务的要求，指导、帮助有关单位建立和完善加装改造的技术、材料及相关设备的储备制度。

第二十五条 人民武装动员机构应当会同国防交通主管机构和军队负责军事交通运输工作的部门，根据民用运力国防动员准备要求，结合预征民用运力担负的运输生产任务，组织预征民用运力进行必要的军事训练和专业技术训练。

参加预征民用运力训练的人员，训练期间的误工补贴或者在原单位的工资、奖金、福利待遇以及伙食补助、往返差旅费等，训练人员纳入民兵组织的，依照国家有关民兵参加军事训练的规定执行；训练人员未纳入民兵组织的，参照国家有关民兵参加军事训练的规定执行。

第二十六条 国防交通主管机构应当会同同级人民政府交通运输管理部门和其他有关部门，加强对预征民用运力的动态管理，建立相应的管理制度，采用先进的科技手段收集和掌握预征民用运力的动态信息。

拥有或者管理预征民用运力的单位和个人，应当按照规定及时向国防交通主管机构报送预征民用运力的变动情况。

第二十七条 军区级以上单位批准的军事训练、演习，可以征用民用运力。

军事训练、演习需要征用民用运力的，按照中央军事委员会规定的程序报军区级以上单位批准后，由国防交通主管机构根据民用运力国防动员预案组织实施。

军事训练、演习征用民用运力的补偿费用，按照租用方式计价结算。具体办法由国务院财政部门会同国务院有关部门和军队有关部门制定。

第三章　民用运力国防动员的实施

第二十八条 战时的民用运力国防动员，依据国家主席发布的动员令实施。

平时特殊情况下的民用运力国防动员，依据国务院、中央军事委员会发布的民用运力国防动员决定实施。

第二十九条 国防交通主管机构应当根据上级下达的民用运力国防

动员任务和使用单位提出的申请，按照快速动员的要求，迅速启动、实施民用运力国防动员预案。

在实施民用运力国防动员预案的过程中，需要对预案进行调整的，按照规定程序、权限办理。

第三十条 国防交通主管机构应当会同人民武装动员机构，按照上级下达的民用运力国防动员要求，通知被征民用运力的单位和个人，明确其被征民用运载工具及相关设备的类型、数量和操作、保障人员，以及民用运力集结的时间、地点和方式。

被征民用运力的单位和个人必须按照通知要求，组织被征民用运力在规定时限内到达集结地点，并保证被征民用运载工具及相关设备的技术状态和操作、保障人员的技能符合军事行动的要求。

第三十一条 被征民用运力集结地的人民武装动员机构应当会同国防交通主管机构及有关部门组成精干的指挥机构，对集结后的民用运力进行登记编组，查验整备情况，组织必要的应急训练，保证按时交付使用单位；被征民用运力来不及集结的，人民武装动员机构可以与使用单位商定报到时间和地点，并立即通知被征民用运力的单位和个人。被征民用运力交付使用单位时，应当办理交接手续。

被征民用运力交接后，有关民用运载工具及相关设备的安全防护、后勤保障和装备维修等，由使用单位负责，其执行任务所在地的人民政府予以协助。

第三十二条 被征民用运载工具及相关设备需要加装改造的，由国民经济动员机构会同国防交通主管机构和使用单位，按照民用运力国防动员预案确定的加装改造方案组织实施。

承担民用运载工具及相关设备加装改造任务的单位和个人，应当严格按照国家安全技术标准和国防要求进行加装改造，保证按期交付使用。

第三十三条 民用运力国防动员实施过程中，因情况紧急来不及报告的，使用单位可以按照民用运力国防动员预案直接在当地征用所需的民用运力，但必须同时按照规定的程序补报。

第三十四条 民用运力国防动员实施过程中，需要使用港口、码头、机场、车站和其他设施的，由国防交通主管机构事先向有关部门或者单位提出使用要求，有关部门和单位应当予以配合、支持。

第三十五条 使用民用运力的单位应当尽最大可能保证人员安全，并尽量避免民用运载工具及相关设备、设施受到损毁。

第三十六条 国务院、中央军事委员会根据民用运力国防动员的紧急需要，决定对某一行业或者地区的民用运力实施管制时，被实施民用运力管制的单位和个人，必须服从管制指挥机构的统一指挥，保证其拥有或者管理的民用运载工具及相关设备、设施和保障系统处于良好状态。

第四章 补偿与抚恤

第三十七条 民用运力国防动员任务完成后，使用民用运力的单位应当收拢民用运力，清查动员民用运力数量，统计民用运载工具及相关设备、设施的损失、损坏情况以及操作、保障人员的伤亡情况，按照有关规定办理移交手续，并出具民用运力使用、损毁情况证明。

第三十八条 加装改造的民用运载工具及相关设备需要并能够恢复原有功能的，国民经济动员机构应当在移交前会同国防交通主管机构和使用单位组织实施恢复工作。恢复工作完成并通过相应的检验后，应当及时移交。

加装改造的民用运载工具及相关设备不影响原使用功能的，可以不实施恢复工作。国防交通主管机构应当登记造册，列为民用运力国防动员储备。

第三十九条 拥有或者管理民用运力的单位和个人，因履行民用运力国防动员义务造成的下列直接财产损失，由中央财政和县级以上地方各级财政给予适当补偿：

（一）民用运载工具及相关设备和港口、码头、机场、车站等设施的灭失、损坏、折旧；

（二）民用运载工具及相关设备和港口、码头、机场、车站等设施的操作、保障人员的工资或者津贴；

（三）应当给予合理补偿的其他直接财产损失。

补偿的具体办法，由国务院财政部门会同有关部门制定。

第四十条 拥有或者管理民用运力的单位和个人，凭使用单位出具的使用、损毁证明，向当地的国防交通主管机构申报，经国防交通主管机构审核情况属实，并报有关人民政府批准后，由当地的国防交通主管机构负责在规定的期限内实施补偿。

第四十一条 拥有或者管理民用运力的单位和个人，因履行民用运力国防动员义务遭受人员伤亡的，其抚恤优待的办法和标准，由县级以上地方人民政府退役军人事务部门依照《军人抚恤优待条例》的规定执行。

第五章 经费保障

第四十二条 民用运力国防动员所需费用，由中央财政和县级以上地方各级财政共同负担。

中央财政负担的费用，列入中央预算；县级以上地方各级财政负担的费用，列入本级政府预算。

第四十三条 民用运力国防动员准备所需费用，由国家和县级以上地方各级人民政府国防交通主管机构，根据本年度民用运力国防动员工作任务编制预算，报本级人民政府批准。

第四十四条 民用运力国防动员实施所需费用，按照国家在战时及平时特殊情况下有关国防动员经费保障办法执行。

第四十五条 民用运力国防动员经费应当专款专用，并接受财政、审计部门的监督。

第六章 法律责任

第四十六条 违反本条例的规定，预征民用运力的单位或者个人逃避或者拒不履行民用运力国防动员义务的，由设区的市级人民政府国防交通主管机构责令改正；拒不改正的，强制其履行义务，可以对单位处 2 万元以上 10 万元以下的罚款,对个人处 2000 元以上 1 万元以下的罚款;构成犯罪的,依法追究刑事责任。

第四十七条 违反本条例的规定,被征民用运力的单位或者个人未按照规定的时间、地点和要求集结应征民用运力,由设区的市级人民政府国防交通主管机构责令改正;构成犯罪的,依法追究刑事责任。

第四十八条 违反本条例的规定,承担设计、建造或者加装改造任务的单位、个人,未按照国防要求对民用运载工具及相关设备进行设计、建造、加装改造,或者出资建造民用运载工具及相关设备的单位、个人阻碍有关设计、建造或者加装改造的,由设区的市级人民政府国防交通主管机构责令改正;拒不改正的,强制其履行义务,可以对单位处 5 万元以上 20 万元以下的罚款,对个人处 5000 元以上 5 万元以下的罚款;构成犯罪的,依法追究刑事责任。

第四十九条 破坏预征民用运载工具及相关设备或者以其他方式阻碍、干扰民用运力国防动员活动,造成损失或者不良影响的,由公安机关依照《中华人民共和国治安管理处罚法》给予处罚;构成犯罪的,依法追究刑事责任。

第五十条 违反本条例的规定,县级以上人民政府交通运输管理部门、公安交通管理部门和其他有关部门拒绝向国防交通主管机构报送或者迟延报送上一年度民用运力登记的有关资料和情况的,由本级人民政府责令限期报送;逾期未报送的,对负有直接责任的主管人员和其他直接责任人员,由有关主管机关依法给予记过、记大过、降级的行政处分。

第五十一条 违反本条例的规定,国防交通主管机构、国民经济动员机构、人民武装动员机构、民用运力使用单位有下列情形之一的,由有关主管机关对负有直接责任的主管人员和其他直接责任人员依法给予记大过、降级、撤职的行政处分或者依照《中国人民解放军纪律条令》的有关规定给予纪律处分;构成犯罪的,依法追究刑事责任:

(一)泄露所收集、掌握的民用运力资料和情况的;

（二）超越权限，擅自动员民用运力的；

（三）对被征用民用运力管理不善，造成严重损失的；

（四）不出具民用运力使用、损毁证明，经有关主管机关指出拒不改正的；

（五）违反专款专用的规定，擅自使用民用运力国防动员经费的。

第七章　附　　则

第五十二条　平时特殊情况，是指发生危及国家主权、统一、领土完整和安全的武装冲突以及其他突发性事件。

第五十三条　本条例自 2004 年 1 月 1 日起施行。

四、文化教育

中华人民共和国非物质文化遗产法

1. 2011年2月25日第十一届全国人民代表大会常务委员会第十九次会议通过
2. 2011年2月25日中华人民共和国主席令第42号公布
3. 自2011年6月1日起施行

目　　录

第一章　总　　则

第一条　【立法目的】为了继承和弘扬中华民族优秀传统文化,促进社会主义精神文明建设,加强非物质文化遗产保护、保存工作,制定本法。

第二条　【非物质文化遗产定义及范围】本法所称非物质文化遗产,是指各族人民世代相传并视为其文化遗产组成部分的各种传统文化表现形式,以及与传统文化表现形式相关的实物和场所。包括:

(一)传统口头文学以及作为其载体的语言;

(二)传统美术、书法、音乐、舞蹈、戏剧、曲艺和杂技;

（三）传统技艺、医药和历法；

（四）传统礼仪、节庆等民俗；

（五）传统体育和游艺；

（六）其他非物质文化遗产。

属于非物质文化遗产组成部分的实物和场所，凡属文物的，适用《中华人民共和国文物保护法》的有关规定。

第三条　【非物质文化遗产保护原则与措施】国家对非物质文化遗产采取认定、记录、建档等措施予以保存，对体现中华民族优秀传统文化，具有历史、文学、艺术、科学价值的非物质文化遗产采取传承、传播等措施予以保护。

第四条　【保护非物质文化遗产的原则】保护非物质文化遗产，应当注重其真实性、整体性和传承性，有利于增强中华民族的文化认同，有利于维护国家统一和民族团结，有利于促进社会和谐和可持续发展。

第五条　【使用非物质文化遗产的原则】使用非物质文化遗产，应当尊重其形式和内涵。

禁止以歪曲、贬损等方式使用非物质文化遗产。

第六条　【政府的责任】县级以上人民政府应当将非物质文化遗产保护、保存工作纳入本级国民经济和社会发展规划，并将保护、保存经费列入本级财政预算。

国家扶持民族地区、边远地区、贫困地区的非物质文化遗产保护、保存工作。

第七条　【工作主管部门】国务院文化主管部门负责全国非物质文化遗产的保护、保存工作；县级以上地方人民政府文化主管部门负责本行政区域内非物质文化遗产的保护、保存工作。

县级以上人民政府其他有关部门在各自职责范围内，负责有关非物质文化遗产的保护、保存工作。

第八条　【人民政府宣传非物质文化遗产的责任】县级以上人民政府应当加强对非物质文化遗产保护工作的宣传，提高全社会保护非物质文化遗产的意识。

第九条　【全民参与原则】国家鼓励和支持公民、法人和其他组织参与非物质文化遗产保护工作。

第十条 【非物质文化遗产保护工作中的表彰和奖励】对在非物质文化遗产保护工作中做出显著贡献的组织和个人,按照国家有关规定予以表彰、奖励。

第二章 非物质文化遗产的调查

第十一条 【政府组织非物质文化遗产调查】县级以上人民政府根据非物质文化遗产保护、保存工作需要,组织非物质文化遗产调查。非物质文化遗产调查由文化主管部门负责进行。

县级以上人民政府其他有关部门可以对其工作领域内的非物质文化遗产进行调查。

第十二条 【调查方法和要求】文化主管部门和其他有关部门进行非物质文化遗产调查,应当对非物质文化遗产予以认定、记录、建档,建立健全调查信息共享机制。

文化主管部门和其他有关部门进行非物质文化遗产调查,应当收集属于非物质文化遗产组成部分的代表性实物,整理调查工作中取得的资料,并妥善保存,防止损毁、流失。其他有关部门取得的实物图片、资料复制件,应当汇交给同级文化主管部门。

第十三条 【公开非物质文化遗产档案和信息】文化主管部门应当全面了解非物质文化遗产有关情况,建立非物质文化遗产档案及相关数据库。除依法应当保密的外,非物质文化遗产档案及相关数据信息应当公开,便于公众查阅。

第十四条 【公民、法人和其他组织进行调查的要求】公民、法人和其他组织可以依法进行非物质文化遗产调查。

第十五条 【境外组织和个人在我国境内进行调查的要求】境外组织或者个人在中华人民共和国境内进行非物质文化遗产调查,应当报经省、自治区、直辖市人民政府文化主管部门批准;调查在两个以上省、自治区、直辖市行政区域进行的,应当报经国务院文化主管部门批准;调查结束后,应当向批准调查的文化主管部门提交调查报告和调查中取得的实物图片、资料复制件。

境外组织在中华人民共和国境内进行非物质文化遗产调查，应当与境内非物质文化遗产学术研究机构合作进行。

第十六条 【调查活动中的禁止性规范】进行非物质文化遗产调查，应当征得调查对象的同意，尊重其风俗习惯，不得损害其合法权益。

第十七条 【濒临消失的非物质文化遗产的保护、保存】对通过调查或者其他途径发现的濒临消失的非物质文化遗产项目，县级人民政府文化主管部门应当立即予以记录并收集有关实物，或者采取其他抢救性保存措施；对需要传承的，应当采取有效措施支持传承。

第三章 非物质文化遗产代表性项目名录

第十八条 【建立代表性项目名录制度】国务院建立国家级非物质文化遗产代表性项目名录，将体现中华民族优秀传统文化，具有重大历史、文学、艺术、科学价值的非物质文化遗产项目列入名录予以保护。

省、自治区、直辖市人民政府建立地方非物质文化遗产代表性项目名录，将本行政区域内体现中华民族优秀传统文化，具有历史、文学、艺术、科学价值的非物质文化遗产项目列入名录予以保护。

第十九条 【推荐国家级非物质文化遗产代表性项目名录的要求】省、自治区、直辖市人民政府可以从本省、自治区、直辖市非物质文化遗产代表性项目名录中向国务院文化主管部门推荐列入国家级非物质文化遗产代表性项目名录的项目。推荐时应当提交下列材料：

（一）项目介绍，包括项目的名称、历史、现状和价值；

（二）传承情况介绍，包括传承范围、传承谱系、传承人的技艺水平、传承活动的社会影响；

（三）保护要求，包括保护应当达到的目标和应当采取的措施、步骤、管理制度；

（四）有助于说明项目的视听资料等材料。

第二十条 【建议列入国家级非物质文化遗产代表性名录的要求】公民、法人和其他组织认为某项非物质文化遗产体现中华民族优秀传统文化，具有重大历史、文学、艺术、科学价值的，可以向省、自治区、直辖市人民政府或者国务院文化主管部门提出列入国家级非物质文化遗产代表性项目名录的建议。

第二十一条 【可以同时列入国家级非物质文化遗产代表性项目名录的要求】相同的非物质文化遗产项目，其形式和内涵在两个以上地区均保持完整的，可以同时列入国家级非物质文化遗产代表性项目名录。

第二十二条 【非物质文化遗产评审程序及评审原则】国务院文化主管部门应当组织专家评审小组和专家评审委员会，对推荐或者建议列入国家级非物质文化遗产代表性项目名录的非物质文化遗产项目进行初评和审议。

初评意见应当经专家评审小组成员过半数通过。专家评审委员会对初评意见进行审议，提出审议意见。

评审工作应当遵循公开、公平、公正的原则。

第二十三条 【公示程序】国务院文化主管部门应当将拟列入国家级非物质文化遗产代表性项目名录的项目予以公示，征求公众意见。公示时间不得少于二十日。

第二十四条 【批准、公布程序】国务院文化主管部门根据专家评审委员会的审议意见和公示结果，拟订国家级非物质文化遗产代表性项目名录，报国务院批准、公布。

第二十五条 【非物质文化遗产保护规划】国务院文化主管部门应当组织制定保护规划，对国家级非物质文化遗产代表性项目予以保护。

省、自治区、直辖市人民政府文化主管部门应当组织制定保护规划，对本级人民政府批准公布的地方非物质文化遗产代表性项目予以保护。

制定非物质文化遗产代表性项目保护规划，应当对濒临消失的非物质文化遗产代表性项目予以重点保护。

第二十六条 【专项保护规划】对非物质文化遗产代表性项目集中、特色鲜明、形式和内涵保持完整的特定区域，当地文化主管部门可以制定专项保护规划，报经本级人民政府批准后，实行区域性整体保护。确定对非物质文化遗产实行区域性整体保护，应当尊重当地居民的意愿，并保护属于非物质文化遗产组成部分的实物和场所，避免遭受破坏。

实行区域性整体保护涉及非物质文化遗产集中地村镇或者街区空间规划的，应当由当地城乡规划主管部门依据相关法规制定专项保护规划。

第二十七条 **【专项保护规划的监督和检查】**国务院文化主管部门和省、自治区、直辖市人民政府文化主管部门应当对非物质文化遗产代表性项目保护规划的实施情况进行监督检查；发现保护规划未能有效实施的，应当及时纠正、处理。

第四章 非物质文化遗产的传承与传播

第二十八条 **【建立非物质文化遗产的传承、传播制度】**国家鼓励和支持开展非物质文化遗产代表性项目的传承、传播。

第二十九条 **【代表性传承人的条件及评审程序】**国务院文化主管部门和省、自治区、直辖市人民政府文化主管部门对本级人民政府批准公布的非物质文化遗产代表性项目，可以认定代表性传承人。

非物质文化遗产代表性项目的代表性传承人应当符合下列条件：

（一）熟练掌握其传承的非物质文化遗产；

（二）在特定领域内具有代表性，并在一定区域内具有较大影响；

（三）积极开展传承活动。

认定非物质文化遗产代表性项目的代表性传承人，应当参照执行本法有关非物质文化遗产代表性项目评审的规定，并将所认定的代表性传承人名单予以公布。

第三十条 **【政府的责任】**县级以上人民政府文化主管部门根据需要，采取下列措施，支持非物质文化遗产代表性项目的代表性传承人开展传承、传播活动：

（一）提供必要的传承场所；

（二）提供必要的经费资助其开展授徒、传艺、交流等活动；

（三）支持其参与社会公益性活动；

（四）支持其开展传承、传播活动的其他措施。

第三十一条 **【代表性传承人的义务及退出机制】**非物质文化遗产代表性项目的代表性传承人应当履行下列义务：

（一）开展传承活动，培养后继人才；

（二）妥善保存相关的实物、资料；

（三）配合文化主管部门和其他有关部门进行非物质文化遗产调查；

（四）参与非物质文化遗产公益性宣传。

非物质文化遗产代表性项目的代表性传承人无正当理由不履行前款规定义务的，文化主管部门可以取消其代表性传承人资格，重新认定该项目的代表性传承人；丧失传承能力的，文化主管部门可以重新认定该项目的代表性传承人。

第三十二条　【宣传、展示非物质文化遗产代表性项目】县级以上人民政府应当结合实际情况，采取有效措施，组织文化主管部门和其他有关部门宣传、展示非物质文化遗产代表性项目。

第三十三条　【非物质文化遗产的研究、整理及出版活动】国家鼓励开展与非物质文化遗产有关的科学技术研究和非物质文化遗产保护、保存方法研究，鼓励开展非物质文化遗产的记录和非物质文化遗产代表性项目的整理、出版等活动。

第三十四条　【非物质文化遗产的宣传、教育】学校应当按照国务院教育主管部门的规定，开展相关的非物质文化遗产教育。

新闻媒体应当开展非物质文化遗产代表性项目的宣传，普及非物质文化遗产知识。

第三十五条　【公共文化机构等的责任】图书馆、文化馆、博物馆、科技馆等公共文化机构和非物质文化遗产学术研究机构、保护机构以及利用财政性资金举办的文艺表演团体、演出场所经营单位等，应当根据各自业务范围，开展非物质文化遗产的整理、研究、学术交流和非物质文化遗产代表性项目的宣传、展示。

第三十六条　【展示场所和传承场所】国家鼓励和支持公民、法人和其他组织依法设立非物质文化遗产展示场所和传承场所，展示和传承非物质文化遗产代表性项目。

第三十七条　【非物质文化遗产生产性保护】国家鼓励和支持发挥非物质文化遗产资源的特殊优势，在有效保护的基础上，合理利用非物质文化遗产代表性项目开发具有地方、民族特色和市场潜力的文化产品和文化服务。

开发利用非物质文化遗产代表性项目的，应当支持代表性传承人开展传承活动，保护属于该项目组成部分的实物和场所。

县级以上地方人民政府应当对合理利用非物质文化遗产代表性项目的单位予以扶持。单位合理利用非物质文化遗产代表性项目的，依法享受国家规定的税收优惠。

第五章　法 律 责 任

第三十八条　【对玩忽职守、滥用职权、徇私舞弊行为的法律责任】文化主管部门和其他有关部门的工作人员在非物质文化遗产保护、保存工作中玩忽职守、滥用职权、徇私舞弊的，依法给予处分。

第三十九条　【对侵犯调查对象风俗习惯行为的法律责任】文化主管部门和其他有关部门的工作人员进行非物质文化遗产调查时侵犯调查对象风俗习惯，造成严重后果的，依法给予处分。

第四十条　【破坏非物质文化遗产的法律责任】违反本法规定，破坏属于非物质文化遗产组成部分的实物和场所的，依法承担民事责任；构成违反治安管理行为的，依法给予治安管理处罚。

第四十一条　【境外组织和个人违反本法规定的法律责任】境外组织违反本法第十五条规定的，由文化主管部门责令改正，给予警告，没收违法所得及调查中取得的实物、资料；情节严重的，并处十万元以上五十万元以下的罚款。

境外个人违反本法第十五条第一款规定的，由文化主管部门责令改正，给予警告，没收违法所得及调查中取得的实物、资料；情节严重的，并处一万元以上五万元以下的罚款。

第四十二条　【刑事责任】违反本法规定，构成犯罪的，依法追究刑事责任。

第六章　附　　则

第四十三条　【建立地方名录的特别规定】建立地方非物质文化遗产

代表性项目名录的办法，由省、自治区、直辖市参照本法有关规定制定。

第四十四条　【使用非物质文化遗产涉及的知识产权问题的法律适用及传统医药、传统工艺美术保护的特别规定】使用非物质文化遗产涉及知识产权的，适用有关法律、行政法规的规定。

对传统医药、传统工艺美术等的保护，其他法律、行政法规另有规定的，依照其规定。

第四十五条　【施行日期】本法自2011年6月1日起施行。

中华人民共和国文物保护法

1. 1982年11月19日第五届全国人民代表大会常务委员会第二十五次会议通过
2. 根据1991年6月29日第七届全国人民代表大会常务委员会第二十次会议《关于修改〈中华人民共和国文物保护法〉第三十条、第三十一条的决定》第一次修正
3. 2002年10月28日第九届全国人民代表大会常务委员会第三十次会议修订
4. 根据2007年12月29日第十届全国人民代表大会常务委员会第三十一次会议《关于修改〈中华人民共和国文物保护法〉的决定》第二次修正
5. 根据2013年6月29日第十二届全国人民代表大会常务委员会第三次会议《关于修改〈中华人民共和国文物保护法〉等十二部法律的决定》第三次修正
6. 根据2015年4月24日第十二届全国人民代表大会常务委员会第十四次会议《关于修改〈中华人民共和国文物保护法〉的决定》第四次修正
7. 根据2017年11月4日第十二届全国人民代表大会常务委员会第三十次会议《关于修改〈中华人民共和国会计法〉等十一部法律的决定》第五次修正

目　　录

第一章　总　　则

第一条　【立法目的】为了加强对文物的保护，继承中华民族优秀的历史文化遗产，促进科学研究工作，进行爱国主义和革命传统教育，建设社会主义精神文明和物质文明，根据宪法，制定本法。

第二条　【适用范围】在中华人民共和国境内，下列文物受国家保护：

（一）具有历史、艺术、科学价值的古文化遗址、古墓葬、古建筑、石窟寺和石刻、壁画；

（二）与重大历史事件、革命运动或者著名人物有关的以及具有重要纪念意义、教育意义或者史料价值的近代现代重要史迹、实物、代表性建筑；

（三）历史上各时代珍贵的艺术品、工艺美术品；

（四）历史上各时代重要的文献资料以及具有历史、艺术、科学价值的手稿和图书资料等；

（五）反映历史上各时代、各民族社会制度、社会生产、社会生活的代表性实物。

文物认定的标准和办法由国务院文物行政部门制定，并报国务院批准。

具有科学价值的古脊椎动物化石和古人类化石同文物一样受国家保护。

第三条　【文物的分类】古文化遗址、古墓葬、古建筑、石窟寺、石刻、壁画、近代现代重要史迹和代表性建筑等不可移动文物，根据它们的历史、艺术、科学价值，可以分别确定为全国重点文物保护单位，省级文物保护单位，市、县级文物保护单位。

历史上各时代重要实物、艺术品、文献、手稿、图书资料、代表性实物等可移动文物，分为珍贵文物和一般文物；珍贵文物分为一级文物、二级文物、三级文物。

第四条　【文物工作的方针】文物工作贯彻保护为主、抢救第一、合理利用、加强管理的方针。

第五条　【国有文物】中华人民共和国境内地下、内水和领海中遗存的一切文物,属于国家所有。

古文化遗址、古墓葬、石窟寺属于国家所有。国家指定保护的纪念建筑物、古建筑、石刻、壁画、近代现代代表性建筑等不可移动文物,除国家另有规定的以外,属于国家所有。

国有不可移动文物的所有权不因其所依附的土地所有权或者使用权的改变而改变。

下列可移动文物,属于国家所有:

(一)中国境内出土的文物,国家另有规定的除外;

(二)国有文物收藏单位以及其他国家机关、部队和国有企业、事业组织等收藏、保管的文物;

(三)国家征集、购买的文物;

(四)公民、法人和其他组织捐赠给国家的文物;

(五)法律规定属于国家所有的其他文物。

属于国家所有的可移动文物的所有权不因其保管、收藏单位的终止或者变更而改变。

国有文物所有权受法律保护,不容侵犯。

第六条　【法律保护非国有文物的所有权】属于集体所有和私人所有的纪念建筑物、古建筑和祖传文物以及依法取得的其他文物,其所有权受法律保护。文物的所有者必须遵守国家有关文物保护的法律、法规的规定。

第七条　【保护文物的义务】一切机关、组织和个人都有依法保护文物的义务。

第八条　【文物保护工作的主管部门】国务院文物行政部门主管全国文物保护工作。

地方各级人民政府负责本行政区域内的文物保护工作。县级以上地方人民政府承担文物保护工作的部门对本行政区域内的文物保护实施监督管理。

县级以上人民政府有关行政部门在各自的职责范围内，负责有关的文物保护工作。

第九条 【国家机关的义务】各级人民政府应当重视文物保护，正确处理经济建设、社会发展与文物保护的关系，确保文物安全。

基本建设、旅游发展必须遵守文物保护工作的方针，其活动不得对文物造成损害。

公安机关、工商行政管理部门、海关、城乡建设规划部门和其他有关国家机关，应当依法认真履行所承担的保护文物的职责，维护文物管理秩序。

第十条 【财政支持】国家发展文物保护事业。县级以上人民政府应当将文物保护事业纳入本级国民经济和社会发展规划，所需经费列入本级财政预算。

国家用于文物保护的财政拨款随着财政收入增长而增加。

国有博物馆、纪念馆、文物保护单位等的事业性收入，专门用于文物保护，任何单位或者个人不得侵占、挪用。

国家鼓励通过捐赠等方式设立文物保护社会基金，专门用于文物保护，任何单位或者个人不得侵占、挪用。

第十一条 【文物保护的观念培养和技术支持】文物是不可再生的文化资源。国家加强文物保护的宣传教育，增强全民文物保护的意识，鼓励文物保护的科学研究，提高文物保护的科学技术水平。

第十二条 【国家奖励】有下列事迹的单位或者个人，由国家给予精神鼓励或者物质奖励：

（一）认真执行文物保护法律、法规，保护文物成绩显著的；

（二）为保护文物与违法犯罪行为作坚决斗争的；

（三）将个人收藏的重要文物捐献给国家或者为文物保护事业作出捐赠的；

（四）发现文物及时上报或者上交，使文物得到保护的；

（五）在考古发掘工作中作出重大贡献的；

（六）在文物保护科学技术方面有重要发明创造或者其他重要

贡献的；

（七）在文物面临破坏危险时，抢救文物有功的；

（八）长期从事文物工作，作出显著成绩的。

第二章 不可移动文物

第十三条 【不可移动文物的分类工作】国务院文物行政部门在省级、市、县级文物保护单位中，选择具有重大历史、艺术、科学价值的确定为全国重点文物保护单位，或者直接确定为全国重点文物保护单位，报国务院核定公布。

省级文物保护单位，由省、自治区、直辖市人民政府核定公布，并报国务院备案。

市级和县级文物保护单位，分别由设区的市、自治州和县级人民政府核定公布，并报省、自治区、直辖市人民政府备案。

尚未核定公布为文物保护单位的不可移动文物，由县级人民政府文物行政部门予以登记并公布。

第十四条 【历史文化名城、街区、村镇】保存文物特别丰富并且具有重大历史价值或者革命纪念意义的城市，由国务院核定公布为历史文化名城。

保存文物特别丰富并且具有重大历史价值或者革命纪念意义的城镇、街道、村庄，由省、自治区、直辖市人民政府核定公布为历史文化街区、村镇，并报国务院备案。

历史文化名城和历史文化街区、村镇所在地的县级以上地方人民政府应当组织编制专门的历史文化名城和历史文化街区、村镇保护规划，并纳入城市总体规划。

历史文化名城和历史文化街区、村镇的保护办法，由国务院制定。

第十五条 【不可移动文物保护范围的确定】各级文物保护单位，分别由省、自治区、直辖市人民政府和市、县级人民政府划定必要的保护范围，作出标志说明，建立记录档案，并区别情况分别设置专门机构或者专人负责管理。全国重点文物保护单位的保护范围和记录档案，由省、自治区、直辖市人民政府文物行政部门报国务院文物行政部门备案。

县级以上地方人民政府文物行政部门应当根据不同文物的保护需要，制定文物保护单位和未核定为文物保护单位的不可移动文物的具体保护措施，并公告施行。

第十六条 【城乡建设规划与文物保护】各级人民政府制定城乡建设规划，应当根据文物保护的需要，事先由城乡建设规划部门会同文物行政部门商定对本行政区域内各级文物保护单位的保护措施，并纳入规划。

第十七条 【建设工程与文物保护范围】文物保护单位的保护范围内不得进行其他建设工程或者爆破、钻探、挖掘等作业。但是，因特殊情况需要在文物保护单位的保护范围内进行其他建设工程或者爆破、钻探、挖掘等作业的，必须保证文物保护单位的安全，并经核定公布该文物保护单位的人民政府批准，在批准前应当征得上一级人民政府文物行政部门同意；在全国重点文物保护单位的保护范围内进行其他建设工程或者爆破、钻探、挖掘等作业的，必须经省、自治区、直辖市人民政府批准，在批准前应当征得国务院文物行政部门同意。

第十八条 【建设控制地带】根据保护文物的实际需要，经省、自治区、直辖市人民政府批准，可以在文物保护单位的周围划出一定的建设控制地带，并予以公布。

在文物保护单位的建设控制地带内进行建设工程，不得破坏文物保护单位的历史风貌；工程设计方案应当根据文物保护单位的级别，经相应的文物行政部门同意后，报城乡建设规划部门批准。

第十九条 【文物保护与环保】在文物保护单位的保护范围和建设控制地带内，不得建设污染文物保护单位及其环境的设施，不得进行可能影响文物保护单位安全及其环境的活动。对已有的污染文物保护单位及其环境的设施，应当限期治理。

第二十条 【建设工程选址与文物保护】建设工程选址，应当尽可能避开不可移动文物;因特殊情况不能避开的,对文物保护单位应当尽可能实施原址保护。

实施原址保护的,建设单位应当事先确定保护措施,根据文物保护单位的级别报相应的文物行政部门批准;未经批准的,不得开工建设。

无法实施原址保护,必须迁移异地保护或者拆除的,应当报省、自治区、直辖市人民政府批准;迁移或者拆除省级文物保护单位的,批准前须征得国务院文物行政部门同意。全国重点文物保护单位不得拆除;需要迁移的,须由省、自治区、直辖市人民政府报国务院批准。

依照前款规定拆除的国有不可移动文物中具有收藏价值的壁画、雕塑、建筑构件等,由文物行政部门指定的文物收藏单位收藏。

本条规定的原址保护、迁移、拆除所需费用,由建设单位列入建设工程预算。

第二十一条 【不可移动文物的修缮与保养】国有不可移动文物由使用人负责修缮、保养;非国有不可移动文物由所有人负责修缮、保养。非国有不可移动文物有损毁危险,所有人不具备修缮能力的,当地人民政府应当给予帮助;所有人具备修缮能力而拒不依法履行修缮义务的,县级以上人民政府可以给予抢救修缮,所需费用由所有人负担。

对文物保护单位进行修缮,应当根据文物保护单位的级别报相应的文物行政部门批准;对未核定为文物保护单位的不可移动文物进行修缮,应当报登记的县级人民政府文物行政部门批准。

文物保护单位的修缮、迁移、重建,由取得文物保护工程资质证书的单位承担。

对不可移动文物进行修缮、保养、迁移,必须遵守不改变文物原状的原则。

第二十二条 【遗址保护】不可移动文物已经全部毁坏的,应当实施遗址保护,不得在原址重建。但是,因特殊情况需要在原址重建的,由省、自治区、直辖市人民政府文物行政部门报省、自治区、直辖市人民政府批准；全国重点文物保护单位需要在原址重建的，由省、自治区、直辖市人民政府报国务院批准。

第二十三条　【文物作其他用途时的管理】核定为文物保护单位的属于国家所有的纪念建筑物或者古建筑，除可以建立博物馆、保管所或者辟为参观游览场所外，作其他用途的，市、县级文物保护单位应当经核定公布该文物保护单位的人民政府文物行政部门征得上一级文物行政部门同意后，报核定公布该文物保护单位的人民政府批准；省级文物保护单位应当经核定公布该文物保护单位的省级人民政府的文物行政部门审核同意后，报该省级人民政府批准；全国重点文物保护单位作其他用途的，应当由省、自治区、直辖市人民政府报国务院批准。国有未核定为文物保护单位的不可移动文物作其他用途的，应当报告县级人民政府文物行政部门。

第二十四条　【国有文物的转让、抵押与经营限制】国有不可移动文物不得转让、抵押。建立博物馆、保管所或者辟为参观游览场所的国有文物保护单位，不得作为企业资产经营。

第二十五条　【非国有文物的转让与抵押限制】非国有不可移动文物不得转让、抵押给外国人。

非国有不可移动文物转让、抵押或者改变用途的，应当根据其级别报相应的文物行政部门备案。

第二十六条　【不可移动文物的使用限制】使用不可移动文物，必须遵守不改变文物原状的原则，负责保护建筑物及其附属文物的安全，不得损毁、改建、添建或者拆除不可移动文物。

对危害文物保护单位安全、破坏文物保护单位历史风貌的建筑物、构筑物，当地人民政府应当及时调查处理，必要时，对该建筑物、构筑物予以拆迁。

第三章　考古发掘

第二十七条　【考古发掘报批制】一切考古发掘工作，必须履行报批手续；从事考古发掘的单位，应当经国务院文物行政部门批准。

地下埋藏的文物，任何单位或者个人都不得私自发掘。

第二十八条 【考古发掘计划】从事考古发掘的单位，为了科学研究进行考古发掘，应当提出发掘计划，报国务院文物行政部门批准；对全国重点文物保护单位的考古发掘计划，应当经国务院文物行政部门审核后报国务院批准。国务院文物行政部门在批准或者审核前，应当征求社会科学研究机构及其他科研机构和有关专家的意见。

第二十九条 【大型基建的事先考古勘查】进行大型基本建设工程，建设单位应当事先报请省、自治区、直辖市人民政府文物行政部门组织从事考古发掘的单位在工程范围内有可能埋藏文物的地方进行考古调查、勘探。

考古调查、勘探中发现文物的，由省、自治区、直辖市人民政府文物行政部门根据文物保护的要求会同建设单位共同商定保护措施；遇有重要发现的，由省、自治区、直辖市人民政府文物行政部门及时报国务院文物行政部门处理。

第三十条 【建设工程的事先考古发掘】需要配合建设工程进行的考古发掘工作，应当由省、自治区、直辖市文物行政部门在勘探工作的基础上提出发掘计划，报国务院文物行政部门批准。国务院文物行政部门在批准前，应当征求社会科学研究机构及其他科研机构和有关专家的意见。

确因建设工期紧迫或者有自然破坏危险，对古文化遗址、古墓葬急需进行抢救发掘的，由省、自治区、直辖市人民政府文物行政部门组织发掘，并同时补办审批手续。

第三十一条 【事先考古工作的费用问题】凡因进行基本建设和生产建设需要的考古调查、勘探、发掘，所需费用由建设单位列入建设工程预算。

第三十二条 【文物现场的保护】在进行建设工程或者在农业生产中，任何单位或者个人发现文物，应当保护现场，立即报告当地文物行政部门，文物行政部门接到报告后，如无特殊情况，应当在二十四小时内赶赴现场，并在七日内提出处理意见。文物行政部门可以报请当地人民政府通知公安机关协助保护现场；发现重要文物的，应当立即上报国务院文物行政部门，国务院文物行政部门应当在接到报告后十五日内提出处理意见。

依照前款规定发现的文物属于国家所有，任何单位或者个人不得哄抢、私分、藏匿。

第三十三条 【对外方进行的考古工作的管理】非经国务院文物行政部门报国务院特别许可，任何外国人或者外国团体不得在中华人民共和国境内进行考古调查、勘探、发掘。

第三十四条 【考古发掘文物的管理】考古调查、勘探、发掘的结果，应当报告国务院文物行政部门和省、自治区、直辖市人民政府文物行政部门。

考古发掘的文物，应当登记造册，妥善保管，按照国家有关规定移交给由省、自治区、直辖市人民政府文物行政部门或者国务院文物行政部门指定的国有博物馆、图书馆或者其他国有收藏文物的单位收藏。经省、自治区、直辖市人民政府文物行政部门批准，从事考古发掘的单位可以保留少量出土文物作为科研标本。

考古发掘的文物，任何单位或者个人不得侵占。

第三十五条 【出土文物的调用】根据保证文物安全、进行科学研究和充分发挥文物作用的需要，省、自治区、直辖市人民政府文物行政部门经本级人民政府批准，可以调用本行政区域内的出土文物；国务院文物行政部门经国务院批准，可以调用全国的重要出土文物。

第四章 馆藏文物

第三十六条 【馆藏文物档案】博物馆、图书馆和其他文物收藏单位对收藏的文物，必须区分文物等级，设置藏品档案，建立严格的管理制度，并报主管的文物行政部门备案。

县级以上地方人民政府文物行政部门应当分别建立本行政区域内的馆藏文物档案；国务院文物行政部门应当建立国家一级文物藏品档案和其主管的国有文物收藏单位馆藏文物档案。

第三十七条 【馆藏文物的获取途径】文物收藏单位可以通过下列方

式取得文物：

（一）购买；

（二）接受捐赠；

（三）依法交换；

（四）法律、行政法规规定的其他方式。

国有文物收藏单位还可以通过文物行政部门指定保管或者调拨方式取得文物。

第三十八条　【文物收藏单位的保护义务】文物收藏单位应当根据馆藏文物的保护需要，按照国家有关规定建立、健全管理制度，并报主管的文物行政部门备案。未经批准，任何单位或者个人不得调取馆藏文物。

文物收藏单位的法定代表人对馆藏文物的安全负责。国有文物收藏单位的法定代表人离任时，应当按照馆藏文物档案办理馆藏文物移交手续。

第三十九条　【馆藏文物的调拨】国务院文物行政部门可以调拨全国的国有馆藏文物。省、自治区、直辖市人民政府文物行政部门可以调拨本行政区域内其主管的国有文物收藏单位馆藏文物；调拨国有馆藏一级文物，应当报国务院文物行政部门备案。

国有文物收藏单位可以申请调拨国有馆藏文物。

第四十条　【文物展览】文物收藏单位应当充分发挥馆藏文物的作用，通过举办展览、科学研究等活动，加强对中华民族优秀的历史文化和革命传统的宣传教育。

国有文物收藏单位之间因举办展览、科学研究等需借用馆藏文物的，应当报主管的文物行政部门备案；借用馆藏一级文物的，应当同时报国务院文物行政部门备案。

非国有文物收藏单位和其他单位举办展览需借用国有馆藏文物的，应当报主管的文物行政部门批准；借用国有馆藏一级文物，应当经国务院文物行政部门批准。

文物收藏单位之间借用文物的最长期限不得超过三年。

第四十一条　【文物交换】已经建立馆藏文物档案的国有文物收藏单

位，经省、自治区、直辖市人民政府文物行政部门批准，并报国务院文物行政部门备案，其馆藏文物可以在国有文物收藏单位之间交换。

第四十二条 【对未建档案的收藏单位的活动限制】未建立馆藏文物档案的国有文物收藏单位，不得依照本法第四十条、第四十一条的规定处置其馆藏文物。

第四十三条 【调拨、交换、借用文物的补偿费用】依法调拨、交换、借用国有馆藏文物，取得文物的文物收藏单位可以对提供文物的文物收藏单位给予合理补偿，具体管理办法由国务院文物行政部门制定。

国有文物收藏单位调拨、交换、出借文物所得的补偿费用，必须用于改善文物的收藏条件和收集新的文物，不得挪作他用；任何单位或者个人不得侵占。

调拨、交换、借用的文物必须严格保管，不得丢失、损毁。

第四十四条 【处置文物的限制性规定】禁止国有文物收藏单位将馆藏文物赠与、出租或者出售给其他单位、个人。

第四十五条 【文物处置办法的制定】国有文物收藏单位不再收藏的文物的处置办法，由国务院另行制定。

第四十六条 【使用馆藏文物的注意义务】修复馆藏文物，不得改变馆藏文物的原状；复制、拍摄、拓印馆藏文物，不得对馆藏文物造成损害。具体管理办法由国务院制定。

不可移动文物的单体文物的修复、复制、拍摄、拓印，适用前款规定。

第四十七条 【配备文物保护设施的义务】博物馆、图书馆和其他收藏文物的单位应当按照国家有关规定配备防火、防盗、防自然损坏的设施，确保馆藏文物的安全。

第四十八条 【文物毁损的处理办法】馆藏一级文物损毁的，应当报国务院文物行政部门核查处理。其他馆藏文物损毁的，应当报省、自治区、直辖市人民政府文物行政部门核查处理；省、自治区、直辖市人民政府文物行政部门应当将核查处理结果报国务院文物行政部门备案。

馆藏文物被盗、被抢或者丢失的，文物收藏单位应当立即向公安机关报案，并同时向主管的文物行政部门报告。

第四十九条 【工作人员的行为限制】文物行政部门和国有文物收藏单位的工作人员不得借用国有文物，不得非法侵占国有文物。

第五章 民间收藏文物

第五十条 【民间收藏文物的获取途径】文物收藏单位以外的公民、法人和其他组织可以收藏通过下列方式取得的文物：

（一）依法继承或者接受赠与；

（二）从文物商店购买；

（三）从经营文物拍卖的拍卖企业购买；

（四）公民个人合法所有的文物相互交换或者依法转让；

（五）国家规定的其他合法方式。

文物收藏单位以外的公民、法人和其他组织收藏的前款文物可以依法流通。

第五十一条 【民间买卖文物的限制性规定】公民、法人和其他组织不得买卖下列文物：

（一）国有文物，但是国家允许的除外；

（二）非国有馆藏珍贵文物；

（三）国有不可移动文物中的壁画、雕塑、建筑构件等，但是依法拆除的国有不可移动文物中的壁画、雕塑、建筑构件等不属于本法第二十条第四款规定的应由文物收藏单位收藏的除外；

（四）来源不符合本法第五十条规定的文物。

第五十二条 【文物捐献】国家鼓励文物收藏单位以外的公民、法人和其他组织将其收藏的文物捐赠给国有文物收藏单位或者出借给文物收藏单位展览和研究。

国有文物收藏单位应当尊重并按照捐赠人的意愿，对捐赠的文物妥善收藏、保管和展示。

国家禁止出境的文物，不得转让、出租、质押给外国人。

第五十三条 【文物商店】文物商店应当由省、自治区、直辖市人民政府文物行政部门批准设立，依法进行管理。

文物商店不得从事文物拍卖经营活动，不得设立经营文物拍卖的拍卖企业。

第五十四条 【文物拍卖企业】依法设立的拍卖企业经营文物拍卖的，应当取得省、自治区、直辖市人民政府文物行政部门颁发的文物拍卖许可证。

经营文物拍卖的拍卖企业不得从事文物购销经营活动，不得设立文物商店。

第五十五条 【文物拍卖的限制性规定】文物行政部门的工作人员不得举办或者参与举办文物商店或者经营文物拍卖的拍卖企业。

文物收藏单位不得举办或者参与举办文物商店或者经营文物拍卖的拍卖企业。

禁止设立中外合资、中外合作和外商独资的文物商店或者经营文物拍卖的拍卖企业。

除经批准的文物商店、经营文物拍卖的拍卖企业外，其他单位或者个人不得从事文物的商业经营活动。

第五十六条 【拍卖与销售的限制与审核制度】文物商店不得销售、拍卖企业不得拍卖本法第五十一条规定的文物。

拍卖企业拍卖的文物，在拍卖前应当经省、自治区、直辖市人民政府文物行政部门审核，并报国务院文物行政部门备案。

第五十七条 【拍卖与销售的记录工作】省、自治区、直辖市人民政府文物行政部门应当建立文物购销、拍卖信息与信用管理系统。文物商店购买、销售文物，拍卖企业拍卖文物，应当按照国家有关规定作出记录，并于销售、拍卖文物后三十日内报省、自治区、直辖市人民政府文物行政部门备案。

拍卖文物时，委托人、买受人要求对其身份保密的，文物行政部门应当为其保密；但是，法律、行政法规另有规定的除外。

第五十八条 【优先购买制度】文物行政部门在审核拟拍卖的文物时，可以指定国有文物收藏单位优先购买其中的珍贵文物。购买价格由文物收藏单位的代表与文物的委托人协商确定。

第五十九条 【文物的拣选】银行、冶炼厂、造纸厂以及废旧物资回收单位,应当与当地文物行政部门共同负责拣选掺杂在金银器和废旧物资中的文物。拣选文物除供银行研究所必需的历史货币可以由人民银行留用外,应当移交当地文物行政部门。移交拣选文物,应当给予合理补偿。

第六章 文物出境进境

第六十条 【文物出境的限制】国有文物、非国有文物中的珍贵文物和国家规定禁止出境的其他文物,不得出境;但是依照本法规定出境展览或者因特殊需要经国务院批准出境的除外。

第六十一条 【文物出境审核制】文物出境,应当经国务院文物行政部门指定的文物进出境审核机构审核。经审核允许出境的文物,由国务院文物行政部门发给文物出境许可证,从国务院文物行政部门指定的口岸出境。

任何单位或者个人运送、邮寄、携带文物出境,应当向海关申报;海关凭文物出境许可证放行。

第六十二条 【文物出境展览】文物出境展览,应当报国务院文物行政部门批准;一级文物超过国务院规定数量的,应当报国务院批准。

一级文物中的孤品和易损品,禁止出境展览。

出境展览的文物出境,由文物进出境审核机构审核、登记。海关凭国务院文物行政部门或者国务院的批准文件放行。出境展览的文物复进境,由原文物进出境审核机构审核查验。

第六十三条 【文物临时进境】文物临时进境,应当向海关申报,并报文物进出境审核机构审核、登记。

临时进境的文物复出境,必须经原审核、登记的文物进出境审核机构审核查验;经审核查验无误的,由国务院文物行政部门发给文物出境许可证,海关凭文物出境许可证放行。

第七章 法律责任

第六十四条 【文物犯罪行为】违反本法规定,有下列行为之一,构成

犯罪的,依法追究刑事责任:

(一)盗掘古文化遗址、古墓葬的;

(二)故意或者过失损毁国家保护的珍贵文物的;

(三)擅自将国有馆藏文物出售或者私自送给非国有单位或者个人的;

(四)将国家禁止出境的珍贵文物私自出售或者送给外国人的;

(五)以牟利为目的倒卖国家禁止经营的文物的;

(六)走私文物的;

(七)盗窃、哄抢、私分或者非法侵占国有文物的;

(八)应当追究刑事责任的其他妨害文物管理行为。

第六十五条 【民事责任与行政处罚】违反本法规定,造成文物灭失、损毁的,依法承担民事责任。

违反本法规定,构成违反治安管理行为的,由公安机关依法给予治安管理处罚。

违反本法规定,构成走私行为,尚不构成犯罪的,由海关依照有关法律、行政法规的规定给予处罚。

第六十六条 【建设行为违法】有下列行为之一,尚不构成犯罪的,由县级以上人民政府文物主管部门责令改正,造成严重后果的,处五万元以上五十万元以下的罚款;情节严重的,由原发证机关吊销资质证书:

(一)擅自在文物保护单位的保护范围内进行建设工程或者爆破、钻探、挖掘等作业的;

(二)在文物保护单位的建设控制地带内进行建设工程,其工程设计方案未经文物行政部门同意、报城乡建设规划部门批准,对文物保护单位的历史风貌造成破坏的;

(三)擅自迁移、拆除不可移动文物的;

(四)擅自修缮不可移动文物,明显改变文物原状的;

(五)擅自在原址重建已全部毁坏的不可移动文物,造成文物破坏的;

（六）施工单位未取得文物保护工程资质证书，擅自从事文物修缮、迁移、重建的。

刻划、涂污或者损坏文物尚不严重的，或者损毁依照本法第十五条第一款规定设立的文物保护单位标志的，由公安机关或者文物所在单位给予警告，可以并处罚款。

第六十七条　【污染文物环境】在文物保护单位的保护范围内或者建设控制地带内建设污染文物保护单位及其环境的设施的，或者对已有的污染文物保护单位及其环境的设施未在规定的期限内完成治理的，由环境保护行政部门依照有关法律、法规的规定给予处罚。

第六十八条　【文物转让、抵押与使用违法】有下列行为之一的，由县级以上人民政府文物主管部门责令改正，没收违法所得，违法所得一万元以上的，并处违法所得二倍以上五倍以下的罚款；违法所得不足一万元的，并处五千元以上二万元以下的罚款：

（一）转让或者抵押国有不可移动文物，或者将国有不可移动文物作为企业资产经营的；

（二）将非国有不可移动文物转让或者抵押给外国人的；

（三）擅自改变国有文物保护单位的用途的。

第六十九条　【历史文化名城、街区和村镇称号的撤销】历史文化名城的布局、环境、历史风貌等遭到严重破坏的，由国务院撤销其历史文化名城称号；历史文化城镇、街道、村庄的布局、环境、历史风貌等遭到严重破坏的，由省、自治区、直辖市人民政府撤销其历史文化街区、村镇称号；对负有责任的主管人员和其他直接责任人员依法给予行政处分。

第七十条　【文物收藏单位违法】有下列行为之一，尚不构成犯罪的，由县级以上人民政府文物主管部门责令改正，可以并处二万元以下的罚款，有违法所得的，没收违法所得：

（一）文物收藏单位未按照国家有关规定配备防火、防盗、防自然损坏的设施的；

（二）国有文物收藏单位法定代表人离任时未按照馆藏文物档

案移交馆藏文物,或者所移交的馆藏文物与馆藏文物档案不符的;

（三）将国有馆藏文物赠与、出租或者出售给其他单位、个人的;

（四）违反本法第四十条、第四十一条、第四十五条规定处置国有馆藏文物的;

（五）违反本法第四十三条规定挪用或者侵占依法调拨、交换、出借文物所得补偿费用的。

第七十一条 【文物买卖和经营违法】买卖国家禁止买卖的文物或者将禁止出境的文物转让、出租、质押给外国人,尚不构成犯罪的,由县级以上人民政府文物主管部门责令改正,没收违法所得,违法经营额一万元以上的,并处违法经营额二倍以上五倍以下的罚款;违法经营额不足一万元的,并处五千元以上二万元以下的罚款。

文物商店、拍卖企业有前款规定的违法行为的,由县级以上人民政府文物主管部门没收违法所得、非法经营的文物,违法经营额五万元以上的,并处违法经营额一倍以上三倍以下的罚款;违法经营额不足五万元的,并处五千元以上五万元以下的罚款;情节严重的,由原发证机关吊销许可证书。

第七十二条 【擅自从事文物商业经营活动】未经许可,擅自设立文物商店、经营文物拍卖的拍卖企业,或者擅自从事文物的商业经营活动,尚不构成犯罪的,由工商行政管理部门依法予以制止,没收违法所得、非法经营的文物,违法经营额五万元以上的,并处违法经营额二倍以上五倍以下的罚款;违法经营额不足五万元的,并处二万元以上十万元以下的罚款。

第七十三条 【文物机构经营活动违法】有下列情形之一的,由工商行政管理部门没收违法所得、非法经营的文物,违法经营额五万元以上的,并处违法经营额一倍以上三倍以下的罚款;违法经营额不足五万元的,并处五千元以上五万元以下的罚款;情节严重的,由原发证机关吊销许可证书:

（一）文物商店从事文物拍卖经营活动的;

（二）经营文物拍卖的拍卖企业从事文物购销经营活动的;

（三）拍卖企业拍卖的文物，未经审核的；

（四）文物收藏单位从事文物的商业经营活动的。

第七十四条 【文物隐匿行为】有下列行为之一，尚不构成犯罪的，由县级以上人民政府文物主管部门会同公安机关追缴文物；情节严重的，处五千元以上五万元以下的罚款：

（一）发现文物隐匿不报或者拒不上交的；

（二）未按照规定移交拣选文物的。

第七十五条 【责令改正的行为】有下列行为之一的，由县级以上人民政府文物主管部门责令改正：

（一）改变国有未核定为文物保护单位的不可移动文物的用途，未依照本法规定报告的；

（二）转让、抵押非国有不可移动文物或者改变其用途，未依照本法规定备案的；

（三）国有不可移动文物的使用人拒不依法履行修缮义务的；

（四）考古发掘单位未经批准擅自进行考古发掘，或者不如实报告考古发掘结果的；

（五）文物收藏单位未按照国家有关规定建立馆藏文物档案、管理制度，或者未将馆藏文物档案、管理制度备案的；

（六）违反本法第三十八条规定，未经批准擅自调取馆藏文物的；

（七）馆藏文物损毁未报文物行政部门核查处理，或者馆藏文物被盗、被抢或者丢失，文物收藏单位未及时向公安机关或者文物行政部门报告的；

（八）文物商店销售文物或者拍卖企业拍卖文物，未按照国家有关规定作出记录或者未将所作记录报文物行政部门备案的。

第七十六条 【各文物机构工作人员的渎职行为】文物行政部门、文物收藏单位、文物商店、经营文物拍卖的拍卖企业的工作人员，有下列行为之一的，依法给予行政处分，情节严重的，依法开除公职或者吊销其从业资格；构成犯罪的，依法追究刑事责任：

（一）文物行政部门的工作人员违反本法规定，滥用审批权限、

不履行职责或者发现违法行为不予查处,造成严重后果的;

(二)文物行政部门和国有文物收藏单位的工作人员借用或者非法侵占国有文物的;

(三)文物行政部门的工作人员举办或者参与举办文物商店或者经营文物拍卖的拍卖企业的;

(四)因不负责任造成文物保护单位、珍贵文物损毁或者流失的;

(五)贪污、挪用文物保护经费的。

前款被开除公职或者被吊销从业资格的人员,自被开除公职或者被吊销从业资格之日起十年内不得担任文物管理人员或者从事文物经营活动。

第七十七条 **【国家工作人员的文物违法行为】**有本法第六十六条、第六十八条、第七十条、第七十一条、第七十四条、第七十五条规定所列行为之一的,负有责任的主管人员和其他直接责任人员是国家工作人员的,依法给予行政处分。

第七十八条 **【非文物机构工作人员的渎职行为】**公安机关、工商行政管理部门、海关、城乡建设规划部门和其他国家机关,违反本法规定滥用职权、玩忽职守、徇私舞弊,造成国家保护的珍贵文物损毁或者流失的,对负有责任的主管人员和其他直接责任人员依法给予行政处分;构成犯罪的,依法追究刑事责任。

第七十九条 **【没收文物的处理】**人民法院、人民检察院、公安机关、海关和工商行政管理部门依法没收的文物应当登记造册,妥善保管,结案后无偿移交文物行政部门,由文物行政部门指定的国有文物收藏单位收藏。

第八章　附　　则

第八十条 **【施行日期】**本法自公布之日起施行。

五、网络信息安全教育

中华人民共和国网络安全法

1. 2016年11月7日第十二届全国人民代表大会常务委员会第二十四次会议通过
2. 2016年11月7日中华人民共和国主席令第53号公布
3. 自2017年6月1日起施行

目　　录

第一章　总　　则

第一条　【立法目的】为了保障网络安全，维护网络空间主权和国家安全、社会公共利益，保护公民、法人和其他组织的合法权益，促进经济社会信息化健康发展，制定本法。

第二条　【适用范围】在中华人民共和国境内建设、运营、维护和使用网络，以及网络安全的监督管理，适用本法。

第三条 【方针体系】国家坚持网络安全与信息化发展并重，遵循积极利用、科学发展、依法管理、确保安全的方针，推进网络基础设施建设和互联互通，鼓励网络技术创新和应用，支持培养网络安全人才，建立健全网络安全保障体系，提高网络安全保护能力。

第四条 【国家制定完善网络安全战略】国家制定并不断完善网络安全战略，明确保障网络安全的基本要求和主要目标，提出重点领域的网络安全政策、工作任务和措施。

第五条 【国家采取措施维护安全和秩序】国家采取措施，监测、防御、处置来源于中华人民共和国境内外的网络安全风险和威胁，保护关键信息基础设施免受攻击、侵入、干扰和破坏，依法惩治网络违法犯罪活动，维护网络空间安全和秩序。

第六条 【国家倡导形成网络良好环境】国家倡导诚实守信、健康文明的网络行为，推动传播社会主义核心价值观，采取措施提高全社会的网络安全意识和水平，形成全社会共同参与促进网络安全的良好环境。

第七条 【国家建立网络治理体系】国家积极开展网络空间治理、网络技术研发和标准制定、打击网络违法犯罪等方面的国际交流与合作，推动构建和平、安全、开放、合作的网络空间，建立多边、民主、透明的网络治理体系。

第八条 【主管部门】国家网信部门负责统筹协调网络安全工作和相关监督管理工作。国务院电信主管部门、公安部门和其他有关机关依照本法和有关法律、行政法规的规定，在各自职责范围内负责网络安全保护和监督管理工作。

县级以上地方人民政府有关部门的网络安全保护和监督管理职责，按照国家有关规定确定。

第九条 【网络运营者基本义务】网络运营者开展经营和服务活动，必须遵守法律、行政法规，尊重社会公德，遵守商业道德，诚实信用，履行网络安全保护义务，接受政府和社会的监督，承担社会责任。

第十条 【维护网络数据完整性、保密性、可用性】建设、运营网络或者通过网络提供服务，应当依照法律、行政法规的规定和国家标准的强制性要求，采取技术措施和其他必要措施，保障网络安全、稳定运行，有效应对网络安全事件，防范网络违法犯罪活动，维护网络数据的完整性、保密性和可用性。

第十一条　【网络行业组织按章程促进发展】网络相关行业组织按照章程，加强行业自律，制定网络安全行为规范，指导会员加强网络安全保护，提高网络安全保护水平，促进行业健康发展。

第十二条　【依法使用网络的权利保护与禁止行为】国家保护公民、法人和其他组织依法使用网络的权利，促进网络接入普及，提升网络服务水平，为社会提供安全、便利的网络服务，保障网络信息依法有序自由流动。

任何个人和组织使用网络应当遵守宪法法律，遵守公共秩序，尊重社会公德，不得危害网络安全，不得利用网络从事危害国家安全、荣誉和利益，煽动颠覆国家政权、推翻社会主义制度，煽动分裂国家、破坏国家统一，宣扬恐怖主义、极端主义，宣扬民族仇恨、民族歧视，传播暴力、淫秽色情信息，编造、传播虚假信息扰乱经济秩序和社会秩序，以及侵害他人名誉、隐私、知识产权和其他合法权益等活动。

第十三条　【为未成年人提供安全健康的网络环境】国家支持研究开发有利于未成年人健康成长的网络产品和服务，依法惩治利用网络从事危害未成年人身心健康的活动，为未成年人提供安全、健康的网络环境。

第十四条　【对危害网络安全的举报】任何个人和组织有权对危害网络安全的行为向网信、电信、公安等部门举报。收到举报的部门应当及时依法作出处理；不属于本部门职责的，应当及时移送有权处理的部门。

有关部门应当对举报人的相关信息予以保密，保护举报人的合法权益。

第二章　网络安全支持与促进

第十五条　【网络安全国家标准、行业标准】国家建立和完善网络安全标准体系。国务院标准化行政主管部门和国务院其他有关部门根据各自的职责，组织制定并适时修订有关网络安全管理以及网络产品、服务和运行安全的国家标准、行业标准。

国家支持企业、研究机构、高等学校、网络相关行业组织参与网络安全国家标准、行业标准的制定。

第十六条 【政府投入与扶持】国务院和省、自治区、直辖市人民政府应当统筹规划，加大投入，扶持重点网络安全技术产业和项目，支持网络安全技术的研究开发和应用，推广安全可信的网络产品和服务，保护网络技术知识产权，支持企业、研究机构和高等学校等参与国家网络安全技术创新项目。

第十七条 【国家推进体系建设，鼓励安全服务】国家推进网络安全社会化服务体系建设，鼓励有关企业、机构开展网络安全认证、检测和风险评估等安全服务。

第十八条 【国家鼓励开发数据保护和利用技术，支持创新网络安全管理方式】国家鼓励开发网络数据安全保护和利用技术，促进公共数据资源开放，推动技术创新和经济社会发展。

国家支持创新网络安全管理方式，运用网络新技术，提升网络安全保护水平。

第十九条 【网络安全宣传教育】各级人民政府及其有关部门应当组织开展经常性的网络安全宣传教育，并指导、督促有关单位做好网络安全宣传教育工作。

大众传播媒介应当有针对性地面向社会进行网络安全宣传教育。

第二十条 【国家支持网络安全人才培养】国家支持企业和高等学校、职业学校等教育培训机构开展网络安全相关教育与培训，采取多种方式培养网络安全人才，促进网络安全人才交流。

第三章 网络运行安全

第一节 一般规定

第二十一条 【网络安全等级保护制度】国家实行网络安全等级保护

制度。网络运营者应当按照网络安全等级保护制度的要求，履行下列安全保护义务，保障网络免受干扰、破坏或者未经授权的访问，防止网络数据泄露或者被窃取、篡改：

（一）制定内部安全管理制度和操作规程，确定网络安全负责人，落实网络安全保护责任；

（二）采取防范计算机病毒和网络攻击、网络侵入等危害网络安全行为的技术措施；

（三）采取监测、记录网络运行状态、网络安全事件的技术措施，并按照规定留存相关的网络日志不少于六个月；

（四）采取数据分类、重要数据备份和加密等措施；

（五）法律、行政法规规定的其他义务。

第二十二条　【网络产品、服务应当符合国家标准强制性要求】网络产品、服务应当符合相关国家标准的强制性要求。网络产品、服务的提供者不得设置恶意程序；发现其网络产品、服务存在安全缺陷、漏洞等风险时，应当立即采取补救措施，按照规定及时告知用户并向有关主管部门报告。

网络产品、服务的提供者应当为其产品、服务持续提供安全维护；在规定或者当事人约定的期限内，不得终止提供安全维护。

网络产品、服务具有收集用户信息功能的，其提供者应当向用户明示并取得同意；涉及用户个人信息的，还应当遵守本法和有关法律、行政法规关于个人信息保护的规定。

第二十三条　【网络关键设备和网络安全专用产品的认证、检测】网络关键设备和网络安全专用产品应当按照相关国家标准的强制性要求，由具备资格的机构安全认证合格或者安全检测符合要求后，方可销售或者提供。国家网信部门会同国务院有关部门制定、公布网络关键设备和网络安全专用产品目录，并推动安全认证和安全检测结果互认，避免重复认证、检测。

第二十四条　【网络运营者应当要求用户提供真实身份信息】网络运营者为用户办理网络接入、域名注册服务，办理固定电话、移动电话等入网手续，或者为用户提供信息发布、即时通讯等服务，在与用户签订协议或者确认提供服务时，应当要求用户提供真实身份信息。用户不提供真实身份信息的，网络运营者不得为其提供相关服务。

国家实施网络可信身份战略，支持研究开发安全、方便的电子身份认证技术，推动不同电子身份认证之间的互认。

第二十五条 【网络运营者应当制定、实施应急预案】网络运营者应当制定网络安全事件应急预案，及时处置系统漏洞、计算机病毒、网络攻击、网络侵入等安全风险；在发生危害网络安全的事件时，立即启动应急预案，采取相应的补救措施，并按照规定向有关主管部门报告。

第二十六条 【开展网络安全活动、向社会发布安全信息，应遵守国家规定】开展网络安全认证、检测、风险评估等活动，向社会发布系统漏洞、计算机病毒、网络攻击、网络侵入等网络安全信息，应当遵守国家有关规定。

第二十七条 【任何人不得进行危害网络安全的活动】任何个人和组织不得从事非法侵入他人网络、干扰他人网络正常功能、窃取网络数据等危害网络安全的活动；不得提供专门用于从事侵入网络、干扰网络正常功能及防护措施、窃取网络数据等危害网络安全活动的程序、工具；明知他人从事危害网络安全的活动的，不得为其提供技术支持、广告推广、支付结算等帮助。

第二十八条 【网络运营者应为公安机关、国家安全机关提供技术支持和协助】网络运营者应当为公安机关、国家安全机关依法维护国家安全和侦查犯罪的活动提供技术支持和协助。

第二十九条 【国家支持网络运营者合作】国家支持网络运营者之间在网络安全信息收集、分析、通报和应急处置等方面进行合作，提高网络运营者的安全保障能力。

有关行业组织建立健全本行业的网络安全保护规范和协作机制，加强对网络安全风险的分析评估，定期向会员进行风险警示，支持、协助会员应对网络安全风险。

第三十条 【履行职责中获取的信息，不得用于其他用途】网信部门和有关部门在履行网络安全保护职责中获取的信息，只能用于维护网络安全的需要，不得用于其他用途。

第二节　关键信息基础设施的运行安全

第三十一条　【关键信息基础设施重点保护】国家对公共通信和信息服务、能源、交通、水利、金融、公共服务、电子政务等重要行业和领域，以及其他一旦遭到破坏、丧失功能或者数据泄露，可能严重危害国家安全、国计民生、公共利益的关键信息基础设施，在网络安全等级保护制度的基础上，实行重点保护。关键信息基础设施的具体范围和安全保护办法由国务院制定。

国家鼓励关键信息基础设施以外的网络运营者自愿参与关键信息基础设施保护体系。

第三十二条　【编制、实施关键信息基础设施安全规划】按照国务院规定的职责分工，负责关键信息基础设施安全保护工作的部门分别编制并组织实施本行业、本领域的关键信息基础设施安全规划，指导和监督关键信息基础设施运行安全保护工作。

第三十三条　【关键信息基础设施建设要求】建设关键信息基础设施应当确保其具有支持业务稳定、持续运行的性能，并保证安全技术措施同步规划、同步建设、同步使用。

第三十四条　【运营者的安全保护义务】除本法第二十一条的规定外，关键信息基础设施的运营者还应当履行下列安全保护义务：

（一）设置专门安全管理机构和安全管理负责人，并对该负责人和关键岗位的人员进行安全背景审查；

（二）定期对从业人员进行网络安全教育、技术培训和技能考核；

（三）对重要系统和数据库进行容灾备份；

（四）制定网络安全事件应急预案，并定期进行演练；

（五）法律、行政法规规定的其他义务。

第三十五条　【关键信息基础设施的国家安全审查】关键信息基础设施的运营者采购网络产品和服务，可能影响国家安全的，应当通过国家网信部门会同国务院有关部门组织的国家安全审查。

第三十六条 **【安全保密协议的签订】**关键信息基础设施的运营者采购网络产品和服务,应当按照规定与提供者签订安全保密协议,明确安全和保密义务与责任。

第三十七条 **【收集和产生的个人信息和重要数据应当在境内储存】**关键信息基础设施的运营者在中华人民共和国境内运营中收集和产生的个人信息和重要数据应当在境内存储。因业务需要,确需向境外提供的,应当按照国家网信部门会同国务院有关部门制定的办法进行安全评估;法律、行政法规另有规定的,依照其规定。

第三十八条 **【网络安全及风险的检测评估】**关键信息基础设施的运营者应当自行或者委托网络安全服务机构对其网络的安全性和可能存在的风险每年至少进行一次检测评估,并将检测评估情况和改进措施报送相关负责关键信息基础设施安全保护工作的部门。

第三十九条 **【关键信息基础设施的安全保护措施】**国家网信部门应当统筹协调有关部门对关键信息基础设施的安全保护采取下列措施:

(一)对关键信息基础设施的安全风险进行抽查检测,提出改进措施,必要时可以委托网络安全服务机构对网络存在的安全风险进行检测评估;

(二)定期组织关键信息基础设施的运营者进行网络安全应急演练,提高应对网络安全事件的水平和协同配合能力;

(三)促进有关部门、关键信息基础设施的运营者以及有关研究机构、网络安全服务机构等之间的网络安全信息共享;

(四)对网络安全事件的应急处置与网络功能的恢复等,提供技术支持和协助。

第四章 网络信息安全

第四十条 **【建立用户信息保护制度】**网络运营者应当对其收集的用户信息严格保密,并建立健全用户信息保护制度。

第四十一条 **【网络运营者对个人信息的收集、使用】**网络运营者收集、使用个人信息，应当遵循合法、正当、必要的原则，公开收集、使用规则，明示收集、使用信息的目的、方式和范围，并经被收集者同意。

网络运营者不得收集与其提供的服务无关的个人信息，不得违反法律、行政法规的规定和双方的约定收集、使用个人信息，并应当依照法律、行政法规的规定和与用户的约定，处理其保存的个人信息。

第四十二条　【网络运营者应确保其收集的个人信息安全】网络运营者不得泄露、篡改、毁损其收集的个人信息；未经被收集者同意，不得向他人提供个人信息。但是，经过处理无法识别特定个人且不能复原的除外。

网络运营者应当采取技术措施和其他必要措施，确保其收集的个人信息安全，防止信息泄露、毁损、丢失。在发生或者可能发生个人信息泄露、毁损、丢失的情况时，应当立即采取补救措施，按照规定及时告知用户并向有关主管部门报告。

第四十三条　【个人有权要求对其信息予以删除或更正】个人发现网络运营者违反法律、行政法规的规定或者双方的约定收集、使用其个人信息的，有权要求网络运营者删除其个人信息；发现网络运营者收集、存储的其个人信息有错误的，有权要求网络运营者予以更正。网络运营者应当采取措施予以删除或者更正。

第四十四条　【个人和组织不得非法获取、向他人提供个人信息】任何个人和组织不得窃取或者以其他非法方式获取个人信息，不得非法出售或者非法向他人提供个人信息。

第四十五条　【部门及其工作人员的保密义务】依法负有网络安全监督管理职责的部门及其工作人员，必须对在履行职责中知悉的个人信息、隐私和商业秘密严格保密，不得泄露、出售或者非法向他人提供。

第四十六条　【个人和组织不得利用网络实施违法犯罪活动】任何个人和组织应当对其使用网络的行为负责，不得设立用于实施诈骗，传授犯罪方法，制作或者销售违禁物品、管制物品等违法犯罪活动的网站、通讯群组,不得利用网络发布涉及实施诈骗,制作或者销售违禁物品、管制物品以及其他违法犯罪活动的信息。

第四十七条 **【网络运营者应当对用户发布的信息进行管理】**网络运营者应当加强对其用户发布的信息的管理,发现法律、行政法规禁止发布或者传输的信息的,应当立即停止传输该信息,采取消除等处置措施,防止信息扩散,保存有关记录,并向有关主管部门报告。

第四十八条 **【电子信息、应用软件不得设置恶意程序,含有禁止信息】**任何个人和组织发送的电子信息、提供的应用软件,不得设置恶意程序,不得含有法律、行政法规禁止发布或者传输的信息。

电子信息发送服务提供者和应用软件下载服务提供者,应当履行安全管理义务,知道其用户有前款规定行为的,应当停止提供服务,采取消除等处置措施,保存有关记录,并向有关主管部门报告。

第四十九条 **【网络信息安全投诉、举报制度】**网络运营者应当建立网络信息安全投诉、举报制度,公布投诉、举报方式等信息,及时受理并处理有关网络信息安全的投诉和举报。

网络运营者对网信部门和有关部门依法实施的监督检查,应当予以配合。

第五十条 **【国家网信部门和有关部门对违法信息停止传播】**国家网信部门和有关部门依法履行网络信息安全监督管理职责,发现法律、行政法规禁止发布或者传输的信息的,应当要求网络运营者停止传输,采取消除等处置措施,保存有关记录;对来源于中华人民共和国境外的上述信息,应当通知有关机构采取技术措施和其他必要措施阻断传播。

第五章 监测预警与应急处置

第五十一条 **【网络安全监测预警和信息通报制度】**国家建立网络安全监测预警和信息通报制度。国家网信部门应当统筹协调有关部门加强网络安全信息收集、分析和通报工作,按照规定统一发布网络安全监测预警信息。

第五十二条 【关键信息网络安全监测预警和信息通报制度】负责关键信息基础设施安全保护工作的部门，应当建立健全本行业、本领域的网络安全监测预警和信息通报制度，并按照规定报送网络安全监测预警信息。

第五十三条 【网络安全风险评估及应急预案】国家网信部门协调有关部门建立健全网络安全风险评估和应急工作机制，制定网络安全事件应急预案，并定期组织演练。

负责关键信息基础设施安全保护工作的部门应当制定本行业、本领域的网络安全事件应急预案，并定期组织演练。

网络安全事件应急预案应当按照事件发生后的危害程度、影响范围等因素对网络安全事件进行分级，并规定相应的应急处置措施。

第五十四条 【应对网络安全风险采取的措施】网络安全事件发生的风险增大时，省级以上人民政府有关部门应当按照规定的权限和程序，并根据网络安全风险的特点和可能造成的危害，采取下列措施：

（一）要求有关部门、机构和人员及时收集、报告有关信息，加强对网络安全风险的监测；

（二）组织有关部门、机构和专业人员，对网络安全风险信息进行分析评估，预测事件发生的可能性、影响范围和危害程度；

（三）向社会发布网络安全风险预警，发布避免、减轻危害的措施。

第五十五条 【网络安全事件的应对】发生网络安全事件，应当立即启动网络安全事件应急预案，对网络安全事件进行调查和评估，要求网络运营者采取技术措施和其他必要措施，消除安全隐患，防止危害扩大，并及时向社会发布与公众有关的警示信息。

第五十六条 【有关部门对网络运营者代表人或负责人约谈】省级以上人民政府有关部门在履行网络安全监督管理职责中，发现网络存在较大安全风险或者发生安全事件的，可以按照规定的权限和程序对该网络的运营者的法定代表人或者主要负责人进行约谈。

网络运营者应当按照要求采取措施，进行整改，消除隐患。

第五十七条　【处置的法律依据】因网络安全事件，发生突发事件或者生产安全事故的，应当依照《中华人民共和国突发事件应对法》、《中华人民共和国安全生产法》等有关法律、行政法规的规定处置。

第五十八条　【特定区域限制网络通信】因维护国家安全和社会公共秩序，处置重大突发社会安全事件的需要，经国务院决定或者批准，可以在特定区域对网络通信采取限制等临时措施。

第六章　法律责任

第五十九条　【不履行安全保护义务的法律责任】网络运营者不履行本法第二十一条、第二十五条规定的网络安全保护义务的，由有关主管部门责令改正，给予警告；拒不改正或者导致危害网络安全等后果的，处一万元以上十万元以下罚款，对直接负责的主管人员处五千元以上五万元以下罚款。

关键信息基础设施的运营者不履行本法第三十三条、第三十四条、第三十六条、第三十八条规定的网络安全保护义务的，由有关主管部门责令改正，给予警告；拒不改正或者导致危害网络安全等后果的，处十万元以上一百万元以下罚款，对直接负责的主管人员处一万元以上十万元以下罚款。

第六十条　【设置恶意程序，对安全缺陷、漏洞未及时补救，擅自终止安全维护的法律责任】违反本法第二十二条第一款、第二款和第四十八条第一款规定，有下列行为之一的，由有关主管部门责令改正，给予警告；拒不改正或者导致危害网络安全等后果的，处五万元以上五十万元以下罚款，对直接负责的主管人员处一万元以上十万元以下罚款：

（一）设置恶意程序的；

（二）对其产品、服务存在的安全缺陷、漏洞等风险未立即采取补救措施，或者未按照规定及时告知用户并向有关主管部门报告的；

（三）擅自终止为其产品、服务提供安全维护的。

第六十一条　【违反真实身份信息制度的法律责任】网络运营者违反本法第二十四条第一款规定，未要求用户提供真实身份信息，或者对不提供真实身份信息的用户提供相关服务的，由有关主管部门责令改正；拒不改正或者情节严重的，处五万元以上五十万元以下罚款，并可以由有关主管部门责令暂停相关业务、停业整顿、关闭网站、吊销相关业务许可证或者吊销营业执照，对直接负责的主管人员和其他直接责任人员处一万元以上十万元以下罚款。

第六十二条　【违法开展网络安全活动，发布安全信息的法律责任】违反本法第二十六条规定，开展网络安全认证、检测、风险评估等活动，或者向社会发布系统漏洞、计算机病毒、网络攻击、网络侵入等网络安全信息的，由有关主管部门责令改正，给予警告；拒不改正或者情节严重的，处一万元以上十万元以下罚款，并可以由有关主管部门责令暂停相关业务、停业整顿、关闭网站、吊销相关业务许可证或者吊销营业执照，对直接负责的主管人员和其他直接责任人员处五千元以上五万元以下罚款。

第六十三条　【从事或者辅助危害网络安全活动的法律责任】违反本法第二十七条规定，从事危害网络安全的活动，或者提供专门用于从事危害网络安全活动的程序、工具，或者为他人从事危害网络安全的活动提供技术支持、广告推广、支付结算等帮助，尚不构成犯罪的，由公安机关没收违法所得，处五日以下拘留，可以并处五万元以上五十万元以下罚款；情节较重的，处五日以上十五日以下拘留，可以并处十万元以上一百万元以下罚款。

单位有前款行为的，由公安机关没收违法所得，处十万元以上一百万元以下罚款，并对直接负责的主管人员和其他直接责任人员依照前款规定处罚。

违反本法第二十七条规定，受到治安管理处罚的人员，五年内不得从事网络安全管理和网络运营关键岗位的工作；受到刑事处罚的人员，终身不得从事网络安全管理和网络运营关键岗位的工作。

第六十四条　【侵害个人信息的法律责任】网络运营者、网络产品或者服务的提供者违反本法第二十二条第三款、第四十一条至第四十三条规定，侵害个人信息依法得到保护的权利的，由有关主管部门责令改正，可以根据情节单处或者并处警告、没收违法所得、处违法所得一倍以上十倍以下罚款，没有违法所得的，处一百万元以下罚款，对直接负责的主管人员和其他直接责任人员处一万元以上十万元以下罚款；情节严重的，并可以责令暂停相关业务、停业整顿、关闭网站、吊销相关业务许可证或者吊销营业执照。

违反本法第四十四条规定，窃取或者以其他非法方式获取、非法出售或者非法向他人提供个人信息，尚不构成犯罪的，由公安机关没收违法所得，并处违法所得一倍以上十倍以下罚款，没有违法所得的，处一百万元以下罚款。

第六十五条 【使用未经或未通过安全审查的网络产品或服务的法律责任】关键信息基础设施的运营者违反本法第三十五条规定，使用未经安全审查或者安全审查未通过的网络产品或者服务的，由有关主管部门责令停止使用，处采购金额一倍以上十倍以下罚款；对直接负责的主管人员和其他直接责任人员处一万元以上十万元以下罚款。

第六十六条 【在境外存储或向境外提供网络数据的法律责任】关键信息基础设施的运营者违反本法第三十七条规定，在境外存储网络数据，或者向境外提供网络数据的，由有关主管部门责令改正，给予警告，没收违法所得，处五万元以上五十万元以下罚款，并可以责令暂停相关业务、停业整顿、关闭网站、吊销相关业务许可证或者吊销营业执照；对直接负责的主管人员和其他直接责任人员处一万元以上十万元以下罚款。

第六十七条 【设立用于实施违法犯罪活动的网站、通讯群组或发布违法犯罪活动信息的法律责任】违反本法第四十六条规定，设立用于实施违法犯罪活动的网站、通讯群组，或者利用网络发布涉及实施违法犯罪活动的信息，尚不构成犯罪的，由公安机关处五日以下拘留，可以并处一万元以上十万元以下罚款；情节较重的，处五日以上十五日以下拘留，可以并处五万元以上五十万元以下罚款。

关闭用于实施违法犯罪活动的网站、通讯群组。

单位有前款行为的，由公安机关处十万元以上五十万元以下罚款，并对直接负责的主管人员和其他直接责任人员依照前款规定处罚。

第六十八条 【对法律法规禁止发布或传输的信息未采取处置措施的法律责任】网络运营者违反本法第四十七条规定，对法律、行政法规禁止发布或者传输的信息未停止传输、采取消除等处置措施、保存有关记录的，由有关主管部门责令改正，给予警告，没收违法所得；拒不改正或者情节严重的，处十万元以上五十万元以下罚款，并可以责令暂停相关业务、停业整顿、关闭网站、吊销相关业务许可证或者吊销营业执照，对直接负责的主管人员和其他直接责任人员处一万元以上十万元以下罚款。

电子信息发送服务提供者、应用软件下载服务提供者，不履行本法第四十八条第二款规定的安全管理义务的，依照前款规定处罚。

第六十九条 【不按要求采取处置措施，拒绝、阻碍监督检查，拒不提供技术支持协助的法律责任】网络运营者违反本法规定，有下列行为之一的，由有关主管部门责令改正；拒不改正或者情节严重的，处五万元以上五十万元以下罚款，对直接负责的主管人员和其他直接责任人员，处一万元以上十万元以下罚款：

（一）不按照有关部门的要求对法律、行政法规禁止发布或者传输的信息，采取停止传输、消除等处置措施的；

（二）拒绝、阻碍有关部门依法实施的监督检查的；

（三）拒不向公安机关、国家安全机关提供技术支持和协助的。

第七十条 【发布或传输禁止信息的法律责任】发布或者传输本法第十二条第二款和其他法律、行政法规禁止发布或者传输的信息的，依照有关法律、行政法规的规定处罚。

第七十一条 【违法行为记入信用档案】有本法规定的违法行为的，依照有关法律、行政法规的规定记入信用档案，并予以公示。

第七十二条 【国家机关政务网络运营者不履行安全保护义务的法律责任】国家机关政务网络的运营者不履行本法规定的网络安全

保护义务的，由其上级机关或者有关机关责令改正；对直接负责的主管人员和其他直接责任人员依法给予处分。

第七十三条 【网信部门和有关部门违反信息使用用途及工作人员渎职的法律责任】网信部门和有关部门违反本法第三十条规定，将在履行网络安全保护职责中获取的信息用于其他用途的，对直接负责的主管人员和其他直接责任人员依法给予处分。

网信部门和有关部门的工作人员玩忽职守、滥用职权、徇私舞弊，尚不构成犯罪的，依法给予处分。

第七十四条 【民事责任、治安处罚、刑事责任】违反本法规定，给他人造成损害的，依法承担民事责任。

违反本法规定，构成违反治安管理行为的，依法给予治安管理处罚；构成犯罪的，依法追究刑事责任。

第七十五条 【境外机构、组织、个人损害关键信息基础设施的法律责任】境外的机构、组织、个人从事攻击、侵入、干扰、破坏等危害中华人民共和国的关键信息基础设施的活动，造成严重后果的，依法追究法律责任；国务院公安部门和有关部门并可以决定对该机构、组织、个人采取冻结财产或者其他必要的制裁措施。

第七章 附 则

第七十六条 【用语定义】本法下列用语的含义：

（一）网络，是指由计算机或者其他信息终端及相关设备组成的按照一定的规则和程序对信息进行收集、存储、传输、交换、处理的系统。

（二）网络安全，是指通过采取必要措施，防范对网络的攻击、侵入、干扰、破坏和非法使用以及意外事故，使网络处于稳定可靠运行的状态，以及保障网络数据的完整性、保密性、可用性的能力。

（三）网络运营者，是指网络的所有者、管理者和网络服务提供者。

（四）网络数据，是指通过网络收集、存储、传输、处理和产生的各种电子数据。

（五）个人信息，是指以电子或者其他方式记录的能够单独或者与其他信息结合识别自然人个人身份的各种信息，包括但不限于自然人的姓名、出生日期、身份证件号码、个人生物识别信息、住址、电话号码等。

第七十七条　【涉密网络安全保护规定】存储、处理涉及国家秘密信息的网络的运行安全保护，除应当遵守本法外，还应当遵守保密法律、行政法规的规定。

第七十八条　【军事网络安全保护规定】军事网络的安全保护，由中央军事委员会另行规定。

第七十九条　【施行日期】本法自 2017 年 6 月 1 日起施行。

中华人民共和国数据安全法

1. 2021 年 6 月 10 日第十三届全国人民代表大会常务委员会第二十九次会议通过
2. 2021 年 6 月 10 日中华人民共和国主席令第 84 号公布
3. 自 2021 年 9 月 1 日起施行

目　　录

第一章　总　　则

第一条　【立法目的】为了规范数据处理活动，保障数据安全，促进数据开发利用,保护个人、组织的合法权益,维护国家主权、安全和发展利益,制定本法。

第二条 【**适用范围**】在中华人民共和国境内开展数据处理活动及其安全监管,适用本法。

在中华人民共和国境外开展数据处理活动,损害中华人民共和国国家安全、公共利益或者公民、组织合法权益的,依法追究法律责任。

第三条 【**概念**】本法所称数据,是指任何以电子或者其他方式对信息的记录。

数据处理,包括数据的收集、存储、使用、加工、传输、提供、公开等。

数据安全,是指通过采取必要措施,确保数据处于有效保护和合法利用的状态,以及具备保障持续安全状态的能力。

第四条 【**数据安全保障**】维护数据安全,应当坚持总体国家安全观,建立健全数据安全治理体系,提高数据安全保障能力。

第五条 【**主管机关**】中央国家安全领导机构负责国家数据安全工作的决策和议事协调,研究制定、指导实施国家数据安全战略和有关重大方针政策,统筹协调国家数据安全的重大事项和重要工作,建立国家数据安全工作协调机制。

第六条 【**职责分工**】各地区、各部门对本地区、本部门工作中收集和产生的数据及数据安全负责。

工业、电信、交通、金融、自然资源、卫生健康、教育、科技等主管部门承担本行业、本领域数据安全监管职责。

公安机关、国家安全机关等依照本法和有关法律、行政法规的规定,在各自职责范围内承担数据安全监管职责。

国家网信部门依照本法和有关法律、行政法规的规定,负责统筹协调网络数据安全和相关监管工作。

第七条 【**权益保护**】国家保护个人、组织与数据有关的权益,鼓励数据依法合理有效利用,保障数据依法有序自由流动,促进以数据为关键要素的数字经济发展。

第八条 【数据处理原则】开展数据处理活动，应当遵守法律、法规，尊重社会公德和伦理，遵守商业道德和职业道德，诚实守信，履行数据安全保护义务，承担社会责任，不得危害国家安全、公共利益，不得损害个人、组织的合法权益。

第九条 【宣传普及】国家支持开展数据安全知识宣传普及，提高全社会的数据安全保护意识和水平，推动有关部门、行业组织、科研机构、企业、个人等共同参与数据安全保护工作，形成全社会共同维护数据安全和促进发展的良好环境。

第十条 【加强行业自律】相关行业组织按照章程，依法制定数据安全行为规范和团体标准，加强行业自律，指导会员加强数据安全保护，提高数据安全保护水平，促进行业健康发展。

第十一条 【国际交流合作】国家积极开展数据安全治理、数据开发利用等领域的国际交流与合作，参与数据安全相关国际规则和标准的制定，促进数据跨境安全、自由流动。

第十二条 【投诉举报】任何个人、组织都有权对违反本法规定的行为向有关主管部门投诉、举报。收到投诉、举报的部门应当及时依法处理。

有关主管部门应当对投诉、举报人的相关信息予以保密，保护投诉、举报人的合法权益。

第二章 数据安全与发展

第十三条 【国家统筹】国家统筹发展和安全，坚持以数据开发利用和产业发展促进数据安全，以数据安全保障数据开发利用和产业发展。

第十四条 【数据创新应用与数字经济发展规划】国家实施大数据战略，推进数据基础设施建设，鼓励和支持数据在各行业、各领域的创新应用。

省级以上人民政府应当将数字经济发展纳入本级国民经济和社会发展规划，并根据需要制定数字经济发展规划。

第十五条 【公共服务智能化】国家支持开发利用数据提升公共服务

的智能化水平。提供智能化公共服务，应当充分考虑老年人、残疾人的需求，避免对老年人、残疾人的日常生活造成障碍。

第十六条 【数据开发利用和数据安全】国家支持数据开发利用和数据安全技术研究，鼓励数据开发利用和数据安全等领域的技术推广和商业创新，培育、发展数据开发利用和数据安全产品、产业体系。

第十七条 【数据安全标准】国家推进数据开发利用技术和数据安全标准体系建设。国务院标准化行政主管部门和国务院有关部门根据各自的职责，组织制定并适时修订有关数据开发利用技术、产品和数据安全相关标准。国家支持企业、社会团体和教育、科研机构等参与标准制定。

第十八条 【数据安全检测】国家促进数据安全检测评估、认证等服务的发展，支持数据安全检测评估、认证等专业机构依法开展服务活动。

国家支持有关部门、行业组织、企业、教育和科研机构、有关专业机构等在数据安全风险评估、防范、处置等方面开展协作。

第十九条 【数据交易管理制度】国家建立健全数据交易管理制度，规范数据交易行为，培育数据交易市场。

第二十条 【专业人才培养】国家支持教育、科研机构和企业等开展数据开发利用技术和数据安全相关教育和培训，采取多种方式培养数据开发利用技术和数据安全专业人才，促进人才交流。

第三章 数据安全制度

第二十一条 【数据分类分级保护制度】国家建立数据分类分级保护制度，根据数据在经济社会发展中的重要程度，以及一旦遭到篡改、破坏、泄露或者非法获取、非法利用，对国家安全、公共利益或者个人、组织合法权益造成的危害程度，对数据实行分类分级保护。国家数据安全工作协调机制统筹协调有关部门制定重要数据目录，加强对重要数据的保护。

关系国家安全、国民经济命脉、重要民生、重大公共利益等数据属于国家核心数据,实行更加严格的管理制度。

各地区、各部门应当按照数据分类分级保护制度,确定本地区、本部门以及相关行业、领域的重要数据具体目录,对列入目录的数据进行重点保护。

第二十二条 【数据安全风险评估、报告、信息共享、监测预警机制】国家建立集中统一、高效权威的数据安全风险评估、报告、信息共享、监测预警机制。国家数据安全工作协调机制统筹协调有关部门加强数据安全风险信息的获取、分析、研判、预警工作。

第二十三条 【数据安全应急处置机制】国家建立数据安全应急处置机制。发生数据安全事件,有关主管部门应当依法启动应急预案,采取相应的应急处置措施,防止危害扩大,消除安全隐患,并及时向社会发布与公众有关的警示信息。

第二十四条 【数据安全审查制度】国家建立数据安全审查制度,对影响或者可能影响国家安全的数据处理活动进行国家安全审查。

依法作出的安全审查决定为最终决定。

第二十五条 【出口管制】国家对与维护国家安全和利益、履行国际义务相关的属于管制物项的数据依法实施出口管制。

第二十六条 【对等措施】任何国家或者地区在与数据和数据开发利用技术等有关的投资、贸易等方面对中华人民共和国采取歧视性的禁止、限制或者其他类似措施的,中华人民共和国可以根据实际情况对该国家或者地区对等采取措施。

第四章 数据安全保护义务

第二十七条 【全流程数据安全管理制度】开展数据处理活动应当依照法律、法规的规定,建立健全全流程数据安全管理制度,组织开展数据安全教育培训,采取相应的技术措施和其他必要措施,保障数据安全。利用互联网等信息网络开展数据处理活动,应当在网络安全等级保护制度的基础上,履行上述数据安全保护义务。

重要数据的处理者应当明确数据安全负责人和管理机构,落实数据安全保护责任。

第二十八条 【数据处理原则】开展数据处理活动以及研究开发数据新技术，应当有利于促进经济社会发展，增进人民福祉，符合社会公德和伦理。

第二十九条 【风险监测】开展数据处理活动应当加强风险监测，发现数据安全缺陷、漏洞等风险时，应当立即采取补救措施；发生数据安全事件时，应当立即采取处置措施，按照规定及时告知用户并向有关主管部门报告。

第三十条 【风险评估】重要数据的处理者应当按照规定对其数据处理活动定期开展风险评估，并向有关主管部门报送风险评估报告。

风险评估报告应当包括处理的重要数据的种类、数量，开展数据处理活动的情况，面临的数据安全风险及其应对措施等。

第三十一条 【出境安全管理】关键信息基础设施的运营者在中华人民共和国境内运营中收集和产生的重要数据的出境安全管理，适用《中华人民共和国网络安全法》的规定；其他数据处理者在中华人民共和国境内运营中收集和产生的重要数据的出境安全管理办法，由国家网信部门会同国务院有关部门制定。

第三十二条 【数据收集方式】任何组织、个人收集数据，应当采取合法、正当的方式，不得窃取或者以其他非法方式获取数据。

法律、行政法规对收集、使用数据的目的、范围有规定的，应当在法律、行政法规规定的目的和范围内收集、使用数据。

第三十三条 【数据交易中介义务】从事数据交易中介服务的机构提供服务，应当要求数据提供方说明数据来源，审核交易双方的身份，并留存审核、交易记录。

第三十四条 【行政许可】法律、行政法规规定提供数据处理相关服务应当取得行政许可的，服务提供者应当依法取得许可。

第三十五条 【依法调取数据】公安机关、国家安全机关因依法维护国家安全或者侦查犯罪的需要调取数据，应当按照国家有关规定，经过严格的批准手续，依法进行，有关组织、个人应当予以配合。

第三十六条 【平等互惠原则】中华人民共和国主管机关根据有关法

律和中华人民共和国缔结或者参加的国际条约、协定，或者按照平等互惠原则，处理外国司法或者执法机构关于提供数据的请求。非经中华人民共和国主管机关批准，境内的组织、个人不得向外国司法或者执法机构提供存储于中华人民共和国境内的数据。

第五章　政务数据安全与开放

第三十七条　【推进电子政务建设】国家大力推进电子政务建设，提高政务数据的科学性、准确性、时效性，提升运用数据服务经济社会发展的能力。

第三十八条　【保密义务】国家机关为履行法定职责的需要收集、使用数据，应当在其履行法定职责的范围内依照法律、行政法规规定的条件和程序进行；对在履行职责中知悉的个人隐私、个人信息、商业秘密、保密商务信息等数据应当依法予以保密，不得泄露或者非法向他人提供。

第三十九条　【数据安全管理制度】国家机关应当依照法律、行政法规的规定，建立健全数据安全管理制度，落实数据安全保护责任，保障政务数据安全。

第四十条　【数据安全保护】国家机关委托他人建设、维护电子政务系统，存储、加工政务数据，应当经过严格的批准程序，并应当监督受托方履行相应的数据安全保护义务。受托方应当依照法律、法规的规定和合同约定履行数据安全保护义务，不得擅自留存、使用、泄露或者向他人提供政务数据。

第四十一条　【政务数据公开原则】国家机关应当遵循公正、公平、便民的原则，按照规定及时、准确地公开政务数据。依法不予公开的除外。

第四十二条　【政务数据开放】国家制定政务数据开放目录，构建统一规范、互联互通、安全可控的政务数据开放平台，推动政务数据开放利用。

第四十三条　【本章适用】法律、法规授权的具有管理公共事务职能的组织为履行法定职责开展数据处理活动，适用本章规定。

第六章　法律责任

第四十四条　【约谈、整改】有关主管部门在履行数据安全监管职责中，发现数据处理活动存在较大安全风险的，可以按照规定的权限和程序对有关组织、个人进行约谈，并要求有关组织、个人采取措施进行整改，消除隐患。

第四十五条　【违反数据安全保护义务及国家核心数据管理制度的法律责任】开展数据处理活动的组织、个人不履行本法第二十七条、第二十九条、第三十条规定的数据安全保护义务的，由有关主管部门责令改正，给予警告，可以并处五万元以上五十万元以下罚款，对直接负责的主管人员和其他直接责任人员可以处一万元以上十万元以下罚款；拒不改正或者造成大量数据泄露等严重后果的，处五十万元以上二百万元以下罚款，并可以责令暂停相关业务、停业整顿、吊销相关业务许可证或者吊销营业执照，对直接负责的主管人员和其他直接责任人员处五万元以上二十万元以下罚款。

违反国家核心数据管理制度，危害国家主权、安全和发展利益的，由有关主管部门处二百万元以上一千万元以下罚款，并根据情况责令暂停相关业务、停业整顿、吊销相关业务许可证或者吊销营业执照；构成犯罪的，依法追究刑事责任。

第四十六条　【违法向境外提供重要数据的法律责任】违反本法第三十一条规定，向境外提供重要数据的，由有关主管部门责令改正，给予警告，可以并处十万元以上一百万元以下罚款，对直接负责的主管人员和其他直接责任人员可以处一万元以上十万元以下罚款；情节严重的，处一百万元以上一千万元以下罚款，并可以责令暂停相关业务、停业整顿、吊销相关业务许可证或者吊销营业执照，对直接负责的主管人员和其他直接责任人员处十万元以上一百万元以下罚款。

第四十七条　【中介机构违法责任】从事数据交易中介服务的机构未履行本法第三十三条规定的义务的，由有关主管部门责令改正，没收违法所得，处违法所得一倍以上十倍以下罚款，没有违法所得或者违法所得不足十万元的，处十万元以上一百万元以下罚款，并可以责令暂停相关业务、停业整顿、吊销相关业务许可证或者吊销营业执照；对直接负责的主管人员和其他直接责任人员处一万元以上十万元以下罚款。

第四十八条　【不配合数据调取及未经批准向外国机构提供数据的法律责任】违反本法第三十五条规定，拒不配合数据调取的，由有关主管部门责令改正，给予警告，并处五万元以上五十万元以下罚款，对直接负责的主管人员和其他直接责任人员处一万元以上十万元以下罚款。

违反本法第三十六条规定，未经主管机关批准向外国司法或者执法机构提供数据的，由有关主管部门给予警告，可以并处十万元以上一百万元以下罚款，对直接负责的主管人员和其他直接责任人员可以处一万元以上十万元以下罚款；造成严重后果的，处一百万元以上五百万元以下罚款，并可以责令暂停相关业务、停业整顿、吊销相关业务许可证或者吊销营业执照，对直接负责的主管人员和其他直接责任人员处五万元以上五十万元以下罚款。

第四十九条　【国家机关未履行数据安全保护义务的法律责任】国家机关不履行本法规定的数据安全保护义务的，对直接负责的主管人员和其他直接责任人员依法给予处分。

第五十条　【渎职】履行数据安全监管职责的国家工作人员玩忽职守、滥用职权、徇私舞弊的，依法给予处分。

第五十一条　【非法获取数据的法律责任】窃取或者以其他非法方式获取数据，开展数据处理活动排除、限制竞争，或者损害个人、组织合法权益的，依照有关法律、行政法规的规定处罚。

第五十二条　【民事、刑事责任】违反本法规定，给他人造成损害的，依法承担民事责任。

违反本法规定，构成违反治安管理行为的，依法给予治安管理处罚；构成犯罪的，依法追究刑事责任。

第七章 附 则

第五十三条 【相关法律适用】开展涉及国家秘密的数据处理活动，适用《中华人民共和国保守国家秘密法》等法律、行政法规的规定。

在统计、档案工作中开展数据处理活动，开展涉及个人信息的数据处理活动，还应当遵守有关法律、行政法规的规定。

第五十四条 【立法委任】军事数据安全保护的办法，由中央军事委员会依据本法另行制定。

第五十五条 【施行日期】本法自2021年9月1日起施行。

中华人民共和国计算机信息系统安全保护条例

1. 1994年2月18日国务院令第147号发布
2. 根据2011年1月8日国务院令第588号《关于废止和修改部分行政法规的决定》修订

第一章 总 则

第一条 为了保护计算机信息系统的安全，促进计算机的应用和发展，保障社会主义现代化建设的顺利进行，制定本条例。

第二条 本条例所称的计算机信息系统，是指由计算机及其相关的和配套的设备、设施（含网络）构成的，按照一定的应用目标和规则对信息进行采集、加工、存储、传输、检索等处理的人机系统。

第三条 计算机信息系统的安全保护，应当保障计算机及其相关的和配套的设备、设施（含网络）的安全，运行环境的安全，保障信息的安全，保障计算机功能的正常发挥，以维护计算机信息系统的安全运行。

第四条 计算机信息系统的安全保护工作，重点维护国家事务、经济建设、国防建设、尖端科学技术等重要领域的计算机信息系统的安全。

第五条 中华人民共和国境内的计算机信息系统的安全保护，适用本条例。

未联网的微型计算机的安全保护办法，另行制定。

第六条 公安部主管全国计算机信息系统安全保护工作。国家安全部、国家保密局和国务院其他有关部门，在国务院规定的职责范围内做好计算机信息系统安全保护的有关工作。

第七条 任何组织或个人，不得利用计算机信息系统从事危害国家利益、集体利益和公民合法利益的活动，不得危害计算机信息系统的安全。

第二章 安全保护制度

第八条 计算机信息系统的建设和应用，应当遵守法律、行政法规和国家其他有关规定。

第九条 计算机信息系统实行安全等级保护。安全等级的划分标准和安全等级保护的具体办法，由公安部会同有关部门制定。

第十条 计算机机房应当符合国家标准和国家有关规定。在计算机机房附近施工，不得危害计算机信息系统的安全。

第十一条 进行国际联网的计算机信息系统，由计算机信息系统的使用单位报省级以上人民政府公安机关备案。

第十二条 运输、携带、邮寄计算机信息媒体进出境的，应当如实向海关申报。

第十三条 计算机信息系统的使用单位应当建立健全安全管理制度，负责本单位计算机信息系统的安全保护工作。

第十四条 对计算机信息系统中发生的案件，有关使用单位应当在24小时内向当地县级以上人民政府公安机关报告。

第十五条 对计算机病毒和危害社会公共安全的其他有害数据的防治研究工作，由公安部归口管理。

第十六条 国家对计算机信息系统安全专用产品的销售实行许可证制度。具体办法由公安部会同有关部门制定。

第三章　安 全 监 督

第十七条　公安机关对计算机信息系统保护工作行使下列监督职权：

（一）监督、检查、指导计算机信息系统安全保护工作；

（二）查处危害计算机信息系统安全的违法犯罪案件；

（三）履行计算机信息系统安全保护工作的其他监督职责。

第十八条　公安机关发现影响计算机信息系统安全的隐患时，应当及时通知使用单位采取安全保护措施。

第十九条　公安部在紧急情况下，可以就涉及计算机信息系统安全的特定事项发布专项通令。

第四章　法 律 责 任

第二十条　违反本条例的规定，有下列行为之一的，由公安机关处以警告或者停机整顿：

（一）违反计算机信息系统安全等级保护制度，危害计算机信息系统安全的；

（二）违反计算机信息系统国际联网备案制度的；

（三）不按照规定时间报告计算机信息系统中发生的案件的；

（四）接到公安机关要求改进安全状况的通知后，在限期内拒不改进的；

（五）有危害计算机信息系统安全的其他行为的。

第二十一条　计算机机房不符合国家标准和国家其他有关规定的，或者在计算机机房附近施工危害计算机信息系统安全的，由公安机关会同有关单位进行处理。

第二十二条　运输、携带、邮寄计算机信息媒体进出境，不如实向海关申报的，由海关依照《中华人民共和国海关法》和本条例以及其他有关法律、法规的规定处理。

第二十三条　故意输入计算机病毒以及其他有害数据危害计算机信息系统安全的，或者未经许可出售计算机信息系统安全专用产品的，由公安机关处以警告或者对个人处以5000元以下的罚款、对单位处以15000元以下的罚款；有违法所得的，除予以没收外，可以处以违法所得1至3倍的罚款。

第二十四条 违反本条例的规定，构成违反治安管理行为的，依照《中华人民共和国治安管理处罚法》的有关规定处罚；构成犯罪的，依法追究刑事责任。

第二十五条 任何组织或者个人违反本条例的规定，给国家、集体或者他人财产造成损失的，应当依法承担民事责任。

第二十六条 当事人对公安机关依照本条例所作出的具体行政行为不服的，可以依法申请行政复议或者提起行政诉讼。

第二十七条 执行本条例的国家公务员利用职权，索取、收受贿赂或者有其他违法、失职行为，构成犯罪的，依法追究刑事责任；尚不构成犯罪的，给予行政处分。

第五章 附 则

第二十八条 本条例下列用语的含义：

计算机病毒，是指编制或者在计算机程序中插入的破坏计算机功能或者毁坏数据，影响计算机使用，并能自我复制的一组计算机指令或者程序代码。

计算机信息系统安全专用产品，是指用于保护计算机信息系统安全的专用硬件和软件产品。

第二十九条 军队的计算机信息系统安全保护工作，按照军队的有关法规执行。

第三十条 公安部可以根据本条例制定实施办法。

第三十一条 本条例自发布之日起施行。

通信网络安全防护管理办法

1. 2010年1月21日工业和信息化部令第11号公布
2. 自2010年3月1日起施行

第一条 为了加强对通信网络安全的管理，提高通信网络安全防护能力，保障通信网络安全畅通，根据《中华人民共和国电信条例》，制定本办法。

第二条 中华人民共和国境内的电信业务经营者和互联网域名服务提供者（以下统称“通信网络运行单位”）管理和运行的公用通信网和互联网（以下统称“通信网络”）的网络安全防护工作，适用本办法。

本办法所称互联网域名服务，是指设置域名数据库或者域名解析服务器，为域名持有者提供域名注册或者权威解析服务的行为。

本办法所称网络安全防护工作，是指为防止通信网络阻塞、中断、瘫痪或者被非法控制，以及为防止通信网络中传输、存储、处理的数据信息丢失、泄露或者被篡改而开展的工作。

第三条 通信网络安全防护工作坚持积极防御、综合防范、分级保护的原则。

第四条 中华人民共和国工业和信息化部（以下简称工业和信息化部）负责全国通信网络安全防护工作的统一指导、协调和检查，组织建立健全通信网络安全防护体系，制定通信行业相关标准。

各省、自治区、直辖市通信管理局（以下简称通信管理局）依据本办法的规定，对本行政区域内的通信网络安全防护工作进行指导、协调和检查。

工业和信息化部与通信管理局统称“电信管理机构”。

第五条 通信网络运行单位应当按照电信管理机构的规定和通信行

业标准开展通信网络安全防护工作,对本单位通信网络安全负责。

第六条 通信网络运行单位新建、改建、扩建通信网络工程项目,应当同步建设通信网络安全保障设施,并与主体工程同时进行验收和投入运行。

通信网络安全保障设施的新建、改建、扩建费用,应当纳入本单位建设项目概算。

第七条 通信网络运行单位应当对本单位已正式投入运行的通信网络进行单元划分,并按照各通信网络单元遭到破坏后可能对国家安全、经济运行、社会秩序、公众利益的危害程度,由低到高分别划分为一级、二级、三级、四级、五级。

电信管理机构应当组织专家对通信网络单元的分级情况进行评审。

通信网络运行单位应当根据实际情况适时调整通信网络单元的划分和级别,并按照前款规定进行评审。

第八条 通信网络运行单位应当在通信网络定级评审通过后三十日内,将通信网络单元的划分和定级情况按照以下规定向电信管理机构备案:

(一)基础电信业务经营者集团公司向工业和信息化部申请办理其直接管理的通信网络单元的备案;基础电信业务经营者各省(自治区、直辖市)子公司、分公司向当地通信管理局申请办理其负责管理的通信网络单元的备案;

(二)增值电信业务经营者向作出电信业务经营许可决定的电信管理机构备案;

(三)互联网域名服务提供者向工业和信息化部备案。

第九条 通信网络运行单位办理通信网络单元备案,应当提交以下信息:

(一)通信网络单元的名称、级别和主要功能;

(二)通信网络单元责任单位的名称和联系方式;

(三)通信网络单元主要负责人的姓名和联系方式;

(四)通信网络单元的拓扑架构、网络边界、主要软硬件及型号和关键设施位置；

（五）电信管理机构要求提交的涉及通信网络安全的其他信息。

前款规定的备案信息发生变化的，通信网络运行单位应当自信息变化之日起三十日内向电信管理机构变更备案。

通信网络运行单位报备的信息应当真实、完整。

第十条 电信管理机构应当对备案信息的真实性、完整性进行核查，发现备案信息不真实、不完整的，通知备案单位予以补正。

第十一条 通信网络运行单位应当落实与通信网络单元级别相适应的安全防护措施，并按照以下规定进行符合性评测：

（一）三级及三级以上通信网络单元应当每年进行一次符合性评测；

（二）二级通信网络单元应当每两年进行一次符合性评测。

通信网络单元的划分和级别调整的，应当自调整完成之日起九十日内重新进行符合性评测。

通信网络运行单位应当在评测结束后三十日内，将通信网络单元的符合性评测结果、整改情况或者整改计划报送通信网络单元的备案机构。

第十二条 通信网络运行单位应当按照以下规定组织对通信网络单元进行安全风险评估，及时消除重大网络安全隐患：

（一）三级及三级以上通信网络单元应当每年进行一次安全风险评估；

（二）二级通信网络单元应当每两年进行一次安全风险评估。

国家重大活动举办前，通信网络单元应当按照电信管理机构的要求进行安全风险评估。

通信网络运行单位应当在安全风险评估结束后三十日内，将安全风险评估结果、隐患处理情况或者处理计划报送通信网络单元的备案机构。

第十三条 通信网络运行单位应当对通信网络单元的重要线路、设备、系统和数据等进行备份。

第十四条 通信网络运行单位应当组织演练，检验通信网络安全防护措施的有效性。

通信网络运行单位应当参加电信管理机构组织开展的演练。

第十五条 通信网络运行单位应当建设和运行通信网络安全监测系统，对本单位通信网络的安全状况进行监测。

第十六条 通信网络运行单位可以委托专业机构开展通信网络安全评测、评估、监测等工作。

工业和信息化部应当根据通信网络安全防护工作的需要，加强对前款规定的受托机构的安全评测、评估、监测能力指导。

第十七条 电信管理机构应当对通信网络运行单位开展通信网络安全防护工作的情况进行检查。

电信管理机构可以采取以下检查措施：

（一）查阅通信网络运行单位的符合性评测报告和风险评估报告；

（二）查阅通信网络运行单位有关网络安全防护的文档和工作记录；

（三）向通信网络运行单位工作人员询问了解有关情况；

（四）查验通信网络运行单位的有关设施；

（五）对通信网络进行技术性分析和测试；

（六）法律、行政法规规定的其他检查措施。

第十八条 电信管理机构可以委托专业机构开展通信网络安全检查活动。

第十九条 通信网络运行单位应当配合电信管理机构及其委托的专业机构开展检查活动，对于检查中发现的重大网络安全隐患，应当及时整改。

第二十条 电信管理机构对通信网络安全防护工作进行检查，不得影响通信网络的正常运行，不得收取任何费用，不得要求接受检查的单位购买指定品牌或者指定单位的安全软件、设备或者其他产品。

第二十一条 电信管理机构及其委托的专业机构的工作人员对于检

查工作中获悉的国家秘密、商业秘密和个人隐私,有保密的义务。

第二十二条 违反本办法第六条第一款、第七条第一款和第三款、第八条、第九条、第十一条、第十二条、第十三条、第十四条、第十五条、第十九条规定的,由电信管理机构依据职权责令改正;拒不改正的,给予警告,并处五千元以上三万元以下的罚款。

第二十三条 电信管理机构的工作人员违反本办法第二十条、第二十一条规定的,依法给予行政处分;构成犯罪的,依法追究刑事责任。

第二十四条 本办法自2010年3月1日起施行。

网络安全审查办法

1. 2021年12月28日国家互联网信息办公室、国家发展和改革委员会、工业和信息化部、公安部、国家安全部、财政部、商务部、中国人民银行、国家市场监督管理总局、国家广播电视总局、中国证券监督管理委员会、国家保密局、国家密码管理局令第8号公布
2. 自2022年2月15日起施行

第一条 为了确保关键信息基础设施供应链安全,保障网络安全和数据安全,维护国家安全,根据《中华人民共和国国家安全法》、《中华人民共和国网络安全法》、《中华人民共和国数据安全法》、《关键信息基础设施安全保护条例》,制定本办法。

第二条 关键信息基础设施运营者采购网络产品和服务,网络平台运营者开展数据处理活动,影响或者可能影响国家安全的,应当按照本办法进行网络安全审查。

前款规定的关键信息基础设施运营者、网络平台运营者统称为当事人。

第三条 网络安全审查坚持防范网络安全风险与促进先进技术应用相结合、过程公正透明与知识产权保护相结合、事前审查与持续监

管相结合、企业承诺与社会监督相结合,从产品和服务以及数据处理活动安全性、可能带来的国家安全风险等方面进行审查。

第四条 在中央网络安全和信息化委员会领导下,国家互联网信息办公室会同中华人民共和国国家发展和改革委员会、中华人民共和国工业和信息化部、中华人民共和国公安部、中华人民共和国国家安全部、中华人民共和国财政部、中华人民共和国商务部、中国人民银行、国家市场监督管理总局、国家广播电视总局、中国证券监督管理委员会、国家保密局、国家密码管理局建立国家网络安全审查工作机制。

网络安全审查办公室设在国家互联网信息办公室,负责制定网络安全审查相关制度规范,组织网络安全审查。

第五条 关键信息基础设施运营者采购网络产品和服务的,应当预判该产品和服务投入使用后可能带来的国家安全风险。影响或者可能影响国家安全的,应当向网络安全审查办公室申报网络安全审查。

关键信息基础设施安全保护工作部门可以制定本行业、本领域预判指南。

第六条 对于申报网络安全审查的采购活动,关键信息基础设施运营者应当通过采购文件、协议等要求产品和服务提供者配合网络安全审查,包括承诺不利用提供产品和服务的便利条件非法获取用户数据、非法控制和操纵用户设备,无正当理由不中断产品供应或者必要的技术支持服务等。

第七条 掌握超过100万用户个人信息的网络平台运营者赴国外上市,必须向网络安全审查办公室申报网络安全审查。

第八条 当事人申报网络安全审查,应当提交以下材料:

(一)申报书;

(二)关于影响或者可能影响国家安全的分析报告;

(三)采购文件、协议、拟签订的合同或者拟提交的首次公开募股(IPO)等上市申请文件;

(四)网络安全审查工作需要的其他材料。

第九条 网络安全审查办公室应当自收到符合本办法第八条规定的审查申报材料起 10 个工作日内,确定是否需要审查并书面通知当事人。

第十条 网络安全审查重点评估相关对象或者情形的以下国家安全风险因素:

(一)产品和服务使用后带来的关键信息基础设施被非法控制、遭受干扰或者破坏的风险;

(二)产品和服务供应中断对关键信息基础设施业务连续性的危害;

(三)产品和服务的安全性、开放性、透明性、来源的多样性,供应渠道的可靠性以及因为政治、外交、贸易等因素导致供应中断的风险;

(四)产品和服务提供者遵守中国法律、行政法规、部门规章情况;

(五)核心数据、重要数据或者大量个人信息被窃取、泄露、毁损以及非法利用、非法出境的风险;

(六)上市存在关键信息基础设施、核心数据、重要数据或者大量个人信息被外国政府影响、控制、恶意利用的风险,以及网络信息安全风险;

(七)其他可能危害关键信息基础设施安全、网络安全和数据安全的因素。

第十一条 网络安全审查办公室认为需要开展网络安全审查的,应当自向当事人发出书面通知之日起 30 个工作日内完成初步审查,包括形成审查结论建议和将审查结论建议发送网络安全审查工作机制成员单位、相关部门征求意见;情况复杂的,可以延长 15 个工作日。

第十二条 网络安全审查工作机制成员单位和相关部门应当自收到审查结论建议之日起 15 个工作日内书面回复意见。

网络安全审查工作机制成员单位、相关部门意见一致的,网络安全审查办公室以书面形式将审查结论通知当事人;意见不一致的，按照特别审查程序处理，并通知当事人。

第十三条 按照特别审查程序处理的，网络安全审查办公室应当听取相关单位和部门意见，进行深入分析评估，再次形成审查结论建议，并征求网络安全审查工作机制成员单位和相关部门意见，按程序报中央网络安全和信息化委员会批准后，形成审查结论并书面通知当事人。

第十四条 特别审查程序一般应当在90个工作日内完成，情况复杂的可以延长。

第十五条 网络安全审查办公室要求提供补充材料的，当事人、产品和服务提供者应当予以配合。提交补充材料的时间不计入审查时间。

第十六条 网络安全审查工作机制成员单位认为影响或者可能影响国家安全的网络产品和服务以及数据处理活动，由网络安全审查办公室按程序报中央网络安全和信息化委员会批准后，依照本办法的规定进行审查。

为了防范风险，当事人应当在审查期间按照网络安全审查要求采取预防和消减风险的措施。

第十七条 参与网络安全审查的相关机构和人员应当严格保护知识产权，对在审查工作中知悉的商业秘密、个人信息，当事人、产品和服务提供者提交的未公开材料，以及其他未公开信息承担保密义务；未经信息提供方同意，不得向无关方披露或者用于审查以外的目的。

第十八条 当事人或者网络产品和服务提供者认为审查人员有失客观公正，或者未能对审查工作中知悉的信息承担保密义务的，可以向网络安全审查办公室或者有关部门举报。

第十九条 当事人应当督促产品和服务提供者履行网络安全审查中作出的承诺。

网络安全审查办公室通过接受举报等形式加强事前事中事后监督。

第二十条 当事人违反本办法规定的，依照《中华人民共和国网络安全法》、《中华人民共和国数据安全法》的规定处理。

第二十一条 本办法所称网络产品和服务主要指核心网络设备、重要通信产品、高性能计算机和服务器、大容量存储设备、大型数据库和应用软件、网络安全设备、云计算服务,以及其他对关键信息基础设施安全、网络安全和数据安全有重要影响的网络产品和服务。

第二十二条 涉及国家秘密信息的,依照国家有关保密规定执行。

国家对数据安全审查、外商投资安全审查另有规定的,应当同时符合其规定。

第二十三条 本办法自2022年2月15日起施行。2020年4月13日公布的《网络安全审查办法》(国家互联网信息办公室、国家发展和改革委员会、工业和信息化部、公安部、国家安全部、财政部、商务部、中国人民银行、国家市场监督管理总局、国家广播电视总局、国家保密局、国家密码管理局令第6号)同时废止。

附　　录

附录一　全国爱国主义教育示范基地名单

第一批百个爱国主义教育示范基地名单
中宣部公布第二批全国爱国主义教育示范基地
中宣部:第三批爱国主义教育示范基地
中宣部公布第四批全国爱国主义教育示范基地
中宣部新命名的41个全国爱国主义教育示范基地名单
中宣部新命名一批全国爱国主义教育示范基地
新命名全国爱国主义教育示范基地名单

第一批百个爱国主义教育示范基地名单①

北京市

天安门广场(天安门城楼、广场国旗、人民英雄纪念碑、毛主席纪念堂)

中国历史博物馆

中国革命博物馆

中国人民革命军事博物馆

中国人民抗日战争纪念馆

故宫博物院

圆明园遗址公园

---

① 摘自中国共产党新闻网1997年6月11日,网址:http://cpc.people.com.cn/GB/64176/64180/2598278.html。

八达岭长城
周口店遗址博物馆
天津市
天津盘山烈士陵园
河北省
乐亭李大钊纪念馆
涉县 129 师司令部旧址
白求恩、柯棣华纪念馆
清苑冉庄地道战遗址
西柏坡中共中央旧址
董存瑞烈士陵园
山西省
八路军太行纪念馆(八路军总部旧址)
“百团大战”纪念馆(碑)
刘胡兰纪念馆
内蒙古自治区
乌兰夫纪念馆
辽宁省
沈阳“九一八”事变博物馆
旅顺万忠墓纪念馆
辽沈战役纪念馆
抗美援朝纪念馆
抚顺雷锋纪念馆
吉林省
杨靖宇烈士陵园
黑龙江省
东北烈士纪念馆
侵华日军 731 细菌部队罪证陈列馆
铁人王进喜纪念馆
瑷珲历史陈列馆

上海市

中国共产党第一次全国代表大会会址纪念馆

上海龙华烈士陵园

宋庆龄陵园

上海博物馆

江苏省

中山陵

周恩来纪念馆(故居)

新四军纪念馆

侵华日军南京大屠杀遇难同胞纪念馆

雨花台烈士陵园

淮海战役烈士纪念塔(馆)

《南京条约》史料陈列馆(中英《南京条约》签约旧址)

浙江省

南湖革命纪念馆

鲁迅故居及纪念馆

镇海口海防遗址

禹陵

河姆渡遗址博物馆

安徽省

陶行知纪念馆

福建省

古田会议纪念馆

陈嘉庚生平事迹陈列馆

林则徐纪念馆

郑成功纪念馆

泉州海外交通史博物馆

江西省

安源路矿工人运动纪念馆

南昌八一起义纪念馆

井冈山革命纪念地(博物馆、烈士陵园、黄洋界、八角楼、会师广场、龙江书院、毛泽东旧居等)

瑞金中央革命根据地纪念馆

山东省

孔繁森纪念馆

台儿庄大战纪念馆

中日甲午战争博物馆

孔子故居

河南省

林州红旗渠纪念馆

兰考焦裕禄烈士陵园

安阳殷墟博物苑

湖北省

武汉二七纪念馆

武昌中央农民运动讲习所旧址纪念馆

红安黄麻起义和鄂豫皖苏区革命烈士陵园

辛亥革命武昌起义纪念馆

李时珍纪念馆

湖南省

韶山毛泽东纪念馆(故居)

刘少奇纪念馆

炎帝陵

广东省

孙中山故居纪念馆

广州起义烈士陵园

鸦片战争博物馆(虎门炮台)

三元里人民抗英斗争纪念馆

广西壮族自治区

中国工农红军第七军军部旧址

红军长征突破湘江烈士纪念碑园

海南省

中国工农红军琼崖纵队改编旧址

四川省

邓小平故居

朱德故居暨朱德铜像纪念园

赵一曼纪念馆

黄继光纪念馆

都江堰水利工程

重庆市

重庆歌乐山革命烈士陵园

重庆红岩革命纪念馆

邱少云烈士纪念馆

云南省

“一二·一”四烈士墓及“一二·一”纪念馆

贵州省

遵义会议纪念馆

西藏自治区

山南烈士陵园

江孜抗英遗址

陕西省

延安革命纪念地(纪念馆、枣园、王家坪、杨家岭、凤凰山、清凉山、四·八烈士陵园等)

西安事变纪念馆

八路军西安办事处纪念馆

陕西历史博物馆

秦始皇兵马俑博物馆

黄帝陵

半坡遗址博物馆

宁夏回族自治区

宁夏博物馆

甘肃省

会宁红军会师楼

敦煌莫高窟

嘉峪关

青海省

中国工农红军西路军纪念馆

新疆维吾尔自治区

乌鲁木齐烈士陵园

中宣部公布第二批全国爱国主义教育示范基地[①]

北京市

李大钊烈士陵园

焦庄户地道战遗址纪念馆

北京自然博物馆

中国航空博物馆

中国科学技术馆

天津市

平津战役纪念馆

周恩来邓颖超纪念馆

天津自然博物馆

天津科学技术馆

河北省

华北军区烈士陵园

潘家峪惨案纪念馆

中国人民抗日军事政治大学陈列馆

河北省博物馆

唐山抗震纪念馆

---

① 摘自光明网，网址：https://www.gmw.cn/01gmrb/2001-06/12/02-C7572FFA9222639148256A6800807DF7.htm。

山西省

黄崖洞革命纪念地

太原解放纪念馆

平型关战役遗址

太行太岳烈士陵园

山西国民师范旧址革命活动纪念馆

内蒙古自治区

内蒙古博物馆

辽宁省

丹东鸭绿江断桥

沈阳抗美援朝烈士陵园

黑山阻击战烈士陵园

葫芦岛市塔山烈士陵园

关向应故居纪念馆

吉林省

四平战役纪念馆暨四平烈士陵园

延边革命烈士陵园

“四保临江”烈士陵园

黑龙江省

哈尔滨烈士陵园

马骏纪念馆

上海市

“南京路上好八连”事迹展览馆

海军上海博览馆

陈云故居暨青浦革命历史纪念馆

鲁迅纪念馆

江苏省

梅园新村纪念馆

沙家浜革命历史纪念馆

茅山新四军纪念馆

南京博物院

浙江省

解放一江山岛烈士陵园

鄞县四明山革命烈士陵园

舟山鸦片战争纪念馆

安徽省

新四军军部旧址纪念馆及皖南事变烈士陵园

王稼祥纪念园

淮海战役双堆烈士陵园

安徽省博物馆

福建省

福建省革命历史纪念馆

毛泽东才溪乡调查纪念馆

长汀县瞿秋白烈士纪念碑

闽侯县“二七”烈士林祥谦陵园

华侨博物院

江西省

秋收起义纪念地(萍乡秋收起义纪念碑、秋收起义铜鼓纪念馆、秋收起义修水纪念馆)

永新三湾改编旧址

兴国革命历史纪念地(纪念馆、烈士陵园)

上饶集中营革命烈士陵园

方志敏纪念馆(烈士陵园、赣东北特委、红十军建军旧址等)

山东省

华东革命烈士陵园

中国人民解放军海军博物馆

济南革命烈士陵园

莱芜战役纪念馆

山东省博物馆

河南省

新县革命纪念地（中共中央鄂豫皖分局、鄂豫皖军委、鄂豫皖苏区首府革命博物馆、鄂豫皖苏区烈士陵园、箭厂河革命旧址等）

河南博物院

湖北省

“八七会议”会址纪念馆

闻一多纪念馆

湖北省博物馆

湖南省

平江起义纪念馆

湘鄂川黔革命根据地纪念馆

秋收起义文家市会师旧址纪念馆

中共湘区委员会旧址

湘南暴动指挥部旧址

彭德怀纪念馆

湖南省博物馆

广东省

毛泽东同志主办农民运动讲习所旧址

叶剑英元帅纪念馆

叶挺纪念馆

广西壮族自治区

龙州县红八军军部旧址（红八军纪念馆）

八路军桂林办事处旧址

百色起义纪念馆

海南省

琼海市红色娘子军纪念园

母瑞山革命根据地纪念园

四川省

红四方面军指挥部旧址纪念馆

泸定桥革命文物陈列馆

红军四渡赤水太平渡陈列馆
安顺场红军强渡大渡河纪念地
苍溪红军渡纪念馆
万源保卫战战史陈列馆
陈毅故居

重庆市

刘伯承同志纪念馆
聂荣臻元帅陈列馆
赵世炎烈士故居

云南省

扎西会议纪念馆

贵州省

息烽集中营革命历史纪念馆
王若飞故居

陕西省

洛川会议纪念馆

甘肃省

宕昌县哈达铺红军长征纪念馆
八路军驻兰州办事处纪念馆
兰州市烈士陵园
华池县南梁革命纪念馆
高台县烈士陵园

新疆维吾尔自治区

新疆维吾尔自治区博物馆

中宣部:第三批爱国主义教育示范基地①

北京市

平北抗日战争烈士纪念馆

天津市

大沽炮台遗址

河北省

城南庄晋察冀军区司令部旧址

晋冀鲁豫烈士陵园

马本斋纪念馆

潘家戴庄惨案纪念馆

山西省

麻田八路军总部纪念馆

大同煤矿遇难矿工"万人坑"展览馆(抗日战争期间日军侵华罪行遗址)

徐向前元帅故居

晋绥边区革命纪念馆

内蒙古自治区　内蒙古革命烈士陵园

辽宁省

抚顺战犯管理所旧址陈列馆

平顶山惨案遗址纪念馆

辽宁东北抗联史实陈列馆

旅顺日俄监狱旧址博物馆

吉林省

白山抗日纪念地(杨靖宇将军殉国地、那尔轰会师遗址、城墙砬子会议旧址等)

日伪统治时期辽源煤矿死难矿工文物馆

---

① 摘自中国政府网,网址:https://www.gov.cn/govweb/banshi/2005-11/21/content_104819.htm。

黑龙江省

齐齐哈尔西满革命烈士陵园

侵华日军东宁要塞遗址

上海市

江南造船博物馆

江苏省

泰兴黄桥革命历史纪念地（新四军黄桥战役革命历史纪念塔、新四军苏北指挥部旧址、新四军第三纵队司令部旧址、粟裕部分骨灰安放处等）

赣榆抗日山烈士陵园

常州“三杰”纪念地（常州“三杰”纪念馆、瞿秋白故居、张太雷故居、恽代英纪念广场）

苏中七战七捷纪念馆

顾炎武纪念馆

浙江省

侵浙日军投降仪式旧址（千人坑遗址）

安徽省

金寨革命烈士陵园

福建省

中国闽台缘博物馆

福州马尾船政文化遗址群

江西省

于都革命烈士纪念馆及中央红军长征第一渡纪念碑园

江西革命烈士纪念堂

山东省

铁道游击队纪念园

地雷战纪念馆

冀鲁豫边区革命纪念馆

八路军 115 师司令部旧址暨山东省政府成立纪念地

河南省

杨靖宇将军纪念馆

镇平彭雪枫纪念馆

吉鸿昌将军纪念馆

濮阳单拐革命旧址(中共中央平原分局革命旧址、中共中央北方局革命旧址、冀鲁豫军区纪念馆等)

湖北省

瞿家湾湘鄂西革命根据地旧址

周老嘴湘鄂西革命根据地纪念馆

红安七里坪革命纪念馆

大悟宣化店中原军区旧址及新四军第五师旧址群

宜城张自忠烈士纪念馆

湖南省

芷江受降旧址和纪念馆

任弼时故居和纪念馆

贺龙故居和纪念馆

罗荣桓故居和纪念馆

《三大纪律,六项注意》颁布旧址

广东省

海丰红宫红场旧址纪念馆

黄花岗七十二烈士墓园

黄埔军校旧址纪念馆

广西壮族自治区

右江工农民主政府旧址

广西烈士陵园

海南省

张云逸纪念馆

四川省

川陕革命根据地博物馆暨川陕苏区将帅碑林

红军长征纪念碑碑园

重庆市

重庆中国三峡博物馆

云南省

彝良罗炳辉陈列馆

滇西抗战纪念馆(腾冲国殇墓园)

云南陆军讲武堂旧址

贵州省

黎平会议会址

娄山关红军战斗遗址

宁夏回族自治区

固原六盘山长征纪念馆

青海省

青海原子城(中国第一个核武器研制基地)

新疆维吾尔自治区　新疆生产建设兵团军垦博物馆

中宣部公布第四批全国爱国主义教育示范基地[①]

北京市

香山双清别墅

首都博物馆

八宝山革命公墓

天津市

天津博物馆

天津市烈士陵园

河北省

山海关长城博物馆

冀南烈士陵园

热河烈士陵园

---

① 摘自光明网，网址：https://www.gmw.cn/01gmrb/2009-05/22/content_924690.htm。

山西省

娄烦高君宇故居

石楼红军东征纪念馆

平顺西沟展览馆

内蒙古自治区

呼和浩特市武川县德胜沟大青山抗日游击根据地旧址

兴安盟内蒙古自治政府纪念地（内蒙古民族解放纪念馆、“五一”会址、乌兰夫办公旧址、内蒙古党委办公旧址、内蒙古自治政府办公旧址）

呼伦贝尔市世界反法西斯战争海拉尔纪念园

辽宁省

赵尚志纪念馆

铁西老工业基地展览馆

阜新万人坑死难矿工纪念馆

吉林省

吉林市革命烈士陵园

伪满皇宫博物院暨东北沦陷史陈列馆

白城市烈士陵园

黑龙江省

侵华日军虎头要塞遗址

杨子荣烈士陵园

珍宝岛革命烈士陵园

大庆油田历史陈列馆

上海市

中共“二大”会址纪念馆

团中央机关旧址纪念馆

江苏省

中国人民解放军海军诞生地纪念馆

新四军江南指挥部纪念馆

南京云锦博物馆

浙江省

浙江省博物馆

新四军苏浙军区纪念馆

温州浙南平阳革命根据地旧址群

安徽省

渡江战役总前委旧址纪念馆

合肥蜀山烈士陵园

皖西烈士陵园

福建省

冰心文学馆

建宁县红一方面军领导机关旧址暨反“围剿”纪念馆

闽西革命历史纪念馆

江西省

东固革命根据地旧址群（含东固革命根据地博物馆）

中国工农红军北上抗日先遣队纪念馆（碑）

闽浙皖赣革命根据地旧址群

山东省

天福山革命遗址

孟良崮战役烈士陵园

鲁西南战役革命纪念地（郓城鲁西南战役指挥部旧址、金乡鲁西南战役纪念馆）

新四军军部旧址暨华东军区、华东野战军诞生地纪念馆

河南省

商丘淮海战役陈官庄烈士陵园

驻马店确山竹沟革命纪念馆（竹沟烈士陵园）

湖北省

湘鄂边苏区鹤峰革命烈士陵园

北伐汀泗桥战役遗址纪念馆

龙港革命历史纪念馆和龙港革命旧址

陆羽纪念馆

湖南省

屈子祠

湖南雷锋纪念馆

南岳忠烈祠

湘乡东山学校旧址

广东省

中共三大会址纪念馆

叶挺独立团团部旧址纪念馆

海南省

万宁市六连岭烈士陵园

重庆市

杨闇公旧居和陵园

重庆市万州革命烈士陵园

四川省

“5·12”汶川地震遗址、遗迹及地震博物馆（“万众一心众志成城”——抗震救灾主题展览馆、北川县城地震遗址博物馆、汶川地震震中纪念地、汉旺东汽工业遗址纪念地、都江堰虹口深溪沟地震遗迹纪念地）

川陕革命根据地红军烈士陵园

李白纪念馆

彝海结盟纪念地

贵州省

猴场会议会址

周逸群故居

四渡赤水纪念馆

云南省

昆明市聂耳纪念馆

红军长征过丽江纪念馆

西双版纳花卉园周总理视察热作所纪念碑

西藏自治区

拉萨烈士陵园

西藏博物馆

陕西省

榆林杨家沟革命纪念馆

渭南渭华起义纪念馆

铜川陕甘边照金革命根据地纪念馆

甘肃省

腊子口战役纪念馆

中共中央政治局榜罗会议纪念馆

中共中央西北局岷州会议纪念馆

两当兵变纪念馆

甘肃省博物馆

青海省

青海乐都柳湾彩陶博物馆

青海藏医药文化博物馆

宁夏回族自治区

盐池县革命烈士纪念园

陕甘宁省豫海县回民自治政府成立大会旧址

新疆维吾尔自治区

八路军驻新疆办事处纪念馆

伊犁林则徐纪念馆

国家体育总局

国家体育总局训练局荣誉馆

中宣部新命名的41个全国爱国主义教育示范基地名单①

内蒙古

包头市王若飞纪念馆

---

① 摘自新华网，网址：http://www.xinhuanet.com/politics/2017-03/29/c_1120717810.htm。

浙江

洞头先锋女子民兵连纪念馆

安徽

渡江战役纪念馆

淮南市大通万人坑教育馆

王稼祥事迹陈列馆（王稼祥故居）

福建

宁化县革命纪念馆

闽北革命历史纪念馆

蔡威事迹展陈馆

江西

宁都县中央苏区反“围剿”战争纪念馆

湘鄂赣革命纪念馆

河南

鄂豫皖革命纪念馆

桐柏革命纪念馆

湖北

东湖毛泽东故居

十堰市郧阳革命烈士陵园

十堰市郧阳南化塘革命烈士陵园

黄冈革命烈士陵园

湖南

通道转兵会议旧址和纪念馆

红军标语博物馆和中国工农红军革命活动炎陵纪念馆

厂窖惨案遇难同胞纪念馆

四川

雅安市红军长征翻越夹金山纪念馆

阿坝州两河口会议旧址

凉山州红军长征过会理纪念馆

广元市木门会议会址纪念馆

南充市阆中红军烈士纪念园

贵州

中华苏维埃人民共和国川滇黔省革命委员会旧址

荀坝会议会址

红二、红六军团盘县会议会址

红二、红六军团木黄会师纪念馆

榕江红七军历史陈列馆

中共贵州省工委旧址

陕西

马栏革命旧址

川陕革命根据地纪念馆

直罗烈士陵园

刘志丹烈士陵园

子长革命烈士纪念馆

中央红军长征胜利纪念碑

甘肃

环县山城堡战役纪念馆

静宁县界石铺红军长征毛泽东旧居纪念馆

青海

果洛藏族自治州班玛县红军沟革命遗址

宁夏

西吉县将台堡红军长征会师纪念碑

新疆生产建设兵团

三五九旅屯垦陈列馆

中宣部新命名一批全国爱国主义教育示范基地①

北京

铁道兵纪念馆

中国法院博物馆

中国海关博物馆

中国妇女儿童博物馆

中国华侨历史博物馆

宋庆龄同志故居

北京新文化运动纪念馆

北京正负电子对撞机实验室

中国印刷博物馆

北京李大钊故居

没有共产党就没有新中国纪念馆

河北

沙石峪陈列馆

山西

右玉精神展览馆

黑龙江

齐齐哈尔江桥抗战纪念地

江苏

审计博物馆

扬州博物馆

南京长江大桥

国家超级计算无锡中心

浙江

秦山核电站

---

① 摘自新华网，网址：http://www.xinhuanet.com/politics/2019-09/16/c_1125001631.htm。

福建

谷文昌纪念馆

江西

余江血防纪念馆

景德镇市中国陶瓷文化展示基地

山东

潍县乐道院暨西方侨民集中营旧址

河南

中国文字博物馆

八路军驻洛办事处纪念馆

王大湾会议会址纪念馆

愚公移山精神展览馆

湖北

三峡工程

湖南

杨开慧故居

林伯渠故居

广东

三河坝战役烈士纪念碑

广西

广西民族博物馆

合浦县博物馆

冯子材旧居

重庆

重庆三峡移民纪念馆

贵州

六盘水市贵州三线建设博物馆

中国科学院国家天文台 FAST 观测基地

云南

周保中将军纪念馆

宁夏

“三北”防护林工程·中国防沙治沙博物馆

新命名全国爱国主义教育示范基地名单①

北京

中国共产党历史展览馆

中央礼品文物管理中心

中国美术馆

中国电影博物馆

中国邮政邮票博物馆

中国钱币博物馆

中国铁道博物馆正阳门展馆

北京大兴国际机场

中关村国家自主创新示范区展示中心

中核集团中国核工业科技馆(北京)

航天科技空间技术研究院展示中心

长辛店二七纪念馆

“毛泽东号”机车展示室

天津

天津觉悟社纪念馆

天津电力科技博物馆

河北

喜峰口长城抗战遗址

国家电网张北柔性直流电网工程

山西

五台白求恩纪念馆(白求恩模范病室旧址)

① 摘自光明网,网址 https://news.gmw.cn/2021-06/20/content_34933753.htm。

内蒙古

集宁战役纪念馆

草原英雄小姐妹事迹展览馆

辽宁

辽宁东北抗日义勇军纪念馆

沈阳审判日本战犯法庭旧址陈列馆

鞍钢集团博物馆

航空工业沈飞航空博览园

吉林

长白山老黑河遗址

中车长客股份公司高速动车组制造中心

黑龙江

哈军工纪念馆

北大荒开发建设纪念馆

中国一重展览馆

上海

国歌展示馆

上海浦东开发开放主题展馆

上海光源科学研究平台

江苏

宿北大战纪念馆(含纪念塔)

新安旅行团历史纪念馆

杨根思烈士陵园

王杰烈士陵园

江都水利枢纽

深海技术科学太湖实验室

“开山岛夫妻哨”事迹陈列馆

南通博物苑(张謇纪念馆)

浙江

浙西南革命根据地纪念馆

良渚博物院
浙江湖州安吉余村
浙江宁波奉化滕头村

安徽

王家坝闸
国家同步辐射实验室

福建

毛主席率领红军攻克漳州纪念馆(中共福建临时省委旧址)
三明市精神文明建设展览馆
中核集团中国核工业科技馆(福建)

江西

会昌县革命历史纪念地
莲花一枝枪纪念馆
罗坊会议纪念馆

山东

渤海垦区革命纪念馆
大青山胜利突围纪念馆
山东港口青岛港自动化码头科技创新教育基地

河南

郑州二七纪念馆
刘邓大军渡黄河纪念馆
中国一拖东方红农耕博物馆
三门峡水利枢纽工程
中国中铁装备集团郑州盾构总装车间

湖北

中国共产党第五次全国代表大会会址纪念馆
空降兵军史馆
丹江口水利枢纽工程

湖南

新民学会旧址

橘子洲头毛泽东青年艺术雕塑
茶陵县工农兵政府旧址
中国工农红军第二方面军长征出发地纪念馆
“半条被子的温暖”专题陈列馆
粟裕故居
段德昌烈士陵园(生平业绩陈列馆、纪念碑)
湖南湘西花垣十八洞村
矮寨大桥

广东

广州起义纪念馆
港珠澳大桥
东江-深圳供水工程
航空工业 AG600 飞机总装生产线

广西

韦拔群纪念馆
昆仑关抗日战役纪念地

海南

海南解放公园
中国(海南)南海博物馆

重庆

刘邓大军挺进大西南司令部旧址
重庆特园民主党派历史陈列馆

四川

攀枝花中国三线建设博物馆
中国三峡集团金沙江巨型水电站

贵州

遵义红军山烈士陵园
邓恩铭烈士纪念馆

云南

迪庆红军长征博物馆

南洋华侨机工回国抗日纪念馆

西藏

西藏百万农奴解放纪念馆

昌都市革命历史博物馆

江达县岗托十八军军营旧址

全国援藏展览馆

清政府驻藏大臣衙门旧址陈列馆

陕西

城固县张骞纪念馆

中国石油长庆油田

甘肃

迭部俄界会议旧址(次日那毛泽东旧居)

山丹艾黎纪念馆

玉门油田老君庙油矿旧址

甘肃刘家峡水电厂

古浪县八步沙林场

嘉峪关长城博物馆

青海

青藏公路建设指挥部旧址(将军楼)

青藏铁路

玉树抗震救灾纪念馆

宁夏

宁夏固原博物馆

中国科学院沙坡头沙漠研究试验站

新疆

中国工农红军西路军进疆纪念馆

毛泽民故居

克拉玛依博物馆

库尔班·吐鲁木纪念馆

新疆生产建设兵团

五家渠市军垦博物馆

扩容类

上海

中国共产党第一次全国代表大会纪念馆(含会址)

附录二　典型案例

江某某侵害英雄烈士名誉、荣誉案[①]

【基本案情】

被告人江某某,女,无业。

2021 年 3 月 24 日至 25 日,江某某使用其新浪微博账户(粉丝数 24.8 万余),先后发布 2 条包含侮辱英雄烈士董存瑞内容的微博,歪曲、丑化、亵渎英雄烈士的事迹和精神。微博发布后迅速、广泛传播,阅读次数分别达 39506 次和 50744 次,引发广大人民群众强烈愤慨,造成恶劣社会影响,严重侵害了英雄烈士的名誉、荣誉和社会公共利益。

2021 年 6 月 30 日,检察机关以侵害英雄烈士名誉、荣誉罪对江某某提起公诉,同时提起刑事附带民事公益诉讼。同年 10 月 12 日,法院以江某某犯侵害英雄烈士名誉、荣誉罪,判处有期徒刑七个月,并要求于判决生效之日起十日内在国内主要门户网站及全国性媒体公开赔礼道歉、消除影响。后江某某在全国性媒体发表致歉信。

【检察履职情况】

(一)提前介入

江某某被立案侦查后,经公安机关商请,检察机关依法提前介

① 摘自《全国检察机关依法惩治危害国防利益、侵犯军人军属合法权益犯罪典型案例》,载最高人民检察院官网 2023 年 7 月 28 日,https://www.spp.gov.cn/spp/xwfbh/wsfbt/202307/t20230728_623148.shtml#2。

入、引导侦查取证。检察机关两次就侦查方向、取证要求提出意见：一是向互联网服务供应商依法调取江某某微博账户信息、微博发布内容及点击、浏览、转发次数等涉及定罪关键信息的电子证据；二是对江某某发布微博使用的移动终端依法开展鉴定；三是进一步加强对江某某犯罪主观动机的讯问。

（二）审查起诉

审查起诉阶段，检察机关在全面审查事实证据基础上，积极开展自行补充侦查和认罪认罚教育工作。一是就董存瑞英雄烈士事迹开展自行补充侦查。与退役军人事务管理部门联系沟通后，检察机关赴河北省怀来县董存瑞烈士纪念馆依法调取关于董存瑞英烈事迹的证据材料，还原了董存瑞烈士光荣牺牲的伟大壮举。二是依法开展认罪认罚教育工作。检察机关经审查，发现江某某犯罪成因之一系其自小远赴国外留学生活，个人价值观未能正确建立。检察机关以此为切入点对江某某开展释法说理，指出其犯罪行为损害了英烈名誉、荣誉及其亲属的情感，更损害了社会公众的民族和历史情感。同时，向其解释认罪认罚从宽制度及其法律后果，耐心细致开展教育引导，并结合党史、国史和军史进行思想教育。江某某真诚认罪悔罪，并手写悔过书，在辩护律师见证下自愿签署认罪认罚具结书。检察机关的指控意见和量刑建议获得法院判决采纳。

（三）附带民事公益诉讼

办案过程中，检察机关发现民事公益诉讼线索并立案。按照法律规定，只有在英烈没有近亲属或近亲属均不提起民事诉讼时，检察机关才可以提起公益诉讼。经过大量走访调查，检察机关寻找到董存瑞唯一在世近亲属并征询其意见。董存瑞亲属向检察机关出具声明，明确表示不自行提起诉讼，同时坚决支持检察机关提起刑事附带民事公益诉讼。检察机关作为英烈保护提起公益诉讼的适格主体，在正义网进行了民事公益诉讼诉前公告程序，并适时依法提起附带民事公益诉讼。法院判决要求江某某在国内主要门户网站及全国性媒体公开赔礼道歉、消除影响。后江某某在全国性媒体发表致歉信。

【典型意义】

一是依法惩治侵害英雄烈士名誉、荣誉违法犯罪行为，坚决维护英烈荣光。英雄烈士是中华民族的脊梁，英雄烈士的事迹是中华民族的共同历史记忆，是社会主义核心价值观的重要体现，是社会公共利益的重要组成部分。英雄烈士的名誉、荣誉不容任何亵渎和诋毁。《刑法修正案（十一）》增设侵害英雄烈士名誉、荣誉罪，对侮辱、诽谤或者以其他方式侵害英雄烈士名誉、荣誉，情节严重的行为作出专门规定。本案中，江某某在微博上发表侮辱英烈董存瑞的言论，歪曲英烈事迹，严重伤害民族情感，经网络发酵社会传播范围广泛，影响极其恶劣。江某某行为已经构成侵害英雄烈士名誉、荣誉罪，应当依法予以严惩。

二是准确把握侵害英雄烈士名誉、荣誉罪“情节严重”的认定标准，确保案件公正处理。侵害英雄烈士名誉、荣誉“情节严重”的认定应当结合行为方式、相关信息数量、传播方式、传播范围、传播持续时间，相关信息实际被点击、浏览、转发次数，引发的社会影响、危害后果等综合判断。利用信息网络侵害英雄烈士名誉、荣誉的，可以参照适用“两高”《关于办理利用信息网络实施诽谤等刑事案件适用法律若干问题的解释》。本案中江某某两条微博阅读量高达 9 万次之多，远远超过信息实际被点击、浏览次数 5000 次的立案标准，应当被认定为“情节严重”。

三是刑事检察与公益诉讼检察融合履职，更加有力维护军人军属合法权益。英烈精神得到尊崇、军属权益得到保障是事关国防利益的重要内容。针对严重侵犯英烈名誉、荣誉的违法犯罪行为，检察机关在履职过程中应当将融合履职观念贯穿始终，以“刑事检察 + 公益诉讼检察”一体化保护模式有力维护军人军属合法权益，增强全社会国防意识和法治意识。

北京市检察机关督促爱国主义教育基地对未成年人免费开放公益诉讼案[①]

——让未成年人普惠政策落实落地

一、基本案情

北京市检察机关在履行职责中发现,部分爱国主义教育基地未落实未成年人保护法关于爱国主义教育基地应当对未成年人免费开放的规定,存在对未成年人收费问题,损害了众多未成年人合法权益。

二、履职情况

(一)统一部署,明确管辖。北京市检察院发现部分爱国主义教育基地对未成年人收费线索后,在全市三级检察机关开展了专项监督活动。市检察院负责整体谋划和部署,根据爱国主义教育基地定价分为市、区两级的情况,确定市级定价的爱国主义教育基地由分院立案管辖,区级定价的爱国主义教育基地由相应的区院立案管辖。分院、区检察院负责调查、收集固定证据;市检察分院、区检察院分别与相应行政部门召开座谈会进行磋商,制发诉前检察建议。三级检察机关充分发挥检察一体化机制优势,形成工作合力,提升工作质效。

(二)全面梳理相关法律及规范性文件,明确法律适用和行政公益诉讼监督对象。通过梳理、研究相关法律法规及规范性文件,明确爱国主义教育基地应当对未成年人免费开放是未保法社会保护的重要内容。检察机关根据相关法律规定、行政机关管理权限等,确定负责政府定价的爱国主义教育基地主管部门及价格违法违规处罚部门。通过查询行政机关"三定"方案、权力清单、责任清单等,厘清定

---

① 摘自《"检爱同行 共护未来"未成年人保护法律监督专项行动典型案例》,载最高人民检察院官网 2022 年 5 月 25 日,https://www. spp. gov. cn/spp/xwfbh/wsfbh/202205/t20220525_557819. shtml。

价部门与爱国主义教育基地主管部门之间的职责划分，明确对各层级爱国主义教育基地负有监管职责的行政机关，确定行政公益诉讼监督对象分别为发改委和市场监管局。

（三）全面开展调查核实，确认未成年人公共利益损害事实。北京市三级检察机关对80余家区级爱国主义教育基地、209家市级及以上爱国主义教育基地逐一排查，发现其中40余家存在对未成年人违法收费情形，损害了未成年人公共利益。检察机关依法调查收集证据，确保证据效力，为提起行政公益诉讼做好准备。

（四）积极开展磋商，制发诉前检察建议，督促依法履职。经初步调查和评估，全市各级检察院共立案23件，与相关行政机关开展诉前磋商27次，制发诉前检察建议5份。北京市检察机关的工作得到市、区相关行政单位的有力支持，检察机关与行政机关达成共识，共同推动未成年人保护法规定的落实。行政机关采取整改措施依法履职后，检察机关又进行了跟踪回访，发现部分线上售票渠道未对购票价格进行相应修改，经与相关票务管理部门联系，线上售票平台迅速整改到位，保证了免费开放规定的全面落实。目前包括故宫、八达岭长城等在内的40余家爱国主义教育基地全部实现对未成年人免费开放。

三、典型意义

未成年人保护法规定，国家、社会、学校和家庭应当对未成年人加强爱国主义教育，爱国主义教育基地应当对未成年人免费开放。爱国主义教育基地是激发未成年人爱国情感、弘扬民族精神的重要阵地。检察机关积极履行未成年人保护行政公益诉讼职能，助推行政主管部门和爱国主义教育基地依法履职尽责、落实法律规定，对未成年人免费开放，为广大未成年人提供更加贴心、便捷、普惠的服务，受到社会公众广泛好评，实现了司法保护融入社会保护携手为民办实事。

涉英烈权益保护十大典型案例①

案例一

罗某侵害英雄烈士名誉、荣誉暨附带民事公益诉讼案

——在网络平台上侮辱抗美援朝英雄烈士，构成侵害英雄烈士名誉、荣誉罪并应承担民事责任

一、基本案情

2021年，罗某观看《长津湖》电影和纪录片后，为博取关注，使用新浪微博账号(粉丝数220余万)发帖，侮辱在抗美援朝长津湖战役中牺牲的中国人民志愿军“冰雕连”英烈。上述帖文因用户举报被平台处理，此前阅读量2万余次。罗某次日删除该帖文，但相关内容已经在网络上广泛传播，引发公众强烈愤慨。罗某曾系知名媒体人，曾使用上述帐号先后发表侮辱、嘲讽英雄烈士等帖文9篇，其账号被平台处置30次。海南省三亚市城郊人民检察院提起刑事附带民事公益诉讼，认为应当以侵害英雄烈士名誉、荣誉罪追究罗某刑事责任，建议判处有期徒刑七个月，同时请求判令罗某承担相应民事责任。

二、裁判结果

海南省三亚市城郊人民法院认为，被告人罗某在互联网上使用侮辱性语言抹黑中国人民志愿军“冰雕连”英烈，否定社会主义核心价值观和伟大的抗美援朝精神，破坏社会公共秩序，情节严重，其行为构成侵害英雄烈士名誉、荣誉罪。罗某系自首，可以依法从轻处罚，自愿认罪认罚，可以依法从宽处理。附带民事公益诉讼被告罗某作为网络“大V”，多次在网上公开发表言论侮辱、贬损英雄烈士，严重侵害社会公共利益，应当承担民事责任。罗某自愿赔偿8万元用

① 摘自《涉英烈权益保护十大典型案例》，载最高人民法院官网2022年12月8日，https://www.court.gov.cn/zixun/xiangqing/382301.html。

于抗美援朝烈士精神事迹纪念、宣传等公益事业，予以认可。作出刑事附带民事判决，被告人罗某犯侵害英雄烈士名誉、荣誉罪，判处有期徒刑七个月；附带民事公益诉讼被告罗某在相关网站及报纸上公开赔礼道歉。

三、典型意义

英雄烈士既包括个人，也包括群体，既包括有名英雄烈士，也包括无名英雄烈士。中国人民志愿军的英雄事迹是中华民族共同的历史记忆和宝贵的精神财富，伟大的抗美援朝精神跨越时空、历久弥新，是社会主义核心价值观的重要体现，全体中华儿女要永续传承、世代发扬，绝不容许亵渎、诋毁。电影《长津湖》旨在缅怀中国人民志愿军"冰雕连"英烈，罗某却在观看电影后，在网络平台发帖公然歪曲历史，侮辱、抹黑英烈，伤害公众情感，严重破坏社会公共秩序。本案通过司法手段严惩侵害抗美援朝英雄烈士群体名誉、荣誉行为，维护社会公共利益，护航传承和弘扬爱国主义精神，推动培育和践行社会主义核心价值观。

案例二

肖某侵害英雄烈士名誉、荣誉罪案

——在人数众多的微信群诋毁、侮辱英雄，
构成侵害英雄烈士名誉、荣誉罪

一、基本案情

2021 年，肖某在"杂交水稻之父"、共和国勋章获得者、中国工程院院士袁隆平因病逝世、举国悲痛之际，无视公序良俗和道德底线，使用昵称"坚持底线"的微信号，先后在微信群"白翎村村民信息群"（群成员 499 人）内发布 2 条信息，歪曲事实诋毁、侮辱袁隆平院士，侵害英雄名誉、荣誉，引起群内成员强烈愤慨，造成恶劣社会影响。湖南省韶山市人民检察院提起公诉，认为被告人肖某的行为构成侵害英雄烈士名誉、荣誉罪，建议判处管制六个月。

二、裁判结果

湖南省韶山市人民法院认为，被告人肖某以侮辱、诽谤方式侵害英雄的名誉、荣誉，损害社会公共利益，情节严重，其行为已构成侵害英雄烈士名誉、荣誉罪。案发后，被告人肖某如实供述自己的犯罪事实，认罪认罚，依法可从宽处理。判决被告人肖某犯侵害英雄烈士名誉、荣誉罪，判处管制六个月。

三、典型意义

自2021年3月1日起施行的《中华人民共和国刑法修正案（十一）》增设"侵害英雄烈士名誉、荣誉罪"，体现出我国对英雄烈士权益强有力的保护，以及严厉打击抹黑英雄烈士形象行为的决心。袁隆平院士为人民自由幸福和国家繁荣富强作出重大贡献，属于英雄人物，适用英雄烈士人格利益保护的相关法律规定是应有之义。肖某在微信群发布侮辱袁隆平院士的言论，造成恶劣影响，依法应予严惩。本案既有力打击侵害英雄名誉、荣誉行为，维护英雄权益，又教育社会公众崇尚英雄、捍卫英雄、学习英雄，充分彰显司法裁判在社会治理中的价值导向作用。

案例三

仇某侵害英雄烈士名誉、荣誉暨附带民事公益诉讼案

——在网络平台上采用侮辱、诽谤方式侵害卫国戍边英雄烈士名誉、荣誉构成犯罪并应承担民事责任

一、基本案情

仇某在卫国戍边官兵誓死捍卫国土的英雄事迹被报道后，为博取眼球，使用其新浪微博账号"辣笔小球"（粉丝数250余万），先后发布2条微博，歪曲卫国戍边官兵祁发宝、陈红军、陈祥榕、肖思远、王焯冉等同志的英雄事迹和英雄精神。上述微博在网络上迅速扩散，引发公众强烈愤慨，造成恶劣社会影响。截至仇某删除微博时，上述微博共计阅读量20万余次。江苏省南京市建邺区人民检察院

提起刑事附带民事公益诉讼，认为应当以侵害英雄烈士名誉、荣誉罪追究被告人仇某刑事责任，同时请求判令被告仇某通过国内主要门户网站及全国性媒体公开赔礼道歉，消除影响。

二、裁判结果

江苏省南京市建邺区人民法院认为，被告人仇某公然藐视国家法律和社会公德，在网络上采用侮辱、诽谤方式侵害英雄烈士名誉、荣誉，造成恶劣社会影响，严重破坏社会秩序，损害社会公共利益，情节严重，构成侵害英雄烈士名誉、荣誉罪。附带民事公益诉讼被告仇某发表不当言论，亵渎英雄烈士事迹和精神，侵害英雄烈士名誉、荣誉，应当承担民事侵权责任。作出刑事附带民事判决，被告人仇某犯侵害英雄烈士名誉、荣誉罪，判处有期徒刑八个月；附带民事公益诉讼被告仇某通过国内主要门户网站及全国性媒体公开赔礼道歉，消除影响。

三、典型意义

“辣笔小球”案是《中华人民共和国刑法修正案（十一）》增设“侵害英雄烈士名誉、荣誉罪”后的全国首案。本案依法认定仇某的行为构成侵害英雄烈士名誉、荣誉罪，通过科处刑罚，保护英烈权益，弘扬英烈精神，回应社会关切，发挥司法裁判教育、警示作用，具有首案引领意义。有助于推动社会公众形成维护英雄烈士名誉、荣誉，严惩亵渎、诋毁英烈言行的广泛共识，大力弘扬社会主义核心价值观，彰显司法保护英烈权益、弘扬英烈精神的坚定立场。

案例四

王某诉杨某排除妨害纠纷案

——任何组织和个人不得侵占英雄烈士纪念设施保护范围内的土地和设施

一、基本案情

王兆军同志在解放战争期间的“四平战役”中壮烈牺牲，后经国家民政部批准为革命烈士。王某系王兆军同志的胞弟。河西村民委员会与王某签订协议,约定将案涉承包地作为烈士墓地,交予王某无限期长期管理,免收承包金及其他费用。王某对烈士墓地及堆堤进行管理与维护期间,杨某长期自行在王某承包地的堆堤处种植各种农作物。双方为此经常发生纠纷,河西村民委员会多次协调均未能有效解决。后王某向法院提起诉讼,要求杨某返还侵占的烈士墓地范围内土地。

二、裁判结果

江苏省滨海县人民法院认为,国家鼓励和支持自然人、法人和非法人组织以捐赠财产、义务宣讲烈士事迹和精神、帮扶英雄烈士遗属等公益活动的方式,参与英雄烈士保护工作。河西村民委员会将烈士墓地和堆堤交予烈士近亲属王某管理维护,不仅有利于激发公民的荣誉感,亦能加强对烈士墓地范围内土地的保护。国家出台《中华人民共和国英雄烈士保护法》,对英雄烈士予以褒扬、纪念,全社会都应当崇尚、学习、捍卫英雄烈士,任何组织和个人不得侵占英雄烈士纪念设施保护范围内的土地和设施。杨某在烈士墓地种植农作物于法无据,被侵占的该地块依法应予返还。判决被告杨某向王某返还土地。

三、典型意义

本案是对侵犯零散烈士纪念设施保护范围内土地进行司法保护的典型案例。司法实践中,不仅要重视对英烈权益的保护,也要加强对承载英烈精神纪念设施的保护力度。英烈事迹的群众知晓度不一,现实中烈士纪念设施由于各种原因有的被侵占,有的被破坏甚至塌陷,有的周围杂草丛生,缺乏庄严、肃穆的氛围。本案在加强对零散烈士纪念设施的司法保护方面,具有代表性和典型性,对于弘扬社会主义核心价值观具有重要的示范引领作用。

案例五

李某、吴某侵害英雄烈士荣誉民事公益诉讼案

——在英雄烈士纪念设施保护范围内从事有损纪念英雄烈士环境和氛围的活动应承担法律责任

一、基本案情

2018年,李某、吴某身着仿纳粹军服,前往萧山烈士陵园拍摄大量照片,后李某将身着仿纳粹军服的照片发布在其好友数1940人的QQ空间中,被多人转发扩散,引发广大网民热议,社会影响恶劣,相关内容相继被各大新闻网站转载,短时间内即达3万余条。2019年,公安机关调查后,根据情节严重程度,对李某、吴某分别处以行政拘留14日和7日的行政处罚。浙江省杭州市人民检察院提起本案民事公益诉讼,请求判令李某、吴某在浙江省省级以上媒体公开赔礼道歉、消除影响。

二、裁判结果

浙江省杭州市中级人民法院认为,李某、吴某对英雄烈士以及烈士陵园所蕴含的精神价值,应具有一般民众的认知和觉悟。李某、吴某的行为轻视英雄烈士,无视公众情感,蔑视法律尊严,侮辱和亵渎英雄烈士荣誉,侵害烈士亲属及社会公众情感,损害社会公共利益和社会道德评价秩序,后果严重,依法应当承担相应民事法律责任,判决李某、吴某在浙江省省级以上媒体公开赔礼道歉、消除影响。

三、典型意义

烈士陵园作为向公众开放的英雄烈士纪念设施,供公众瞻仰、悼念英雄烈士,开展纪念教育活动,告慰先烈英灵。任何组织和个人不得在英雄烈士纪念设施保护范围内从事有损纪念英雄烈士环境和氛围的活动,否则将承担相应法律责任。本案的依法审理,对此类侵害英烈荣誉行为起到有效的教育、警示和震慑作用。本案审理过程中还邀请百余名学生到庭旁听,并通过中国庭审公开网进行全程直播,让庭审成为全民共享的法治公开课和爱国主义教育公开课,有助于

引起社会公众警醒，推动在全社会真正形成尊重英雄、保护英雄的共识，进一步传承英烈精神。

案例六

某网络科技公司侵害英雄烈士姓名民事公益诉讼案

——擅自将英烈姓名用于商业用途，侵害英雄烈士人格利益和社会公共利益

一、基本案情

某网络科技公司为电商企业提供信息中介、资源共享平台，将付费会员称为“雷锋会员”、平台称为“雷锋社群”、微信公众号称为“雷锋哥”并发布有“雷锋会员”等文字的宣传海报和文章，在公司住所地悬挂“雷锋社群”文字标识等。该公司以“雷锋社群”名义多次举办“创业广交会”“电商供应链大会”等商业活动，并以“雷锋社群会费”等名目收取客户费用共计30万余元。浙江省杭州市上城区人民检察院提起民事公益诉讼，要求某网络科技公司立即停止在经营项目中以雷锋名义进行的宣传，并在浙江省省级媒体赔礼道歉。

二、裁判结果

杭州互联网法院认为，某网络科技公司使用的“雷锋”文字确系社会公众所广泛认知的雷锋同志之姓名，其明知雷锋同志的姓名具有特定意义，仍擅自用于开展网络商业宣传，构成对雷锋同志姓名的侵害，同时损害社会公共利益，依法应当承担法律责任。判决某网络科技公司停止使用雷锋同志姓名的行为，并在浙江省省级报刊向社会公众发表赔礼道歉声明。

三、典型意义

本案是《中华人民共和国民法典》实施后首例保护英烈姓名的民事公益诉讼案件。依据其中第185条、第1000条规定，侵害英雄烈士等的姓名、肖像、名誉、荣誉，损害社会公共利益的，应当承担消除影响、恢复名誉、赔礼道歉等民事责任，且应当与行为的具体方式和

造成的影响范围相当。雷锋同志的姓名不仅作为一种重要的人格利益受法律保护，还涉及社会公共利益。本案裁判明确，将雷锋同志的姓名用于商业广告和营利宣传的行为，侵害英雄烈士人格利益；同时，将商业运作模式假“雷锋精神”之名推广，既曲解雷锋精神，与社会公众的一般认知相背离，也损害承载于其上人民群众的特定感情，损害社会公共利益。本案通过司法手段，为网络空间注入缅怀英烈、敬仰英烈的法治正能量。

案例七

叶某等诉某信息公司名誉权纠纷案

——烈士近亲属有权依法对侵害英烈名誉行为提起诉讼

一、基本案情

2018年，某信息公司通过其自媒体账号“暴走漫画”，在某网络平台上发布了时长1分09秒的短视频。该视频的内容将叶挺烈士在皖南事变后于1942年在狱中创作的《囚歌》中“为人进出的门紧锁着，为狗爬出的洞敞开着，一个声音高叫着，爬出来吧，给你自由！”进行篡改。该视频于2018年5月8日至16日在网络上传播，多家新闻媒体予以转载报道，引起公众关注和网络热议，造成不良社会影响。叶挺烈士近亲属遂提起本案诉讼，请求判令某信息公司停止侵犯叶挺同志英雄事迹和精神的行为、在国家级媒体上公开对原告赔礼道歉、赔偿精神抚慰金等。

二、裁判结果

陕西省西安市雁塔区人民法院认为，叶挺烈士创作的《囚歌》充分体现了叶挺百折不挠的革命意志和坚定不移的政治信仰。该诗表现出的崇高革命气节和伟大爱国精神已经获得全民族的广泛认同，是中华民族共同记忆的一部分，是中华民族精神的内核之一，也是社会主义核心价值观的体现，是中华民族宝贵的精神财富。某信息公司的视频于《中华人民共和国英雄烈士保护法》施行之际在网络平台上发布并传播，造成恶劣社会影响。该视频内容亵渎叶挺烈士革命精神，侵害叶挺烈士名誉，不仅给烈士亲属造成精神痛苦，也伤害社会公众的民族情感，损害社会公共利益，具有违法性且其主观过错明显，应当承担侵权责任。判决某信息公司在三家国家级媒体上公开发布赔礼道歉公告，向原告赔礼道歉、消除影响；向原告支付精神抚慰金10万元。

三、典型意义

《中华人民共和国英雄烈士保护法》明确规定，对侵害英雄烈士姓名、肖像、名誉、荣誉的行为，英雄烈士的近亲属可以依法向人民法院提起诉讼。本案系该法施行后由烈士近亲属提起诉讼的侵害英雄烈士名誉民事案件，明确侵权人除需在相关媒体上公开发布赔礼道歉公告外，还应当承担向烈士近亲属赔礼道歉、消除影响，以及支付精神抚慰金等民事责任。通过司法裁判明确亵渎英烈行为的法律责任，加强对英烈权益的保护力度。

案例八

赵某侵害英雄烈士名誉民事公益诉讼案

——在网络平台上发表不当言论亵渎英烈事迹和精神应当承担法律责任

一、基本案情

马金涛同志系贵州省贵阳市公安局花溪分局贵筑派出所民警。2018年，马金涛同志在执行抓捕毒犯任务中牺牲，年仅30岁。国家人力资源和社会保障部、公安部追授马金涛同志“全国公安系统一级英雄模范”称号。马金涛同志因公殉职次日，赵某在人数众多的微信群中对此发表侮辱性言论。贵州省六盘水市人民检察院就赵某侵害马金涛烈士名誉提起民事公益诉讼，请求判令赵某通过贵州省省级以上媒体向社会公开赔礼道歉、消除影响。

二、裁判结果

贵州省六盘水市中级人民法院认为，马金涛烈士在缉毒工作中献出年轻的生命，他英勇无畏、无私奉献的精神，值得全社会学习、弘扬、传承和捍卫。赵某在人数众多的微信群中公然发表不当言论亵渎英烈事迹和精神，贬损英烈名誉，伤害烈属情感，同时也给一线缉毒民警带来心理上伤害，已经超出言论自由范畴，是对社会公德的严重挑战，损害社会公共利益，应当依法承担民事侵权责任。判决赵某在贵州省省级媒体公开赔礼道歉、消除影响。

三、典型意义

缉毒英雄英勇无畏、无私奉献的精神不容亵渎。本案侵权人通过互联网媒体，诋毁、侮辱、诽谤英雄人物，丑化英雄人物形象，贬损英雄人物名誉，削弱英烈精神价值，损害社会公共利益。本案通过民事公益诉讼加大对英雄烈士名誉的保护力度，充分体现人民法院弘扬英烈精神、保护英烈权益的坚定立场，有助于引导社会公众自觉维护和弘扬英烈精神，推动全社会形成学习英烈革命气节、崇尚英烈、捍卫英烈的良好社会风尚。

案例九

洪某诉刘某、某报社名誉权纠纷案

——对侵害英雄烈士名誉、荣誉行为的
合理回应和批评不构成侵权

一、基本案情

刘某系“狼牙山五壮士”所在连连长之子，于2015年撰写案涉文章，某报社分社在网络平台上以《心声｜“狼牙山五壮士”所在连连长的儿子为捍卫英雄名誉写的一封公开信》为标题予以发布。某报社主办的杂志发布略作修改后的该文章，标题为《狼牙山五壮士所在连连长之子刘某写给勇敢捍卫狼牙山五壮士名誉权的同志们的信》。洪某认为案涉文章中有对其侮辱、诽谤的言论，严重侵犯其人格尊严和名誉权，遂提起本案诉讼，请求判令刘某、某报社立即停止侮辱诽谤、删除侵权言论，在相关媒体上公开道歉，赔偿精神损害抚慰金。

二、裁判结果

北京市海淀区人民法院一审认为，洪某发表在先的《小学课本〈狼牙山五壮士〉有多处不实》《“狼牙山五壮士”的细节分歧》两篇文章，引导读者对“狼牙山五壮士”英勇抗敌事迹和舍生取义精神产生质疑，从而否定基本事实的真实性和矮化“狼牙山五壮士”的英雄形象，与社会主流价值观念和历史共识相违背。刘某撰写案涉文章，某报社予以发表是对洪某文章的回应和批评，主要目的是消除洪某在先言论的不良影响，维护“狼牙山五壮士”的英雄形象，维护社会公共利益。因此，刘某、某报社未侵犯洪某名誉权，判决驳回洪某的全部诉讼请求。北京市第一中级人民法院二审判决驳回上诉，维持原判。

三、典型意义

“狼牙山五壮士”的英雄事迹和大无畏牺牲精神，已经成为中华民族精神的重要内容，成为社会主流价值观念和社会公共利益的一部分。在此情况下，洪某发表两篇文章，用细节贬低、损毁英烈形象，否定“狼牙山五壮士”基本事实和英雄形象，明显侵犯社会公共利益，对社会公共利益的挑战，必然招致回应、批评。本案依法捍卫了社会公众对歪曲英雄烈士事迹行为进行批评的权利，充分彰显人民法院保护英烈权益的鲜明态度。

案例十

董某诉李某、第三人卢某排除妨害案

——依法保障英雄烈士遗属居住权益

一、基本案情

董某系革命烈士卢兴的遗孀，现年 83 岁，体弱多病，由孙女卢某常年照顾。2012 年，老人原有住房面临拆迁，政府为照顾烈属，特批安置给老人一套房屋，并按老人意愿，在拆迁协议上将孙女卢某加在董某名字后面，注明董某百年后，房屋产权归卢某所有。2016年，董某与卢某领取拆迁安置房，但因老人身体问题一直未办理不动产权登记证。后卢某未经董某同意，擅自将房屋转卖给同事李某。李某向其支付购房款32万余元。2021年，李某起诉卢某、第三人董某，要求办理房屋过户手续，被法院以卢某系无权处分为由驳回诉讼请求。判决生效后，李某仍占有房屋。2022年，董某办理不动产权属证书，后多次要求李某搬出未果，无奈诉至法院，要求李某搬出案涉房屋。

二、裁判结果

江苏省淮安市淮安区人民法院认为，本着优待烈属的原则，政府安置给烈士遗孀董某一套房屋，并充分尊重老人意愿，明确其百年后房屋归孙女所有。现在老人健在，房屋却被其孙女卢某擅自转卖。此举既不合法，又与政府优待烈属的初衷相违背，导致烈士遗孀老无所居。法院从关爱烈属的角度，动员李某主动搬离。经过法院调解，三方当事人达成调解协议，李某同意限期搬出案涉房屋。

三、典型意义

《中华人民共和国英雄烈士保护法》规定，国家实行英雄烈士抚恤优待制度，英雄烈士遗属按照国家规定享受教育、就业、养老、住房、医疗等方面的优待。中共中央办公厅、国务院办公厅、中央军委办公厅《关于加强新时代烈士褒扬工作的意见》明确要加强烈属人文关怀和精神抚慰，突出解决烈属家庭后续生活保障、救助帮扶援助等实际问题，优化烈属住房、养老等服务专项优待内容。做好烈属优待工作，让广大烈属享受到应有的优待和国家改革发展成果，是关心关爱烈属的具体举措，也是对革命烈士的告慰。本案通过司法手段推动落实烈属优待政策，切实解决烈属生活困难，依法维护烈属合法财产权利，保障烈属居住权益，实现老有所养、住有所居，是弘扬英烈精神、褒恤烈属的生动司法体现。

退役军人事务部、最高人民检察院
烈士纪念设施保护行政公益诉讼典型案例①

1. 陕西省延安市南泥湾三五九旅革命史迹保护行政公益诉讼案

【关键词】

行政公益诉讼诉前程序　烈士纪念设施保护　一体化办案　红色资源集中连片保护

【要旨】

针对部分革命史迹保护不善问题，检察机关发挥一体化办案优势，采用检察建议、公开听证等多种形式，督促行政主管部门加强保护，推动革命史迹全面系统保护。

【基本案情】

抗日战争时期，南泥湾是陕甘宁边区南大门，八路军三五九旅驻防于此，屯田垦荒，留下大量的红色革命史迹。八路军三五九旅英烈园遗址（以下简称英烈园）位于延安市宝塔区南泥湾赵家河村，约200余名烈士集中在此掩埋。由于英烈园曾遭国民党军破坏，部分墓冢化为平地。现英烈园中仅存关福祥烈士墓碑一块，周边土地被村民耕种，未进行管理保护。三五九旅后方医院（以下简称后方医院）于1941年3月迁驻至南泥湾赵家河村，旧址位于该村东头。1945年6月，医院随大部队转移后，由部分村民居住过，现存三大院十二孔窑洞缺门少窗，院内杂草丛生，棋盘、石台等裸露风化，未进行管理保护。

【调查和督促履职】

2021年4月，延安市宝塔区人民检察院（以下简称宝塔区院）在南泥湾赵家河村寻访革命旧址时发现了八路军三五九旅关福祥烈士

① 载最高人民检察院官网2021年9月29日，https://www.spp.gov.cn/spp/xwfbh/wsfbt/202109/t20210929_531298.shtml#2。

的墓碑。4月28日，宝塔区院针对该散葬烈士墓管理保护工作存在的墓碑风化、环境恶劣、管理缺失等问题立案调查，并向宝塔区退役军人事务局、南泥湾镇人民政府提出检察建议，督促其全面履行对关福祥烈士纪念设施的保护管理职责。

后宝塔区院在了解关福祥烈士生平过程中，得知关福祥烈士墓址所在地现称“坟湾”，是当年集中掩埋八路军三五九旅英雄烈士的地方，称为“英烈园”。宝塔区院立即组织区退役军人事务部门、文物行政主管部门、党史研究部门组成工作组，共同查找英烈园相关历史资料。同时，区退役军人事务部门将英烈园在国家烈士褒扬信息系统登记上报，积极开展烈士身份信息确认工作。在走访调查过程中，宝塔区院在英烈园周边又发现了后方医院旧址。6月28日，宝塔区院向区文旅局、南泥湾镇政府提出检察建议，建议将英烈园和后方医院列入地方保护名录。

检察建议发出后，相关行政机关积极开展现场调研、测绘、制定设计方案、协调土地征收工作。工作组多次召开推进会、座谈会，互相通报、督促工作进度，并邀请专家对英烈园遗址和后方医院旧址的文物认定和保护方案进行评审论证。7月13日，宝塔区退役军人事务局向宝塔区行政审批服务局报请英烈园遗址的恢复重建项目。8月2日，宝塔区人民政府将八路军三五九旅英烈园遗址和八路军三五九旅后方医院旧址公布为宝塔区第八批区级文物保护单位。

针对英烈园恢复重建和后方医院旧址修缮的相关问题，延安市人民检察院于9月6日组织召开公开听证会。向宝塔区人民政府、延安纪念地管理局、延安市退役军人事务局宣告送达了检察建议，建议其依法履行职责，统筹恢复英烈园风貌，加强管理维护工作；加强后方医院的修缮和环境整治工作，推动集中连片保护。就英烈园恢复重建项目实施涉及迁址等问题与采气一厂达成一致意见。同时，与延安市退役军人事务局、延安纪念地管理局、宝塔区人民政府等10余家单位共同厘清各单位职责，研究革命旧址保护措施，并就南泥湾多处红色革命史迹集中连片保护问题达成共识。

目前，英烈园文物保护标志已设立，已确认112名烈士的信息资料，恢复重建项目用地已纳入全市整体土地空间利用规划，与南泥湾镇赵家河村委会和村民已达成土地征收协议。后方医院文物保护修缮方案已编制完成。

【典型意义】

针对革命史迹不同程度受损以及未纳入国家保护范畴情况，结合行政机关不同职能，检察机关采用检察建议、公开听证等多种方式，发挥上下一体化办案优势，督促实现烈士墓址和革命旧址全面系统保护。同时，注重区域红色革命史迹集中连片保护，有效激活和提升了烈士纪念设施及革命文物保护能力水平，切实维护社会公共利益，真正实现双赢多赢共赢。

2. 甘肃省榆中县兴隆山烈士纪念设施保护行政公益诉讼案

【关键词】

行政公益诉讼诉前程序　烈士纪念设施保护　线索移送　磋商执法合力

【要旨】

针对辖区内烈士纪念碑、墓群、烈士纪念亭等设施管理保护不到位，致使上述纪念设施破坏严重的情形，军地检察机关充分发挥配合优势，强化诉前磋商机制，制发检察建议督促行政机关履职，促使军地检察机关与行政机关协同整改，形成保护合力。

【基本案情】

位于榆中县城关镇兴隆山卧龙湾的兴隆山革命烈士陵园于1986年由榆中县人民政府拨款建造，占地38628平方米，陵园安葬着解放兰州及对越自卫反击战中牺牲的314名烈士。陵园西南方建有无名烈士纪念碑，纪念碑周围掩埋着615名无名烈士遗骨。由于管理维护不到位，兴隆山革命烈士陵园整体环境脏乱差，墓群、纪念碑等设施自然损毁十分严重，烈士纪念亭面临垮塌的危险。

【调查和督促履职】

2021年6月，榆中县人民检察院（以下简称榆中县院）在收到兰州军事检察院移交的线索后，结合退役军人事务部、最高人民检察院对县级及以下烈士纪念设施管理保护的具体要求，军地检察机关联合对烈士陵园开展调查核实。经实地勘查发现陵园存在张一悟同志纪念碑碑面部分损坏、纪念碑亭地面塌陷裂缝，英雄烈士墓碑刻字斑驳脱落、碑身侧面破损、墓碑旁杂草丛生并堆放建筑垃圾，陵园通往无名烈士碑方向道路台阶阶面松动破裂，路旁护栏塌陷、断落等问题。针对上述调查发现的问题，榆中县院认为当地有关部门对辖区内革命烈士纪念设施管理保护不到位，未对受损的纪念设施及时进行修复，致使社会公共利益存在受侵害情形，遂立案调查。

由于兴隆山烈士纪念设施位于兴隆山自然保护区内，修缮维护需得到林业部门同意，存在主管部门修缮维护资金缺口较大、人员短缺等困难，榆中县院采取前期沟通、跟进监督、协同整改的办案模式，与兰州军事检察院、榆中县退役军人事务局实地召开联席会议积极磋商，听取各方意见，找准问题症结。磋商会后，榆中县院及时向榆中县退役军人事务局制发诉前检察建议，督促其依据《中华人民共和国英雄烈士保护法》规定，依法履行监管职责，立即采取有效整治措施，对烈士陵园设施进行修缮、维护，规范陵园管理，更好地发挥其教育宣传的作用，维护陵园庄严肃穆的环境和氛围。同时，将检察建议上报兰州市人民检察院，抄报县人大常委会。

检察建议发出后，榆中县退役军人事务局高度重视，召开会议成立保护工作小组，开展对烈士陵园的整改落实工作，并制定专门的整改方案，上报省、市退役军人事务部门。同时，兰州市人民检察院第六检察部会同兰州军事检察院积极协调兰州市退役军人事务局就陵园破损及维护修缮情况召开座谈会，进行沟通磋商，落实资金问题。会后，市退役军人事务局一方面向省退役军人事务厅申请资金，另一方面，积极协调榆中县财政拨付3万元用于烈士陵园的紧急修缮和维护。据悉，兴隆山革命烈士陵园全面整改的350万元资金，将于今年10月份全部到位。

鉴于陵园只有6名工作人员，初期整改人员缺口较大。为确保问题得到解决，公益保护取得实效，2021年9月10日，甘肃省人民检察院、兰州市人民检察院、榆中县人民检察院公益诉讼干警联合西部战区第二军事检察院、兰州军事检察院、驻兰部队官兵及榆中县退役军人事务局共计150余人，在兴隆山革命烈士陵园开展了以协同整改为主要内容的主题党日活动，全体人员协同陵园工作人员，对字迹斑驳脱落的烈士墓碑进行描红粉刷，清理杂草，对损坏的纪念设施进行了修缮。通过此次主题党日活动，使相关问题得到了整改。

【典型意义】

烈士纪念设施是中国共产党非凡奋斗历程和中国共产党人精神谱系的历史见证，是重要的红色教材。为加强烈士纪念设施特别是县级及以下零散烈士纪念设施保护，充分发挥检察机关公益诉讼法律监督职能，通过上下联动、军地联合的方式，以解决烈士纪念设施保护中存在问题为切入点，推动烈士陵园破损问题得到彻底解决。

3. 广西壮族自治区河池市金城江区烈士遗骸保护行政公益诉讼案

【关键词】

行政公益诉讼诉前程序　烈士遗骸保护　散葬烈士墓管护　联合专项行动

【要旨】

通过督促行政机关及时保护烈士遗骸、重修烈士墓和做好亲属安抚工作，整治散葬烈士墓管理保护“盲区”，补齐烈士纪念设施保护“短板”。

【基本案情】

1949年6月，为了开辟邕林革命根据地，中国人民解放军滇桂黔边区纵队第十支队战士覃通寿等5人，在覃天铭的带领下组成武工队，宣传我党政策。在执行任务返程途中遭匪帮伏击，覃通寿为掩护战友撤离，身中数弹，壮烈牺牲，年仅17岁。覃通寿牺牲后，简单掩埋于原河池县保平乡下洛村花京屯，仅立一块石头作为印记，没有留下墓志铭，墓茔年久失修，被当作无主墓。

2021 年 5 月，河池市金城江区保平乡下洛村花京屯“旱改水”土地整治项目作业时，挖到一个顶部有枪眼的人形颅骨。此处疑似河池籍烈士覃通寿散葬墓地，项目作业当即停工。

【调查和督促履职】

河池市金城江区人民检察院（以下简称金城江区检察院）发现本案线索后遂成立专案组，于2021 年6 月2 日立案，并迅速联合金城江区退役军人事务局和民政局共同开展调查核实工作。

通过现场实地勘查，走访覃通寿烈士的旁系亲属和知情人，查阅《金城江区烈士名录》《中国共产党金城江历史》《河池风云》等资料，最终确认工人作业挖到的疑似遗骸就是覃通寿烈士遗骸。确认覃通寿烈士身份后，金城江区检察院组织退役军人事务局、涉事施工方以及烈士亲属召开公益诉讼磋商会，共同商讨解决方案。6 月 12 日，金城江区检察院向退役军人事务局发出检察建议，指出覃通寿烈士墓被当作无主墓处理的情况反映出辖区内的烈士纪念设施，特别是散葬烈士墓保护管理存在责任落实不到位问题，建议及时落实覃通寿烈士遗骨保存、墓茔重建、亲属安抚等相关工作；并对辖区内散葬烈士墓管护情况进行全面摸底排查，完善墓地信息、统计存在问题、做到一墓一册。

收到检察建议后，退役军人事务局会同有关部门积极整改。一是覃通寿烈士墓地于 7 月 12 日修缮完工，金城江区检察院、退役军人事务局、保平乡人民政府等单位向烈士敬献花圈，查看墓地修缮情况，并现场开展党史学习教育活动，宣传学习覃通寿等烈士的英雄事迹。二是金城江区检察院联合退役军人事务局于 7 月 16 日至 27 日进行专项排查，对辖区内的 71 处散葬的烈士墓进行摸底，发现 33 处墓地存在墓基下沉、碑面老旧、坟顶塌陷等 9 类问题，检察机关、退役军人事务部门以磋商方式推进烈士纪念设施的全面修整。

为进一步巩固县级及以下烈士纪念设施管理保护专项行动成果、推动工作开展，双方签订了《关于建立烈士纪念设施管理保护协作机制意见》，明确日常联络、信息共享、联席会议等工作机制，强化线索发现、调查取证等协作配合，着力构建良好互动、密切配合的烈士纪念设施管理保护工作格局。在协作机制推动下，行政机关拟提出方案向上级申请数十万元资金对辖区内存在问题的烈士纪念设施进行全面修整。

【典型意义】

当地退役军人事务部门、检察机关以覃通寿烈士遗骸保护案为契机，立足于河池红色文化资源丰富、红色文化底蕴深厚的革命老区实际，注重以点带面，及时部署开展辖区内散葬烈士墓管护专项行动。工作中，检察机关综合运用圆桌会议、磋商等方式，与退役军人事务部门形成办案合力，以办案实效回应烈士纪念设施管理保护的社会关切，不断推动辖区内烈士纪念设施管护水平全面提升，捍卫英雄烈士的荣光，让英烈精神代代相传，熠熠生辉。

4. 湖南省韶山市毛新梅等十五名散葬烈士墓保护行政公益诉讼系列案

【关键词】

行政公益诉讼诉前程序　散葬烈士墓　公开宣告送达　纪念设施保护等级　军地协作

【要旨】

针对散葬烈士墓管理保护不到位、不全面等问题，军地检察机关会同有关方面紧密协作，采取诉前磋商、公开宣告送达等方式，督促职能部门依法全面履职，系统修缮、保护散葬烈士墓。

【基本案情】

韶山是毛泽东同志的故乡。1925 年，毛泽东与夫人杨开慧在韶山组织领导农民运动，自此，革命救国的星星之火在这里燎原，并涌现出许多以毛泽东族兄毛新梅以及李耿侯、钟志申、毛福轩、庞叔侃等“韶山五杰”为代表的革命先烈。韶山市人民检察院（以下简称韶山市院）会同有关部门调查发现，由于历史原因，毛新梅等十五名县级及以下散葬革命烈士墓地存在周边杂草丛生，墓碑、碑文一定程度污损，以及有些烈士墓无路可寻、枯叶堆积等管理保护不到位问题。

【调查和督促履职】

2021 年 1 月，韶山市院发现上述线索并于 2 月 25 日立案办理。为切实办理好这批红色资源保护公益诉讼案件，韶山市院与韶山市退役军人事务局主动进行诉前磋商协调，就散葬烈士墓的整改问题达成了共识，并与长沙军事检察院共同分析研究案情，联合制发检察建议书，于 2021 年 6 月 17 日向韶山市退役军人事务局公开宣告送达。收到检察建议书后，韶山市退役军人事务局积极与韶山市院沟通、向上级主管部门请示报告，形成整改方案，有规划性地开展维护散葬烈士墓工作，目前已投入资金 18 万余元。目前革命烈士杨再麟的坟墓及周边道路已全面修缮；革命烈士庞叔侃墓前已重塑人物雕像，碑文清晰，庄严肃穆；其他散葬烈士墓正在按计划全面有序修缮中。

与此同时，韶山市院会同有关部门以革命烈士纪念设施保护为切入点，结合韶山红色资源保护利用大局，向韶山市委提交《关于韶山市红色资源保护问题的调查报告》，从改变管理模式、完善管理机制、多元筹措资金、注重开发利用等方面提出了建议，得到了韶山市委主要负责同志的批示和认可。目前，当地有关部门已着手制定红色资源保护利用工作联席会议制度，韶山市退役军人事务局针对未列入等级的散葬烈士墓地进行分类管理，制定韶山市烈士纪念设施管理保护办法，找到葬在外地的另外两位“韶山五杰”李耿侯、毛福轩烈士墓地，拟将“韶山五杰”中的毛新梅、钟志申、庞叔侃烈士墓申请评定为县级烈士纪念设施，形成长效保障机制。

【典型意义】

为更好传承红色基因，保护好红色资源，韶山市有关方面充分发挥检察监督职能作用，积极办理红色资源保护公益诉讼案件，采取军地协作、磋商、公开宣告送达、专题报告、联席会议等方式，督促职能部门依法全面履职，加强对散葬烈士墓的日常监管，推进“韶山五杰”红色资源整体保护，形成长效保障机制，为捍卫英雄烈士权益，促进红色资源修复和传承贡献智慧和力量。

5. 新疆维吾尔自治区康西瓦烈士陵园保护行政公益诉讼案

【关键词】

行政公益诉讼诉前程序　烈士陵园保护　一体化机制　军地协作

【要旨】

检察机关会同行政机关通过军地联合、上下级联办、内外联动等方式优化整合资源，对具有重要教育意义的烈士陵园开展公益保护，与相关部门进行诉前磋商、事中沟通、多方跟进，促成红色资源保护利用的协同共治，让“清澈的爱，只为中国”红色基因薪火相传。

【基本案情】

康西瓦烈士陵园位于喀喇昆仑山腹地、新疆和田皮山县赛图拉镇，海拔 4280 米，陵园修建于 1965 年，安葬 1962 年中印自卫反击战牺牲的 78 名烈士、30 名因公牺牲和病故的卫国戍边官兵。陵园日常由驻地部队和当地镇政府管理，但实际管理权责一直未明确，未开展分级保护。该陵园纪念碑外饰黑色瓷砖，黑漆脱落，墓体大部分由石块混合水泥修砌，围墙整体结构不牢固，园内其他设施破损老化。未开展英烈事迹史料收集整理等工作，红色资源宣传教育功能未得到充分体现。

【调查和督促履职】

2021 年 7 月初，新疆维吾尔自治区人民检察院（以下简称新疆区院）与解放军乌鲁木齐军事检察院会同有关部门在摸排安葬中印边境卫国戍边烈士、修筑天山公路（独库公路）牺牲烈士的康西瓦烈士陵园及乔尔玛烈士陵园等保护情况中发现康西瓦烈士陵园在有效管护、规范整修方面缺失，设施管理保护水平低，随后将该线索交和田分院办理。因该案具有涉军因素，由解放军乌鲁木齐军事检察院与和田分院联合办案。

同年 7 月 19 日，和田分院、乌鲁木齐军事检察院就该线索决定行政公益诉讼立案。当日,检察机关与和田地区退役军人事务局召开座谈会,双方就共同开展现场调查、申报分级保护、加强管理协作等事项达成初步共识。7 月 22 日,军地检察机关与退役军人事务局共赴康西瓦烈士陵园现场踏勘,邀请驻地部队、皮山县赛图拉镇人民政府共同研判协商,查找康西瓦烈士陵园保护和管理中存在的权责不明等问题,明确由当地护边员定期进行巡查,并当场设置了文明祭扫警示牌。

7 月 26 日,检察机关与退役军人事务部门再次召开磋商座谈会,形成磋商会议纪要:一是和田地区退役军人事务局成立康西瓦烈士陵园修缮工作专班,制定修缮方案,明确工作目标、分解专班任务,积极解决康西瓦烈士陵园修缮工程中的具体问题;二是解放军乌鲁木齐军事检察院在职责范围内对接协调南疆军区等有关军事单位,明确烈士纪念设施及其保护范围内土地和设施的管理权属;三是和田地区退役军人事务局依照《烈士褒扬条例》第二十七条至三十条之规定,于年内启动陵园分级保护报批工作,提高管理和服务水平,健全管理工作规范,维护纪念烈士活动的秩序,搜集、整理、保管烈士遗物和事迹史料。

考虑到康西瓦烈士陵园管理保护的重要性,新疆区院、解放军乌鲁木齐军事检察院与自治区退役军人事务厅共商陵园保护事宜。目前,在各方共同努力下,康西瓦烈士陵园的 2500 万元修缮资金已到位。陵园修缮以“戍边英魂,高原丰碑”为主题,已于 2021 年 8 月 8 日启动,纪念碑、纪念广场、纪念馆、悼念馆等主体工程预计于今年 10 月底前竣工。

【典型意义】

对红色资源的综合保护,应当注重在精神传承上“下功夫”,在推动落实上“做文章”。办理中,新疆检察机关整合上下级检察力量,携手军事检察机关,充分发挥公益诉讼检察监督职能,退役军人事务部门抓住契机,积极推动管理权责不明的烈士陵园归口管理,明确管护责任。相关方面密切协作配合,以履职担当守护红色信仰,坚定红色信念,为红色资源保护交出一份合格的“答卷”。

6. 浙江省宁波市镇海区朱枫烈士纪念设施保护行政公益诉讼案

【关键词】

行政公益诉讼诉前程序　烈士纪念设施保护　建设用地合法化

【要旨】

针对烈士纪念设施未经用地审批先行建设，存在重大法律障碍的困境，检察机关通过磋商和诉前检察建议，协调退役军人事务等相关部门共同依法履职，督促推动烈士纪念设施补办用地合法手续，让烈士纪念设施得到妥善管理保护。

【基本案情】

朱枫烈士，1905 年出生于浙江镇海，是我党优秀的情报工作者。1949 年受派到台湾地区协助我党潜入台湾高层的吴石将军执行党的秘密任务，为党提供了大量重要情报。1950 年 6 月 10 日因叛徒出卖，与吴石将军等四人在台北英勇就义。1983 年 6 月，被中共中央追认为革命烈士。2010 年朱枫烈士殉难 60 周年之际，其骨灰从台北运回大陆，经朱枫后人同意，朱枫烈士骨灰安放于其故乡镇海。

2011 年 5 月，宁波市镇海区民政局在镇海区革命烈士陵园附近地块建造朱枫烈士纪念设施，并举办了隆重的“朱枫烈士骨灰安放”和“朱枫烈士铜像揭幕”仪式，但上述纪念设施未及时办理用地审批手续。2011 年 8 月，当地国土部门以非法占用林地为由作出行政处罚，要求退还非法占用的土地等。2015 年 11 月，镇海区民政局在申报镇海区革命烈士陵园土地证时，将该地块并入毗邻的镇海区革命烈士陵园申报土地使用权证，国土部门未认真审核，错误办理了该地块的国有土地使用权证。此后，虽经相关部门协调，朱枫烈士墓地土地合规问题一直未得到解决。

【调查和督促履职】

2021 年 4 月，在发现朱枫烈士墓存在的上述问题后，宁波市镇海区人民检察院（以下简称镇海区院）与宁波市镇海区退役军人事务局

（以下简称镇海区退役军人局）沟通对接，了解情况。经调查查明：宁波市镇海区民政局（机构改革后相关职能转由镇海区退役军人局负责）在建设朱枫烈士墓时，未办理土地审批手续，建成后亦未及时补办手续，致使被国土部门以非法占地为由作出行政处罚；宁波市镇海区国土局（机构改革后相关职能转宁波市自然资源与规划局镇海分局）错误办理国有土地使用权登记。镇海区院认为，由于相关行政机关未正确履职，不仅有损革命烈士纪念设施的庄严、肃穆，更伤害了人民群众对烈士入土为安、敬仰烈士的朴素感情，损害了社会公共利益。

2021 年 6 月，退役军人事务部、最高人民检察院联合开展全国县级及以下烈士纪念设施管理保护专项行动。镇海区院和镇海区退役军人局进一步加强沟通联络，会同宁波市自然资源与规划局镇海分局（以下简称镇海区资规局）等单位召开磋商会，并达成以下共识：一是加快办理朱枫烈士墓用地合法化手续；二是加强正面舆论宣传，消除对英雄烈士的不良影响；三是整治提升朱枫烈士墓周边环境，发挥红色资源传承弘扬作用。镇海区院在向相关单位发送检察建议的同时，对土地执法环节存在的工作衔接不畅等问题提出了社会治理类检察建议。

镇海区退役军人局、镇海区资规局等单位高度重视，及时依法履职，目前已完成朱枫烈士纪念设施立项审批和用地审批等相关报批手续，案涉地块已纳入现行国土空间规划并完成土地勘测定界。同时，镇海区退役军人局在镇海区院协助下，积极向区政府申请朱枫烈士墓土地划拨费、烈士陵园周边环境整治等资金约 45 万元。

【典型意义】

保护烈士纪念设施，既应当保护其有形的外观，也应保障其建设活动的合法性，避免产生负面社会评价。朱枫烈士在全国具有较高知名度，其纪念设施违法用地问题长期没有得到解决，不仅损害了烈士纪念设施庄严肃穆的形象和氛围，更伤害了广大人民群众对烈士入土为安的朴素情感。在专项行动中，相关部门密切协作，检察机关发挥检察监督作用，通过磋商和诉前检察建议方式，与行政机关凝聚共识,化解争议,共同推动烈士纪念设施用地合法化,保护英烈纪念设施,弘扬革命文化精神。

7. 重庆市北碚区张自忠烈士陵园保护行政公益诉讼案

【关键词】

行政公益诉讼诉前程序　烈士纪念设施保护　环境综合整治

【要旨】

为解决英雄烈士纪念设施周边噪音污染、水污染问题,检察机关发挥检察建议、诉前磋商等程序机制优势,督促多家行政机关及时、协同履职,合力开展综合整治。

【基本案情】

张自忠烈士陵园系抗日民族英雄张自忠上将墓。1982 年 4 月 16 日民政部批准张自忠将军为革命烈士。1986 年至今,“张自忠烈士陵园”先后被列入第一批全国重点烈士纪念建筑物保护单位、第八批全国重点文物保护单位、第三批国家级抗战纪念设施、遗址名录。因历史规划原因,张自忠烈士陵园紧邻渝武高速公路,长期遭受交通噪声污染。陵园正门两侧景观水池污浊,陵园旁设置有一处垃圾收集站,存在污水未经处理渗入烈士陵园水池情形,影响了烈士陵园庄严、清净的纪念氛围。

【调查和督促履职】

2021 年 2 月 20 日,重庆市北碚区人民检察院(以下简称北碚区院)收到最高人民检察院督办、重庆市人民检察院交办的张自忠烈士陵园存在噪声污染问题的案件线索后,经与相关部门实地调查,除查证噪声污染问题属实外,还发现张自忠烈士陵园存在正门两侧水池水域污染问题及周边污水排放导致环境污染的问题。

经深入调查,烈士陵园噪音污染、垃圾站污染问题成因、监管职责较为明确。为推动问题及时治理,北碚区院、区城市管理局、区交通局等加强沟通,协同查明了张自忠烈士陵园噪声污染程度及历史成因,北碚区院分别于 2021 年 1 月 21 日、4 月 1 日向两家行政机关发出诉前检察建议,督促采取有效措施,共同推进张自忠烈士陵园环境综合整治。

为推进水池污染治理,当地在明确水池权属、污水来源等关键事实的基础上,厘清涉案水池污染监管问题,初步明确缙云人文科技城管理委员会、区退役军人事务局、区生态环境局职能职责与问题整改关联性较强。为明确整改方案,推动污染问题实质性整改,2021 年 6 月 15 日北碚区院联合缙云人文科技城管理委员会、区退役军人事务局、区生态环境局召开联席会,针对本案水池污染问题开展行政诉前磋商,会上行政机关对水池污染问题治理由缙云人文科技城管理委员会负责形成工作共识。基于区退役军人事务局管理烈士陵园的工作便利,明确缙云人文科技城管理委员会负责前期整改,区生态环境局承担水池污染整治工作的业务指导工作,区退役军人事务局承担水池后续管理的工作方案。

相关行政机关积极履职,区交通局为解决烈士陵园噪声污染问题,协调重庆渝合高速公路有限公司在高速公路沿线安装声屏障,加设禁鸣标识。针对周边垃圾站污水排放问题,区城市管理局已关停梅花山垃圾收集站,并计划将该站点改建为生活垃圾分类综合宣传基地。针对水池水域污染问题,区缙云人文科技城管理委员会积极立项,筹集资金 60 余万元对水池进行整治,由区生态环境局承担指导工作,预计 2021 年 10 月底完工,整改质保期满后移交区退役军人事务局负责后续管护工作。

【典型意义】

张自忠烈士陵园是伟大抗战精神的见证。为协同推进解决烈士陵园水污染、噪音污染等综合问题,维护烈士陵园庄严、清净的纪念氛围,当地检察机关、行政机关加强沟通,并注重发挥检察建议、诉前磋商等多种程序机制优势,及时高效督促相关部门积极履职,推动烈士陵园环境问题的综合整治取得成效。

8. 河南省桐柏县红色资源保护行政公益诉讼案

【关键词】

行政公益诉讼诉前程序　红色资源保护　军地协作

【要旨】

针对相关部门在红色资源保护中职责不清、权责不明，致使部分遗址纪念设施损毁严重的问题，军地检察机关通过诉前程序督促有关单位依法履职，形成红色资源保护合力，较好地维护了国防和军事利益及社会公共利益。

【基本案情】

从1926年到解放战争胜利的23年间，河南省桐柏县范围内先后共建立了3个中央级、6个省级、9个地级、12个县级党政军领导机构，刘少奇、李先念、贺龙、王震等老一辈革命家在这里工作和战斗过。全县共有革命遗址、纪念设施200多处，但因疏于管理保护，经过自然侵蚀、人为破坏，有的建筑存在较大安全隐患，有的建筑残缺破败，有的甚至已经完全灭失，红色资源受到严重损害。

【调查和督促履职】

2021年1月，桐柏县人民检察院在履行职责中发现，该县部分红色资源存在保护不善问题。根据军地检察机关有关协作机制，桐柏县人民检察院向郑州军事检察院通报了相关情况，并邀请郑州军事检察院共同对该县革命遗址和纪念设施开展调查摸底。

经查，桐柏县200多处革命遗址、纪念设施中，有3处省级保护文物存在严重安全隐患和损坏问题，有63处县级保护文物受到不同程度的损坏，部分遗址已经灭失，多处烈士墓葬及纪念设施处于无人管理状态。部分遗址所属乡镇、文物保护部门、退役军人事务局对有关红色资源保护存在职能交叉、权责不明等问题，未能有效履职，导致部分红色资源未能得到及时妥善保护。4月19日至28日，桐柏县人民检察院分别对该县文化广电和旅游局、退役军人事务局以及6个乡镇政府公益诉讼立案。随后，桐柏县人民检察院和郑州军事检察院共同向以上责任单位制发检察建议书，督促相关部门依照法律规定积极履职、形成合力，共同保护好革命遗址、纪念设施等红色资源。

检察建议书发出后，军地检察机关针对各责任单位在文物修缮和保护中存在的障碍和顾虑，结合党史学习教育，于 5 月 7 日组织人大代表、政协委员和各相关单位负责人召开红色资源保护座谈会，通过充分交流讨论，提升思想认识，明确自身职责。随后，桐柏县人民政府下发红色资源保护的实施意见，并深入各乡镇进行具体指导；乡镇人民政府也根据检察机关建议制定相应的整改计划。月河镇人民政府对南阳地区第一个党小组成立地进行了修缮，并筹建 10 间房屋作为展览室；新集镇人民政府建立了南阳市第一个村级红色革命遗址纪念馆；平氏镇人民政府、城关镇人民政府派专人负责收集红色文化和党史资料、修缮革命遗址和纪念设施，并计划打造红色资源爱国主义教育基地。截至目前，各乡镇已修缮重要革命遗址 30 余处，树立纪念石碑 50 余座，收集相关党史资料 300 余份。

【典型意义】

军地检察机关会同有关方面通过有效发挥检察一体化办案机制优势，联合开展实地勘查、制发检察建议书、召开座谈会，针对不同位置、不同现状的文物，因地制宜、因类施策，有效提升和加强了红色资源监管和保护力度，修缮和挽救了一大批重点革命文物。

9. 河北省灵寿县零散烈士纪念设施集中管护行政公益诉讼案

【关键词】

行政公益诉讼　零散烈士纪念设施保护　集中管理保护

【要旨】

针对革命老区零散烈士纪念设施保护不力、损毁破坏严重、维护修缮不及时等问题，检察机关督促行政机关依法履职，对整改不到位依法提起行政公益诉讼，推动零散烈士纪念设施整修和集中管护工作落到实处。

【基本案情】

抗日战争时期，灵寿县是晋察冀边区政府、边区银行、抗大二分校等机关驻扎地，红色资源丰富，全县有35处英雄烈士纪念设施，503处散葬烈士墓，零散分布在15个乡镇的田间地头、屋前房后、公路边，乃至村委会院内，因长期疏于管理保护，纪念设施碑体污损严重、碑文模糊不清，周围杂草丛生、私搭乱建等问题突出，烈士纪念设施亟待修缮保护。

【调查和督促履职】

2020年6月，河北省石家庄市灵寿县人民检察院（以下简称灵寿县院）在履职中发现辖区内多处烈士纪念设施存在不同程度的自然损毁和人为破坏，随即成立专案组，并于7月10日立案调查。

为全面掌握全县英雄烈士纪念设施相关数据和管理现状，专案组历时15天，行程1000余公里，实地走访与核查了遍布全县15个乡镇的35处英雄烈士纪念设施和503处散葬烈士墓，发现有31处纪念设施未划定保护范围，29处纪念碑严重污损，3处纪念碑丢失，多数散葬烈士墓因长期疏于管理，污损破坏严重，且无人祭扫。

针对英雄烈士纪念设施管理保护工作中存在的问题，灵寿县院向县委、县人大、县政府呈报了《关于灵寿县英烈纪念设施保护现状的调查报告》，从整合红色资源、筹建烈士陵园、集中统一管理等方面提出了建议，经与主管行政部门灵寿县退役军人事务局沟通，于2020年9月29日发出诉前检察建议：一是采取有效措施，及时对丢失、残缺、污损、碑文模糊不清的烈士纪念设施进行修缮；二是划定保护范围，对侵占、挤占烈士纪念设施等问题进行整改；三是强化管理保护，对烈士纪念设施周边的杂物、杂草、垃圾进行清理，恢复英雄烈士纪念设施庄严、肃穆、清净的环境和氛围。

2020年11月30日，灵寿县退役军人事务局书面回复，已按检察建议进行整改，根据县委、县政府要求启动了烈士陵园建设工程，待竣工后将零散分布的烈士纪念设施迁入集中管理保护。

【诉讼过程】

2020年12月，灵寿县院对整改情况实地跟进监督，发现检察建议指出的烈士纪念碑丢失、破损等问题没有完全整改，筹建的烈士陵园因经费问题也已经停工。为推动英雄烈士纪念设施保护问题得到根本解决，灵寿县院于2021年2月4日依法向人民法院提起行政公益诉讼。

法院审理期间，按照退役军人事务部、最高人民检察院关于开展县级及以下烈士纪念设施管理保护专项行动的要求，灵寿县院积极牵头协调县退役军人事务局、县文物局、县民政局、县住建局等部门召开推进会，按照“应迁尽迁、集中管护”的原则，明确职责分工、制定迁入方案、协调解决搬迁中遇到的难题。在各方积极配合推动下，烈士陵园工程顺利复工，散葬烈士陆续迁入陵园，截至目前，总投资2500余万元、占地面积13000余平方米的灵寿县烈士陵园已完成工程量的90%，已有26处烈士纪念设施按照搬迁方案迁入烈士陵园集中管理保护。后续，散葬烈士墓也将陆续迁入。2021年8月25日，灵寿县院依法向法院撤回起诉。

【典型意义】

针对零散烈士纪念设施等红色资源管理保护工作中存在的问题，当地有关方面发挥检察机关公益诉讼职能，通过制发诉前检察建议督促有关部门依法履职，对整改情况跟进监督，并积极向地方党委、人大、政府建言献策。针对整改不到位问题，依法提起行政公益诉讼，有力促进了行政机关依法履职尽责，推动英雄烈士纪念设施保护问题得到有效解决，为“弘扬英烈精神、传承红色基因”贡献了力量。